シリコンバレー
一流プログラマーが教える
Go
プロフェッショナル
大全

酒井潤 著

KADOKAWA

※本書は以下のバージョンで動作検証を行いました。
　・Go 1.23.1
　・macOS Sonoma　・Windows 11
※本書内に記載されている会社名、商品名、製品名などは一般に各社の登録商標です。®、™ マーク
　は明記していません。
※本書に掲載されているサービスは予告なく終了することがあります。
※本書の内容は2024年9月時点のものです。本書の出版にあたっては正確な記述に努めましたが、
　本書の内容に基づく運用結果について、著者および株式会社KADOKAWAは一切の責任を負いか
　ねますのでご了承ください。
※本書に記載されたURLなどは、予告なく変更されることがあります。
※本書の出版はUdemyの認可を得たものではなく、Udemyがスポンサーとして関わっているもの
　でもありません。

はじめに

■注目を集める世界基準のGoを学ぼう

　シリコンバレーで15年近く働いているぼくが、**次に「来る！」と感じているプログラミング言語**が、まさに本書で学ぶ「**Go**」です。

　まず、ここ数年で急速に成長した言語といえば「Python」ですよね。特にビッグデータやAI、フィンテックの分野で幅広く活用されており、Pythonエンジニアは重宝され、収入も高い傾向があります。

　一方、シリコンバレーでは、2018年頃からGoに注目するエンジニアも増えてきました。GoはGoogleが開発した言語で、現在はDockerやTerraform、Kubernetesといった大手企業のプロジェクトでも使用されています。有名企業がGoを採用していることからも、**今後ますますGoの需要が高まる**と予想しています。

　シリコンバレーには世界中から優秀なエンジニアが集まっており、彼らが使っている技術は、**未来のトレンドを知る手がかり**になります。私がPythonを習得した2005年頃、当時は日本でほとんどPythonは使われていませんでしたが、すでにシリコンバレーではかなり注目されていました。それが今、日本でもPythonが広く使われるようになっているのを見て、**当時のPythonが今のGoに当たる**のではないかと強く感じています。

　また、ぼくがシリコンバレーで働くことができているのは、Pythonを早い段階で習得していたのが大きいと思っています。才能のあるエンジニアがPythonに手を出す前に、スキルを磨いておくことで、競争の激しい環境でも一歩先に行けたのです。エンジニアが生き残っていくためには、**先を見据えて新しい技術を習得していくことがとても重要**です。

　現時点で、Goは世界的にはそれほど普及していませんが、すでに人気が急上昇しているのは確実です。資金力のあるGoogleが開発していることもあり、信頼できる技術として伸びていくことでしょう。だからこそ、**今のうちにGoを学んでおけば、5年先、10年先にも重宝されるエンジニアになれる**と強く信じています。

　PythonとGoの大きな違いは、処理のスピードです。Pythonはシンプルで扱いやすく、サクッとアプリを開発するのに向いていますが、高速処理が求められる場合には向いていません。そのため、通常はCやC++のような高速な言語が選ばれ

ますが、これらの言語は習得が難しいというデメリットがあります。その点、**Goは C や C++ ほど難易度は高くなく、なおかつ高速処理が可能**です。

　もし Go をこれから学びたいと考えているなら、事前に Python の基本的な知識を持っていると、スムーズに理解が進むと思います。Go は Python よりも少し難しいですが、それでも高性能で効率的なコードを書ける言語です。Python に限らずとも、**他の言語を一つでも基本レベルで習得しておくと、Go の学習もスムーズに進む**でしょう。

　もし、まだ他の言語を一つも習得していないという人は、ぼくの前著『シリコンバレー一流プログラマーが教える Python プロフェッショナル大全』で学習しておくのがオススメです。

**シリコンバレー一流プログラマーが教える
Python プロフェッショナル大全
本体 2,600 円（税抜）／ 2022 年 8 月／ KADOKAWA**

■本書の構成と特長

　本書は、**約 2 万人が学んだぼくのオンライン講座**（Udemy「現役シリコンバレーエンジニアが教える Go 入門 + 応用でビットコインのシストレ Fintech アプリの開発」）をもとに、さらにわかりやすく、**独学でも身につけやすいように制作**したものです。講座のコンセプト同様、本書では「シリコンバレーで使われている世界トップレベルの技術」が学べるように留意しています。ぜひ活用してください。

　Lesson 1 〜 7 は、**基本編**として、Go の文法や基礎的な使い方について解説しています。並行処理を行うゴルーチンなど、Go 特有の仕様についても説明します。

　Lesson 8 〜 11 は、**応用編**として、実際のコードを使ってアプリケーションの作り方を学んでいきます。MVC モデルやクリーンアーキテクチャといった、実際のアプリケーションで用いられるプログラムの構造に基づいて、実践的なコードの書き方を解説していきます。

　また、本書に掲載したコードは、**ダウンロード**することができます（詳しくは P.8 を見てください）。自分でコードを書いてみて、エラーが出てしまったり、うまく進められなかったりした場合は、参考にしてください。加えて、ぼくの YouTube 動画や Udemy の講座も活用してもらえると、より理解が深まると思います。

2024 年 11 月　酒井　潤

Goの特長

　高いパフォーマンスを発揮できるシステムを作成可能なプログラミング言語として注目を集めているGo。主な特長として、次の3点が挙げられます。

1. シンプルな言語仕様

　Goは、コードの複雑性などの課題を解決するためにGoogleのエンジニアたちによって開発されたプログラミング言語です。**シンプルでありながら高いパフォーマンス**を備えており、同じくパフォーマンスを求められるCやC++といった言語と比べて、**習得が容易**という特長があります。また、コードが読みやすい点や、開発を支援するツール群が充実していることから、**システム開発に優れた言語**といえます。

2. 並行処理が容易

　Goでは、複数の処理を同時に実行する**並行処理**が言語の仕様に組み込まれており、goroutine（ゴルーチン）やChannel（チャネル）といった機能を使って簡単に並行処理プログラムを書くことができます。また、標準ライブラリにはネットワーク関連をはじめ、さまざまな機能が備わっています。

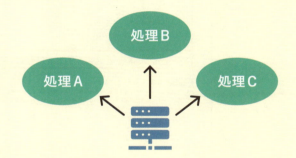

3. 大規模なアプリケーションに適している

　効率的なメモリ管理（ガベージコレクション）を備えており、またその**シンプルさ**と**信頼性の高さ**から、クラウド環境で負荷に応じて拡張・縮小できる**大規模なアプリケーションの構築**に適しています。

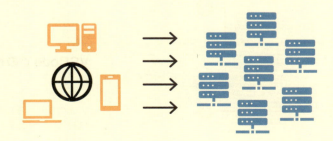

本書の使い方

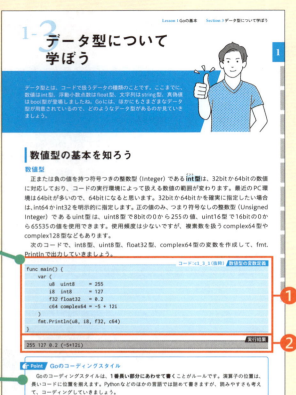

コードと実行結果

解説中の「コード」（❶）は、ソースコードファイルを作成して入力すると、動作を試すことができます（❷）。VSCodeでの作成／実行方法については、P.31から解説しています。また、コード：c1_3_1などとあるのは、サンプルファイル（P.8）のフォルダ名を表しています。

Point

本文の補足情報や知っておきたいコツ、注意点などを解説しています。

```
-- lesson.go ×
-- lesson.go > ...
   1   package main
   2
   3   import "fmt"
   4
   5   func main() {
   6       fmt.Println("Hello world")
   7   }
```

❸

```
問題  出力  デバッグコンソール  ターミナル  ポート       フィルター (例: テキ
Starting: /Users/watarukoshimizu/go/bin/dlv dap --listen=127.0.0.1:65
rom /Users/watarukoshimizu/Documents/awesomeProject
DAP server listening at: 127.0.0.1:65071
Type 'dlv help' for list of commands.
Hello world
Process 14225 has exited with status 0
Detaching
```

❹

VSCodeでの検証

プログラム（❸）の実行結果（❹）はVSCodeの［デバッグコンソール］タブに表示されます。

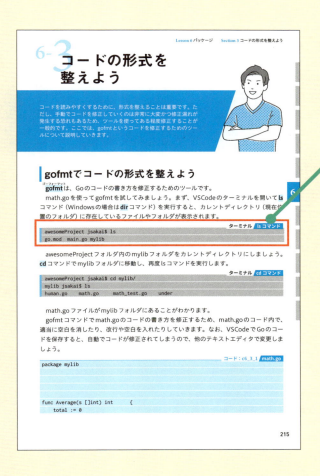

フォルダ名やユーザー名のあとに命令を入力すると、すぐ下に実行結果が表示されます。

サンプルファイルのダウンロード

本書をご購入いただいた方への特典として、サンプルファイル（ソースコードファイル）を無料でダウンロードしていただけます。

記載されている注意事項をよくお読みになり、ダウンロードページへお進みください。

> https://kdq.jp/affkn
>
> **ユーザー名** go_pro　**パスワード** codes_5_learning

上記のURLへアクセスしていただくと、データを無料でダウンロードできます。
「サンプルファイルのダウンロードはこちら」という一文をクリックして、ユーザー名とパスワードをご入力のうえダウンロードし、ご利用ください。

注意事項
- ダウンロードはパソコンからのみとなります。
- ダウンロードページへのアクセスがうまくいかない場合は、お使いのブラウザが最新であるかどうかご確認ください。また、ダウンロードする前に、パソコンに十分な空き容量があることをご確認ください。
- フォルダは圧縮されていますので、展開したうえでご利用ください。
- 本ダウンロードデータを私的使用範囲外で複製、または第三者に譲渡・販売・再配布する行為は固く禁止されております。
- なお、本サービスは予告なく終了する場合がございます。あらかじめご了承ください。

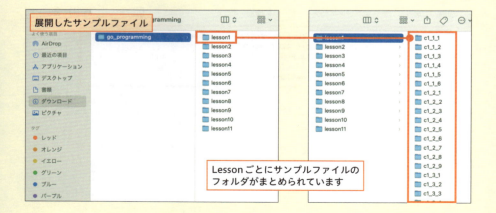

展開したサンプルファイル

Lessonごとにサンプルファイルのフォルダがまとめられています

VSCodeでサンプルファイルを開く

展開したサンプルファイルは開発ツールのVSCodeで開くと、動作を確かめることができます。VSCodeのインストール方法や基本操作についてはP.25を参照してください。

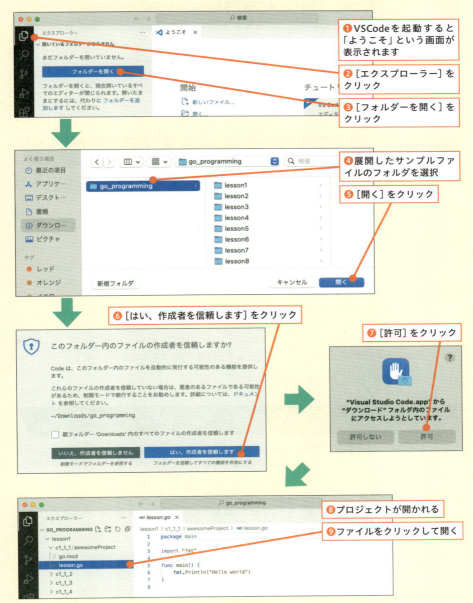

CONTENTS

はじめに ……… 3 ／ Go の特長 ……… 5 ／本書の使い方 ……… 6 ／
サンプルファイルのダウンロード ……… 8

序章　Goの環境設定

開発環境の準備 ……………………………………………………………………… 18
　　Step 1 Go をインストールしよう／ Step 2 Git をインストールしよう
　　Step 3 VSCode をインストールしよう／ Step 4 VSCode の設定をしよう
　　Step 5 Go のコードを作成しよう／ Step 6 Go のコードを実行しよう

Lesson 1　　　　　　　　　　　　　　　　　　　　　　　　入門編
Goの基本

1-1 基本的な処理の流れを学ぼう …………………………………………… 38
　　main 関数と init 関数の働きを知ろう／複数のパッケージをインポートしよう
1-2 変数の作り方をマスターしよう ………………………………………… 43
　　変数を宣言しよう／ const を使って定数を宣言しよう
1-3 データ型について学ぼう ………………………………………………… 49
　　数値型の基本を知ろう／文字列型の基本を知ろう／論理値型の基本を知ろう／
　　データ型を変換してみよう
1-4 データ構造のしくみを学ぼう …………………………………………… 59
　　配列（Array）の基本を学ぼう／スライス（Slice）の基本を学ぼう／
　　make 関数でスライスを作ろう／バイト配列を知ろう／マップ（Map）の基本を学ぼう
1-5 関数で処理をまとめよう ………………………………………………… 68
　　関数の基本を知ろう／クロージャーのしくみを学ぼう／可変長引数を使ってみよう

Lesson 2
ステートメント

2-1 if 文で条件分岐の処理を実行しよう …………………………………… 80
　　if 文で条件分岐のプログラムを作ろう／複数の条件がある場合／
　　if 文の条件式で変数を宣言しよう
2-2 for 文で処理を繰り返し実行しよう ……………………………………… 84
　　for 文による繰り返し処理を作ろう／ continue 文で次の繰り返しに進む処理を作ろう／
　　break 文で繰り返しを途中で抜けよう／ for 文の省略記法を使おう／
　　range で繰り返しの処理を簡単に書こう
2-3 switch 文で条件に応じた処理を実行しよう …………………………… 92
　　switch 文で条件ごとの処理を作ろう／変数宣言と switch 文をまとめて書こう／
　　条件式を書かない switch 文を作ろう

2-4 defer 文で処理を遅らせて実行しよう 96
　defer 文で処理を実行しよう／defer 文でファイルの閉じ忘れを防ごう
2-5 ログを出力しよう 99
　log パッケージでログを出力しよう／ログをファイルに書き込もう
2-6 エラーハンドリングをしよう 104
　Go でエラーハンドリングをしよう
2-7 panic と recover 108
　panic でプログラムを強制終了させよう／発生した panic を recover で処理しよう

Lesson 3
ポインタ

3-1 ポインタを操作しよう 112
　ポインタでメモリ上のアドレスを参照する／関数でポインタを受け取る／
　変数のアドレスと中身を表示する
3-2 new 関数と make 関数の違い 116
　new を使ってポインタのアドレスを確保する／new 関数と make 関数の違い
3-3 構造体で複数の値をまとめて扱う 119
　struct（構造体）／構造体とポインタ

Lesson 4
Structオリエンテッド

4-1 メソッドを作成しよう 126
　型に紐づくメソッドを作成しよう／ポインタレシーバーと値レシーバー／
　New で初期化時の処理を実行しよう／構造体以外の型のメソッド
4-2 構造体の埋め込みをしよう 132
　構造体の中に構造体を埋め込もう
4-3 インターフェースを使ったプログラムを作ろう 135
　インターフェースを作成しよう／ダックタイピング
4-4 型アサーションと switch type を使う 139
　型アサーションについて学ぼう／switch type で型ごとに処理を実行しよう
4-5 Stringer で表示内容を変更しよう 143
　Stringer インターフェースを利用しよう
4-6 カスタムエラーを作成しよう 145
　error インターフェースでカスタムエラーを作成しよう／エラーをポインタで返そう

Lesson 5

ゴルーチン

5-1 並行処理を作ろう 154
　goroutine（ゴルーチン）で並行処理を実行しよう／
　sync.WaitGroup で並行処理を待機させよう

5-2 チャネルでゴルーチンと値のやりとりをしよう 163
　チャネルを使って値をやりとりしよう／バッファありチャネルを使って値をやりとりしよう／
　range と close でチャネルから値を取り出そう

5-3 2つのゴルーチンで値を送受信しよう 173
　Producer と Consumer のゴルーチンを作ろう

5-4 pipeline による並行処理 179
　pipeline を使って並行処理をしよう

5-5 select でチャネルに応じた処理をしよう 183
　select の使い方を学ぼう

5-6 select で default と break を使おう 188
　select と default でどのチャネルでもない処理を書こう／for 文と select 文を途中で抜けよう

5-7 sync.Mutex を使ったゴルーチンの処理 197
　異なるゴルーチンから同じ構造体を書き換えよう

| Column | エンジニアのキャリア戦略① | シリコンバレーと日本の新人エンジニアの違い 200

Lesson 6

パッケージ

6-1 パッケージでコードを管理しよう 202
　パッケージ単位でコードを分けよう／関数や型をエクスポートしよう

6-2 テストを実行しよう 211
　testing パッケージでテストを作ろう

6-3 コードの形式を整えよう 215
　gofmt でコードの形式を整えよう

6-4 サードパーティのパッケージを利用しよう 217
　サードパーティのパッケージのインストール

6-5 ドキュメントを作成しよう 221
　go doc でコードの説明を確認しよう／godoc でブラウザ上のドキュメントを確認しよう

6-6 便利な標準パッケージを活用しよう 227
　time で時間に関するコードを書こう／regexp で正規表現のコードを書こう

Lesson 7
Webアプリケーションの作成

7-1 HTTP リクエストを送信しよう …………………………………………………… 234
　GET リクエストを送信しよう／ http.NewRequest 関数でリクエストを作成しよう／
　POST リクエストを送信しよう

7-2 JSON と構造体を相互に変換しよう ……………………………………………… 242
　json.Unmarshal 関数で JSON を構造体に変換しよう／
　json.Marshal 関数で構造体を JSON に変換しよう／ omitempty でデフォルト値を省略しよう／
　json.Marshal 関数をカスタマイズしよう／ json.Unmarshal 関数をカスタマイズしよう

7-3 データベースを利用しよう ………………………………………………………… 255
　SQLite を利用する準備をしよう／データベースを操作しよう／
　SQL インジェクションの例を確認しよう

7-4 Web アプリケーションを作成しよう …………………………………………… 275
　テキストを編集して表示するアプリケーションを作ろう／
　os パッケージでテキストファイルの読み書きをしよう／ Web サーバーを立ち上げよう／
　HTML のテンプレートを利用しよう／ Web ページからの入力内容をファイルに保存しよう／
　Web アプリケーションのコードを効率化しよう

Column　エンジニアのキャリア戦略②　生成 AI の台頭で、エンジニアは不要ってホント？ …………… 290

Lesson 8　応用編
MVCモデル

8-1 MVC モデルとは ……………………………………………………………………… 292
　アーキテクチャとは／ MVC モデルとは

8-2 アプリケーション作成の準備をしよう ………………………………………… 295
　API のコードを自動生成しよう／ロギングの設定を作成しよう／
　アプリケーションの設定を作成しよう／データベースの設定をしよう

8-3 モデルを実装しよう ………………………………………………………………… 313
　データベースに接続しよう／ Category モデルを作成しよう／時間に関する処理を作成しよう／
　Album モデルを作成しよう

8-4 コントローラを実装しよう ……………………………………………………… 326
　Album コントローラを作成しよう

8-5 ビューを実装しよう ……………………………………………………………… 331
　API サーバーを起動しよう／ API の状態を確認する／ミドルウェアを追加しよう

Column　エンジニアのキャリア戦略③　どういうときにエンジニアのスキルは伸びる？ …………… 340

Lesson 9
アプリケーションのテストを実施しよう

- **9-1 SQLite を使ってテストを実行しよう** ……………………………… 342
  - SQLite を使ったモデルのユニットテスト
- **9-2 モックを使ってテストを実行しよう** ……………………………… 349
  - モックを作成しよう／モックを使ってアルバムのテストを実行しよう
- **9-3 MySQL を使ってテストを実行しよう** ……………………………… 355
  - MySQL を使用したテストの実行
- **9-4 コントローラのテストを実行しよう** ……………………………… 359
  - ヘルスチェックのコントローラのテストを実行しよう／
  - アルバムのコントローラのテストを実行しよう
- **9-5 インテグレーションテストを実行しよう** ……………………………… 370
  - インテグレーションテスト／Makefile を作成しよう

Lesson 10
クリーンアーキテクチャ

- **10-1 クリーンアーキテクチャとは** ……………………………… 378
  - クリーンアーキテクチャ／アーキテクチャを変更しよう
- **10-2 クリーンアーキテクチャを適用しよう** ……………………………… 381
  - pkg フォルダのコードを流用しよう／API の定義を整理しよう／
  - Infrastructure 層の database の処理を作成しよう／Entity 層の処理を作成しよう／
  - Adapter 層の gateway の処理を作成しよう／Use Case 層の処理を作成しよう／
  - Adapter 層の controller の処理を作成しよう／Adapter 層の presenter の処理を作成しよう／
  - Adapter 層の middleware と router の処理を作成しよう
- **10-3 フレームワークを切り替えよう** ……………………………… 412
  - Web フレームワーク echo を使おう／Infrastructure 層の Web の処理を作成しよう
- **10-4 テストを実行しよう** ……………………………… 422
  - インテグレーションテストを実行しよう／Adapter 層に Command の処理を追加しよう
- **10-5 そのほかのアーキテクチャ** ……………………………… 434
  - オニオンアーキテクチャとは／ヘキサゴナルアーキテクチャとは
- **Column エンジニアのキャリア戦略④ シリコンバレーで働くにはどのくらいのレベルが必要？** …… 438

Lesson 11
APIスタイルガイド

11-1 API スタイルガイドを学ぼう **440**
　API エンドポイント URL のスタイルガイドを学ぼう／
　OpenAPI YAML のスタイルガイドを学ぼう／
　API レスポンスの JSON スタイルガイドを学ぼう

11-2 API を修正しよう **446**
　API の JSON スタイルを変更しよう／ API を増やそう

索　引 **460**

編集協力／リブロワークス
本文デザイン／峠坂あかり（リブロワークス）
DTP／リブロワークス・デザイン室
イラスト／瀬川尚志
校閲／澤田竹洋（浦辺制作所）

序章
Goの環境設定

Goについて本格的に学んでいく前に、まずはGoのコードを作成して実行するための準備をします。ここでは、Goのインストールとともに、Goで追加機能のパッケージを使用する際に必要なGit、そしてコードを書くエディタであるVSCodeをインストールし、Goのコードを作成して実行する方法について説明していきます。

開発環境の準備

Step 1 Goをインストールしよう

まずは、Goをインストールしましょう。GoのWebページにアクセスし、Goのファイルをダウンロードします。

URL https://go.dev/

❶ [Download] をクリック

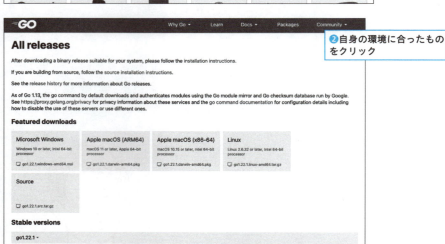

❷ 自身の環境に合ったものをクリック

1. Macにインストールする場合

ダウンロードしたファイルを開き、指示に従ってインストールを進めます。

途中でMacのパスワードの入力を求められた場合は、パスワードを入力してインストールを完了しましょう。

2. Windowsにインストールする場合

ダウンロードしたファイルを開き、指示に従ってインストールを進めます。

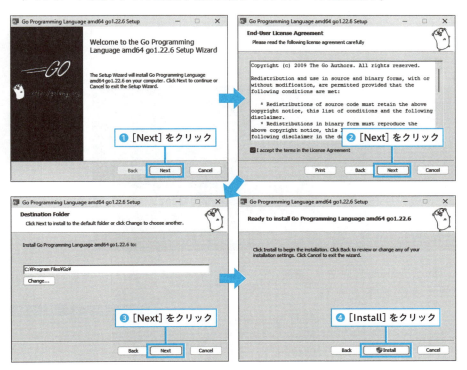

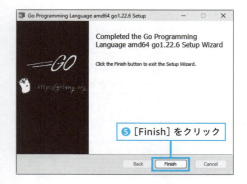

Step 2　Gitをインストールしよう

　続いて、Goで必要な機能を追加するパッケージのダウンロードに必要なGit（ギット）をインストールしていきます。Gitは、ファイルなどの変更履歴を管理するためのバージョン管理システムです。

1. Macにインストールする場合

　Gitをインストールするには、まずHomebrew（ホームブリュー）をインストールする必要があります。HomebrewのWebページから、インストールコマンドをコピーしてください。

URL　https://brew.sh/ja/

　続いて「ターミナル」アプリを開いて、コピーしたインストールコマンドをペーストし、Enter を押して実行します。

ターミナル　Homebrew のインストールコマンド

```
~ jsakai$ /bin/bash -c "$(curl -fsSL https://raw.githubusercontent.com/Homebrew/install/HEAD/install.sh)"
```

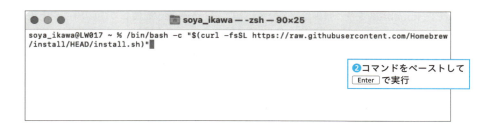

インストールの途中でMacのパスワードの入力を求められた場合、入力して Enter を押します。

「Press RETURN/ENTER to continue or any other key to abort:」と表示されたら Enter を押してください。

インストールが成功すると、次のコマンド入力を求めるメッセージが表示されます。画面に表示されたコマンドをコピーし、ターミナルに入力して Enter を押してください（表示されるコマンドは環境によって異なります）。

ターミナル evalコマンド

```
~ jsakai$ echo >> /Users/jsakai/.zprofile
~ jsakai$ echo 'eval "$(/opt/homebrew/bin/brew shellenv)"' >> /Users/jsakai/.zprofile
~ jsakai$ eval "$(/opt/homebrew/bin/brew shellenv)"
```

これでHomebrewを使う準備は完了です。次に、Homebrewを使ってGitのインストールをします。ターミナルに次のコマンドを入力して実行してください。

ターミナル　Gitのインストール
```
~ jsakai$ brew install git
```

　Gitのインストールが完了した場合、ターミナルで「git」コマンドを実行すると、Gitに関するヘルプなどが表示され、インストールされたことが確認できます。

ターミナル　gitコマンド
```
~ jsakai$ git
```

2. Windowsにインストールする場合

GitのWebページにアクセスし、Gitのインストーラーをダウンロードします。

URL https://git-scm.com/

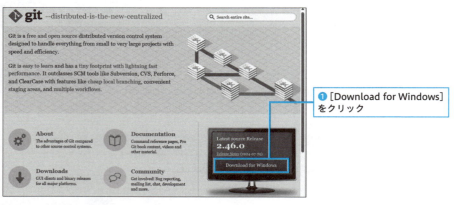

❶ [Download for Windows] をクリック

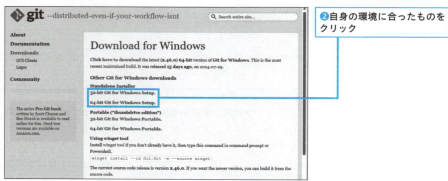

❷ 自身の環境に合ったものをクリック

ダウンロードしたファイルを開き、指示に従ってインストールを進めます。

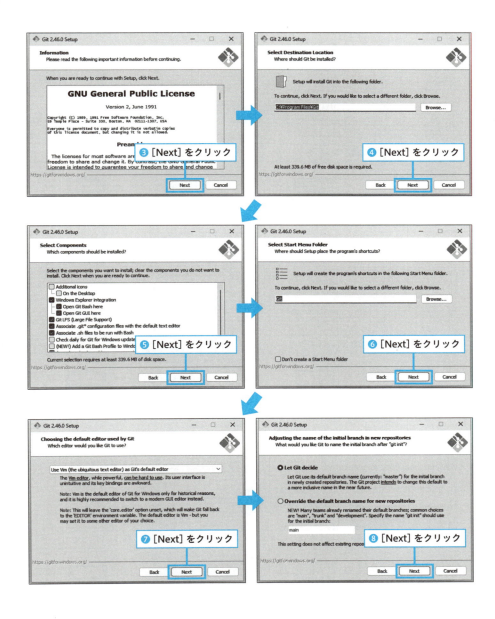

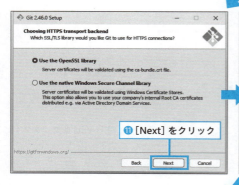
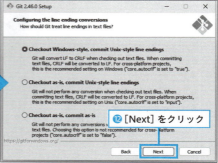
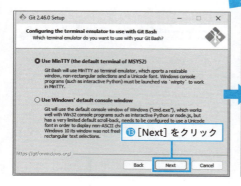
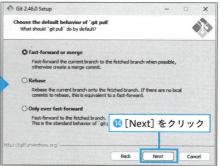

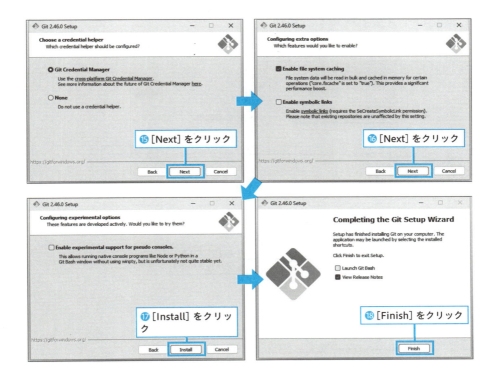

Step 3 VSCodeをインストールしよう

Goのコードを書いていくエディタとして、**Visual Studio Code**(VSCode)をインストールします。VSCodeのWebページにアクセスしてダウンロードします。

URL **https://code.visualstudio.com/**

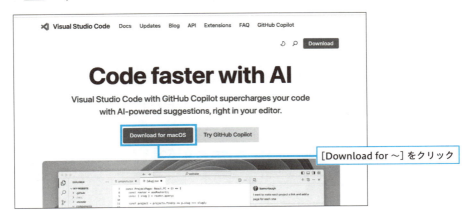

1. Macにインストールする場合

ダウンロードしたファイルを展開し、[アプリケーション] フォルダに移動します。

これで、MacでVSCodeを使用する準備ができました！

2. Windowsにインストールする場合

ダウンロードしたファイルを開き、指示に従ってインストールを進めます。

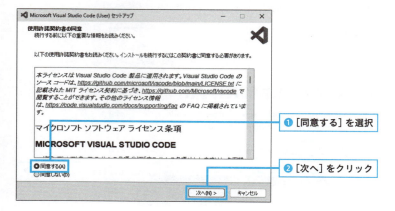

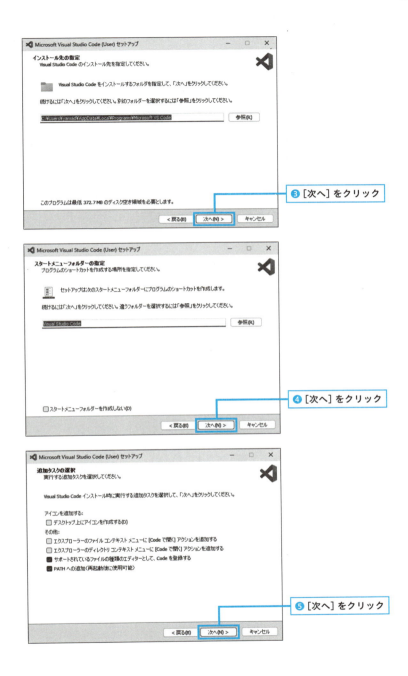

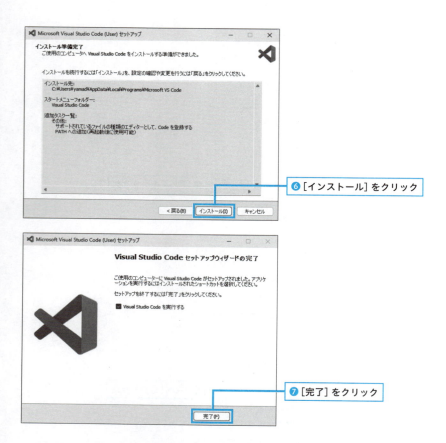

❻ [インストール] をクリック

❼ [完了] をクリック

これで、WindowsでVSCodeを使用する準備ができました！

Step 4 VSCodeの設定をしよう

VSCodeの設定をしていきましょう。VSCodeを起動すると、見た目（テーマ）を選択することができます。どのテーマを選んでもメニュー自体は同じなので、自分の好きなテーマを選んでかまいません。デフォルトの設定は［Dark Modern］ですが、ここでは［Light Modern］を選択しています。

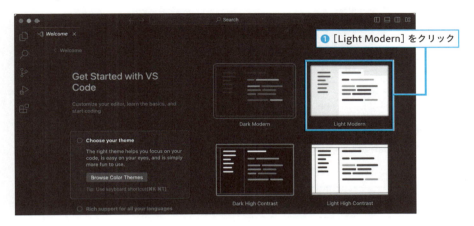

❶［Light Modern］をクリック

テーマを選択すると、VSCodeの見た目が変化します。

続いて、VSCodeを日本語化します。VSCodeへの機能の追加は、**拡張機能**を追加することで可能です。左上のアイコンのうち、上から5つ目の［Extensions］をクリックして拡張機能の画面を開き、検索ボックスに「Japanese」と入力します。「Japanese Language Pack for VS Code」という拡張機能を選択し、［Install］をクリックします。

　拡張機能をインストールすると、VSCodeの再起動を促すメッセージが画面右下に表示されるので、[Change Language and Restart] をクリックして再起動します。

　再起動後、VSCodeのメニュー名が日本語化されています。

　続いて、VSCodeでGoのコードを作成する際に必要な拡張機能をインストールします。再び拡張機能の画面を開き、検索ボックスに「Go」と入力します。「Go」という拡張機能を選択し、[インストール] をクリックします。

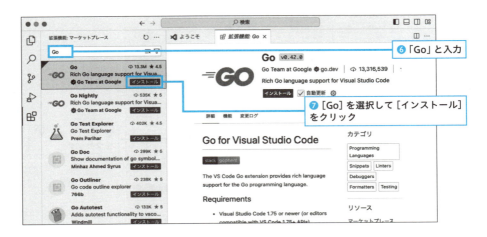

Step 5 Goのコードを作成しよう

次に、Goのコードを作成するフォルダ（プロジェクトフォルダ）をVSCode上で開きます。画面左上のアイコンのうち、一番上の［エクスプローラー］をクリックし、［フォルダーを開く］をクリックします。

Goのコードを作成するプロジェクトフォルダを選択します。ここでは、［新規フォルダ］をクリックし、「awesomeProject」という名前のフォルダを作成してプロジェクトフォルダにしています。プロジェクトフォルダを選択したら、［開く］をクリックします。その後、確認画面が表示されるので、［はい、作成者を信頼します］をクリックします。

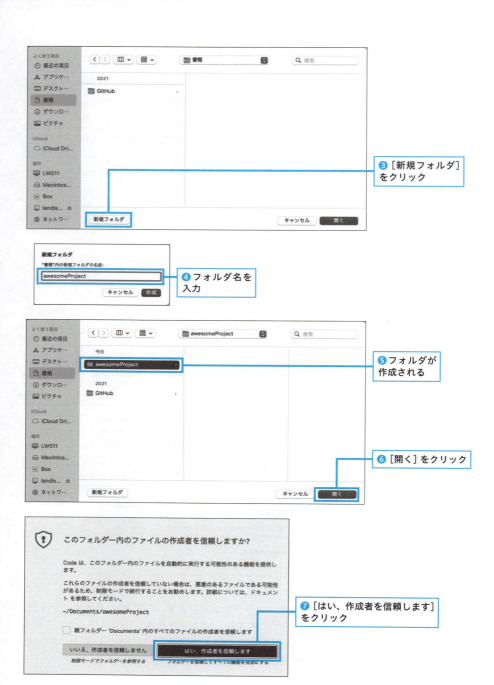

Goのファイルを作成します。プロジェクトフォルダ名の右のアイコンのうち、[新しいファイル]をクリックします。ファイルの名前を入力して Enter を押します。ここでは「lesson.go」と入力します。

「lesson.go」にコードを書いていきます。ここでは、次のようにコードを入力してください。このコードは「Hello world」という文字列を画面に表示するコードです。詳しくはP.38で説明します。

コード / Hello world

```
package main

import "fmt"

func main() {
    fmt.Println("Hello world")
}
```

Step 6 Goのコードを実行しよう

　作成したGoのコードを実行しましょう。Goのコードを実行するには、最初にプロジェクトを初期化する必要があります。画面上のメニューバーから［ターミナル］をクリックし、［新しいターミナル］をクリックすると、VSCodeの画面下側にターミナルが表示されます。なお、Windowsでメニューバーに［ターミナル］が表示されていない場合、［…］をクリックすると［ターミナル］が表示されます。

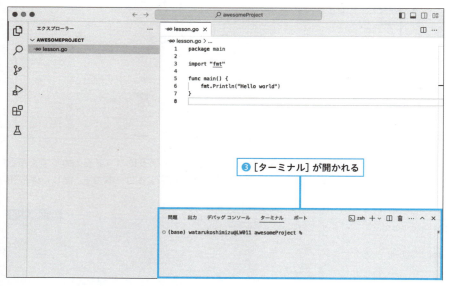

　ターミナルから、Goのプロジェクトを初期化するコマンドを実行します。「go mod init プロジェクト名」というコマンドを実行することで、プロジェクトを初期化できます。ここでは、「awesomeProject」というプロジェクトを初期化するため、次のコマンドを実行します。実行すると、「go.mod」というファイルが作成されます。これでプロジェクトの初期化は完了です。

ターミナル プロジェクトの初期化
```
awesomeProject jsakai$ go mod init awesomeProject
```

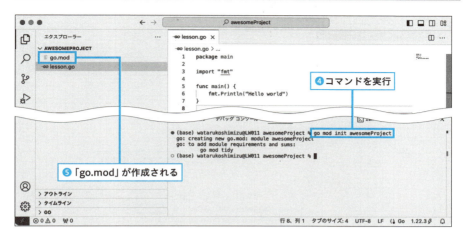

その後、「lesson.go」を開いた状態で F5 を押すと、Goのコードが実行され、結果が画面下の[デバッグコンソール]に表示されます。

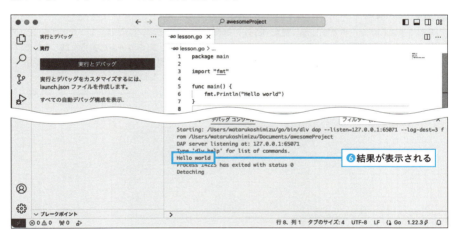

また、ターミナルで「go run ファイル名」と入力することでも、Goのコードを実行することができます。「lesson.go」を実行するには、次のコマンドをターミナルに入力して実行します。

ターミナル プロジェクトの実行
```
awesomeProject jsakai$ go run lesson.go
```

❼コマンドを実行

❽実行結果が表示される

> **Point** main関数
>
> P.33で作成したコードでは、main関数（P.38）に処理を書いています。Goでは、1つのプロジェクトに対して、main関数は1つのみ作成できます。そのため、複数のGoのコードの実行を試したい場合は、main関数を書き換えるか、別のプロジェクトを作成する必要があります。別のプロジェクトを作成した場合は、「go mod init」による初期化を忘れないようにしましょう。

Lesson 1

入門編

Goの基本

まずはGoの基本的な書き方から、データや変数の扱い方、関数の作り方などを見ていきます。変数や関数は以降のLessonでも使いますので、Goならではのプログラミング（記述方法）をおさえておきましょう！

1-1	基本的な処理の流れを学ぼう	38
1-2	変数の作り方をマスターしよう	43
1-3	データ型について学ぼう	49
1-4	データ構造のしくみを学ぼう	59
1-5	関数で処理をまとめよう	68

1-1 基本的な処理の流れを学ぼう

まずは、Goの基本的なコードの書き方と処理の流れについて説明します。Goはパッケージという単位でソースコードを管理します。多くの組み込み関数は、パッケージのインポート（読み込み）が必要となるため、インポートする方法についても説明します。

main関数とinit関数の働きを知ろう

main関数

あらためて、序章のP.33で実行したコードを確認してみましょう。

コード：c1_1_1　Hello World

```go
package main

import "fmt"

func main() {
    fmt.Println("Hello world")
}
```

実行結果
```
Hello world
```

1行目でmainという**パッケージ**を宣言しています。Goでは、コードがどのパッケージに属しているかを明示する必要があります（パッケージの詳細はP.202で説明）。

3行目では、**fmt**（フォーマット）というパッケージをインポートしています。これにより、fmtパッケージに定義されている関数を呼び出せるようになります。なお、fmtはformatの略です。

5～7行目は、**main関数**の定義です。main関数で呼び出している**fmt.Println関数**（プリントライン）は、引数で渡された値を出力するため、実行すると引数の「Hello world」が出力されます。**main関数は特別な関数で、コードを実行したとき最初に呼び出されます**。main関数がないコードは、実行するとエラーになります。

複数の文字を出力する

fmt.Println関数には、複数の引数を渡すことができます。,（カンマ）で引数を区切って入れると、引数の値を連結して出力します。

```
func main() {
    fmt.Println("Hello world!", "golang")
}
```

実行結果
```
Hello world! golang
```

> **Point** 関数名の大文字と小文字
>
> mainやinitなどの関数名は小文字ではじまっていますが、fmtパッケージのPrintln関数は大文字ではじまっています。これはパッケージの外部から呼び出せる関数かどうかを表しており、大文字ではじまる関数はパッケージの外から呼び出せますが、小文字ではじまる関数はパッケージ内でしか呼び出せません。ですので、ほかのパッケージから呼び出す関数は、大文字からはじまると理解しておけばOKです。

関数の呼び出し

新しくbazz関数を定義して、main関数から呼び出してみましょう。関数を定義するときは、**func**（ファンク）のあとに関数名( ){ }と続けます。そして、実行したい処理を{ }の中に書きます。定義した関数は、関数名( )で呼び出せます。

コード：c1_1_2 関数の呼び出し
```
package main

import "fmt"

func bazz() {
    fmt.Println("Bazz")
}

func main() {
    bazz()            ← bazz関数の呼び出し
    fmt.Println("Hello world!", "golang")
}
```

実行結果
```
Bazz
Hello world! golang
```

init関数

main関数以外にも、**init**（イニット）という特別な関数があります。

コード：c1_1_3 init関数
```
package main

import "fmt"

func init() {
```

```go
    fmt.Println("Init!")
}

func bazz() {
    fmt.Println("Bazz")
}

func main() {
    bazz()
    fmt.Println("Hello world!", "golang")
}
```

```
実行結果
Init!
Bazz
Hello world! golang
```

　init関数が定義されている場合、main関数より先に呼ばれます。そのため、次のような流れで処理が実行されます。

---

① init 関数の呼び出し
　② fmt.Println("Init!") を実行
③ main 関数の呼び出し
④ bazz 関数の呼び出し
　⑤ fmt.Println("Hello world!", "golang") を実行
⑥ main 関数に戻る
　⑦ fmt.Println("Hello world!", "golang") を実行

---

　init関数は、変数の多いコードで初期設定を行うときなどに利用します。

コメントアウト

　コメントアウトの書き方は2つあります。行頭に//をつける方法と、複数の行を/* */で囲む方法です。

コード：c1_1_4　**複数行のコメントアウト**

```go
package main

import "fmt"
/*                    ← /* */ で囲む
func init() {
    fmt.Println("Init!")
}
*/
func bazz() {
    fmt.Println("Bazz")
```

```
}
func main() {
    //bazz()                           行頭に // をつける
    fmt.Println("Hello world!", "golang")
}
```

実行結果
```
Hello world! golang
```

5〜7行目を/* */で囲んだことにより、init関数が呼び出されなくなります。また、14行目の行頭に//をつけたことで、bazz関数も呼び出されなくなります。

複数のパッケージをインポートしよう

Goにはさまざまな標準パッケージが用意されており、複数のパッケージを利用する場面があります。複数のパッケージをインポートする場合は、importのあとに( )をつけ、( )内に改行で区切ってパッケージ名を記述します。

コード：c1_1_5 **timeパッケージをインポートする**
```
package main

import (
    "fmt"
    "time"
)

func main() {
    fmt.Println("Hello world!", time.Now())
}
```

実行結果
```
Hello world! 2024-03-18 14:03:35.891129 +0900 JST m=+0.000119376
```

fmtパッケージとtimeパッケージがインポートされました。time.Now関数で、コードを実行したときの時刻を取得できます。

> **Point　標準パッケージの一覧**
>
> Goが用意している標準パッケージは、次のドキュメントから確認できます。Goの学習を進めていく中で少しずつ見ながら、理解を深めましょう。
> **URL** https://pkg.go.dev/std

続いて、os/userというパッケージも使ってみましょう。

コード：c1_1_6　下位階層のパッケージをインポートする

```go
package main

import (
    "fmt"
    "os/user"
    "time"
)

func main() {
    fmt.Println("Hello world!", time.Now())
    fmt.Println(user.Current())
}
```

実行結果
```
Hello world! 2024-03-18 14:23:10.919838 +0900 JST m=+0.000060168
&{501 20 soya_ikawa soya_ikawa /Users/soya_ikawa} <nil>
```

　user.Current関数により、名前、グループ、ホームディレクトリなどが出力されます。osの中には、user、signal、execといった複数のパッケージが含まれています。階層構造になっているパッケージを1つだけインポートする場合は、上位階層と下位階層を/（スラッシュ）で区切ります。

　パッケージや関数の情報は、VSCodeのターミナルにコマンドを入力して確認することもできます。ターミナルで、「go doc パッケージ名」または「go doc パッケージ名 関数名」と入力します。

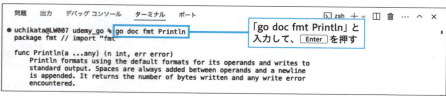

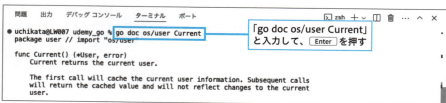

　本書で説明する標準パッケージの関数の詳細を知りたくなったときは、「go docコマンド」でインターネット検索してみてください。

1-2 変数の作り方をマスターしよう

変数は、数値や文字列など何らかのデータを入れる箱のようなものです。変数を作ることを「宣言」、変数にデータを入れることを「代入」といいます。また、データには種類があり、変数を宣言するときに代入したいデータの種類を指定します。ここでは、変数の作り方について説明します。

変数を宣言しよう

変数の宣言には、**var**を使います。このvarは、変数という意味を持つvariableの略です。varのあとに変数名とデータの種類を表すデータ型を書きます。また、宣言と同時に初期化したい場合は、続けて=(イコール)と代入したい値を書きます。

コード：c1_2_1　変数宣言

```
package main

import "fmt"

func main(){
    var i int = 1
    fmt.Println(i)
}
```

実行結果
```
1
```

6行目で整数を表すint型の変数iを宣言し、1を代入しています。変数をfmt.Printlnの引数に指定することで、変数の値を出力することができます。データ型についてはP.49であらためて説明します。

なお、**宣言した変数はコード内で必ず使いましょう**。使用していない場合、エラーになります。たとえば、c1_2_1のコードからfmt.Println(i)を削除して実行すると、次のようなエラーが発生します。

```
func main(){
    var i int = 1 ──── 変数iを宣言したものの、使っていない
}
```

実行結果
```
/main.go:4:6: i declared but not used (exit status 2)
```

また、同じ型の変数を宣言する場合は、1行にまとめて記述することができます。

コード:c1_2_2(抜粋) **1行で複数の変数を宣言する**
```
func main(){
    var i int = 1
    var t,f bool = true,false
    fmt.Println(i, t, f)
}
```

実行結果
```
1 true false
```

真偽値を表すbool型の変数tと変数fを宣言し、tにtrue、fにfalseを代入しています。ただし、1行で多くの変数を宣言すると、コードが長くなってわかりにくくなります。コードの読みやすさを意識して、調整するようにしてください。

複数の変数を宣言する

importと同様に、varのあとに( )をつけ、( )内で複数の変数を宣言できます。int型やbool型以外の変数も定義してみましょう。

コード:c1_2_3(抜粋) **一括で複数の変数宣言**
```
func main(){
    var (
        i   int     = 1
        f64 float64 = 1.2
        s   string  = "test"
        t, f bool   = true, false
    )
    fmt.Println(i, f64, s, t, f)
}
```

実行結果
```
1 1.2 test true false
```

浮動小数点数を表すfloat64型の変数f64を宣言し、1.2を代入しています。また、文字列を表すstring型で変数sを宣言し、文字列の「test」を代入しています。

ここまでは、変数の宣言と同時に初期化していますが、初期化しなかった場合はどうなるのか、試してみましょう。

コード:c1_2_4(抜粋) **変数の初期値**
```
func main(){
    var (
        i   int
        f64 float64
        s   string
        t, f bool
    )
    fmt.Println(i, f64, s, t, f)
}
```

```
0 0 false false
```

実行すると、iが0、float64が0、空の文字列("")、tとfがfalseとデフォルトの値が出力されます。つまり、int型とfloat64型の初期値は0、string型は空文字、bool型の初期値はfalseであることがわかります。

短縮変数宣言(short variable declaration)

短縮変数宣言という記述方法にすると、varを省略して変数を宣言できます。短縮変数宣言は、変数名と値を**:=(コロンとイコール)**でつなげるだけです。たとえば、「xi := 1」とすると、int型の変数xiが定義され、xiに1が代入されます。

コード:c1_2_5(抜粋) 短縮変数宣言
```
func main(){
    xi := 1
    xf64 := 1.2
    xs := "test"
    xt, xf := true, false
    fmt.Println(xi, xf64, xs, xt, xf)
}
```

実行結果
```
1 1.2 test true false
```

varを使ったときと同様に、変数が宣言されfmt.Println関数で変数の値を出力できています。

ただし、「:=」を使って変数を宣言すると、データ型が自動的に設定される点に注意してください。**fmt.Printf関数**を使うと、変数のデータ型を確認できます。

コード:c1_2_6(抜粋) 短縮変数宣言
```
func main(){
    xi := 1
    xf64 := 1.2
    fmt.Printf("%T\n", xi)
    fmt.Printf("%T\n", xf64)
}
```

実行結果
```
int
float64
```

xiはint型、xf64はfloat64型が自動的に指定されていることがわかります。**データ型を明示的に指定したい場合は、varを使って変数を定義**しましょう。

なお、%Tは変数のデータ型を出力するための、**フォーマット指定子**というもので、引数として一緒に指定されている変数のデータ型を出力します。また、fmt.Printf関数とfmt.Println関数は似ていますが、fmt.Printf関数は自動的に改行を行いません。そのため、fmt.Println関数を呼び出すときに改行を入れたい場合は、\n（バックスラッシュとエヌ）で改行の指示をします。バックスラッシュは、MacのVSCodeでは option + ¥ キー、WindowsのVSCodeでは ¥ キーで入力できます。

宣言方法の使い分け

varを使う方法と短縮変数宣言の違いは、関数の外で定義できるかどうかです。varを使うと関数の外で定義することができ、複数の関数から呼び出せます。短縮変数宣言は、関数の中でしか使えません。

コード：c1_2_7　短縮変数宣言

```go
package main

import "fmt"

var (
    i       int     = 1
    f64     float64 = 1.2
    s       string  = "test"
    t, f    bool    = true, false
)

func foo() {
    xi := 2
    xf64 := 1.3
    xs := "test test"
    xt, xf := true, false
    fmt.Println(xi, xf64, xs, xt, xf)
    fmt.Println(i, f64, s, t, f)
}

func main() {
    fmt.Println(i, f64, s, t, f)
    foo()
}
```

実行結果

```
1 1.2 test true false
2 1.3 test test true false
1 1.2 test true false
```

main関数とfoo関数のどちらからも、varで宣言した変数を使えていますね。

constを使って定数を宣言しよう

不変変数（定数）は **const**（コンスト）を使って宣言できます。constで宣言した定数はあとから値を代入できないため、宣言と同時に初期化を行います。そのため、定数はプログラム上で書き換える必要がない場合に使用します。

たとえば、main関数の外に円周率を表す定数Piを宣言します。

コード　constの宣言

```
package main

const Pi = 3.14

func main() {
}
```

定数は関数内でも宣言できますが、基本的には関数外で定義します。また、定数Piは名前の頭文字が大文字ですが、ほかのファイルから呼び出される場合には大文字にします。

varと同じく、const()で複数の定数を宣言することもできます。

コード：c1_2_8　複数の定数を宣言

```
package main

import "fmt"

const Pi = 3.14

const (
    Username = "test_user"
    Password = "test_pass"
)

func main() {
    fmt.Println(Pi, Username, Password)
}
```

実行結果
```
3.14 test_user test_pass
```

constとオーバーフロー

constの上限値を超える値を扱うときの動きについて説明します。使用頻度は少ないですが、頭の片隅に置いておきましょう。

まずは、varで宣言した変数bigに、int型の上限値である9223372036854775807を代入してみます。

```
package main

import "fmt"

var big int = 9223372036854775807

func main() {
    fmt.Println(big)
}
```

```
9223372036854775807
```

問題なく出力されていますね。では、「9223372036854775807 + 1」と書き換えてみましょう。

```
var big int = 9223372036854775807 + 1

func main() {
    fmt.Println(big)
}
```

```
./main.go:5:15: cannot use 9223372036854775807 + 1 (untyped int constant 9223372036854775808) as int value in variable declaration (overflows) (exit status 2)
```

変数の宣言と初期化時に、扱える値の範囲を超えたことを表すエラー「オーバーフロー (overflows)」が発生します。

今度は変数を定数に返しつつ、fmt.Println関数の引数も変えてみます。

```
const big = 9223372036854775807 + 1

func main() {
    fmt.Println(big - 1)
}
```

```
9223372036854775807
```

実行すると、宣言と初期化時にオーバーフローせずに、実行できます。constは型を指定せずに宣言します。P.47でも、Usernameにstring、Piにfloatといったデータ型を指定していません。定数の宣言と初期化はGoのコンパイラに解釈はされているものの、実行（使用）されていないため、fmt.Println関数を実行するときに+1から-1をしてint型として出力できます。そのため、constにはオーバーフローが発生するようなコードを書いても問題ありません。

1-3 データ型について学ぼう

データ型とは、コードで扱うデータの種類のことです。ここまでに、数値はint型、浮動小数点数はfloat型、文字列はstring型、真偽値はbool型が登場しましたね。Goには、ほかにもさまざまなデータ型が用意されているので、どのようなデータ型があるのか見ていきましょう。

数値型の基本を知ろう

数値型

　正または負の値を持つ符号つきの整数型（Integer）である**int型**は、32bitか64bitの数値に対応しており、コードの実行環境によって扱える数値の範囲が変わります。最近のPC環境は64bitが多いので、64bitになると思います。32bitか64bitかを確実に指定したい場合は、int64かint32を明示的に指定します。正の値のみ、つまり符号なしの整数型（Unsigned Integer）であるuint型は、uint8型で8bitの0から255の値、uint16型で16bitの0から65535の値を使用できます。使用頻度は少ないですが、複素数を扱うcomplex64型やcomplex128型などもあります。

　次のコードで、int8型、uint8型、float32型、complex64型の変数を作成して、fmt.Printlnで出力していきましょう。

コード：c1_3_1（抜粋） 数値型の変数定義

```go
func main() {
    var (
        u8  uint8     = 255
        i8  int8      = 127
        f32 float32   = 0.2
        c64 complex64 = -5 + 12i
    )
    fmt.Println(u8, i8, f32, c64)
}
```

実行結果

```
255 127 0.2 (-5+12i)
```

> **Point　Goのコーディングスタイル**
>
> 　Goのコーディングスタイルは、**1番長い部分にあわせて書く**ことがルールです。演算子の位置は、長いコードに位置を揃えます。Pythonなどのほかの言語では詰めて書きますが、読みやすさも考えて、コーディングしていきましょう。

続いて、fmt.Printfで型と値を見ていきましょう。「"type=%T value=%v", 値, 値」という形で引数を渡すと、%Tに値のデータ型、%vに値が反映された状態で出力させることができます。

コード:c1_3_2（抜粋） **データ型のチェック**

```
func main() {
    var (
        u8  uint8     = 255
        i8  int8      = 127
        f32 float32   = 0.2
        c64 complex64 = -5 + 12i
    )
    fmt.Println(u8, i8, f32, c64)
    fmt.Printf("type=%T value=%v", u8, u8)
}
```

実行結果

```
255 127 0.2 (-5+12i)
type=uint8 value=255
```

fmt.Printf関数の引数に「"type=%T value=%v", u8, u8」を指定したことで、%Tに変数u8のデータ型、%vに変数u8の値が反映された状態で出力されます。

そのほかにも、bool型は%t、int型は%dで値を出力させることができます。なお、文字列を出力するときは%sを使います。

> **Point** Goのリファレンス
>
> Goの公式Webサイトに、言語仕様がまとまったリファレンスが掲載されています。データ型や組み込み関数の詳細を知りたい方は、下記URLからリファレンスを確認してみてください。
> URL https://go.dev/ref/spec

演算子を使った数値の操作

数値は、+や-などの**算術演算子**を使った式で計算を行えます。fmt.Println関数の引数に式を指定すると、計算結果を出力できるので試してみましょう。

コード:c1_3_3（抜粋） **算術演算子**

```
func main() {
    fmt.Println("1 + 1 =", 1+1)
    fmt.Println("10 - 1 =", 10-1)
    fmt.Println("10 / 2 =", 10/2)
    fmt.Println("10 / 3 =", 10/3)
    fmt.Println("10.0 / 3 =", 10.0/3)
    fmt.Println("10 / 3.0 =", 10/3.0)
    fmt.Println("10 % 2 =", 10%2)
    fmt.Println("10 % 3 =", 10%3)
}
```

```
1 + 1 = 2
10 - 1 = 9
10 / 2 = 5
10 / 3 = 3
10.0 / 3 = 3.3333333333333335
10 / 3.0 = 3.3333333333333335
10 % 2 = 0
10 % 3 = 1
```

「10/3」の結果は3.333……と割り切れないため、小数点以下が切り捨てられた状態で出力されます。対して、「10.0/3」と「10/3.0」は浮動小数点数を使っているため、3.3333333333333335とfloat型で出力されます。算術演算子は、ほかのプログラミング言語と同じ使い方です。

ここで、算術演算子を使うときのコーディングルールについて説明します。変数に計算式を入れる場合は、演算子の左右にスペースを入れます。また、関数の引数が計算式1つだけの場合も同様です。

コード：演算子とスペース
```
x := 1 + 1
fmt.Println(1 + 1)
```

関数の引数が複数ある場合は、演算子の左右にスペースは入れません。

コード：演算子とスペース
```
fmt.Println(1+1, 2+2)
fmt.Println("1 + 1 =", 1+1)
```

なお、P.30で追加したVSCodeのGoの拡張機能は、コードを自動的にフォーマットしてくれます。

次に「++」を使った**インクリメント**と、「--」を使った**デクリメント**を試してみましょう。x++で変数xの値を1増やし、x--で変数xの値を1減らします。

コード：c1_3_4（抜粋） インクリメントとデクリメント
```
func main() {
    x := 0
    fmt.Println(x)
    x++              ← インクリメント
    fmt.Println(x)
    x--              ← デクリメント
    fmt.Println(x)
}
```

実行結果
```
0
1
0
```

数値操作の最後は、シフト演算です。**シフト演算とは、2進数で表した値を左右にシフト（移動）して行う計算**のことで、<<や>>を使います。「1 << 1」は2進数「0001」から1回左にシフトするので、2進数「0010」、つまり十進数の2になります。対して、「2 >> 1」は2進数「0010」から1回右にシフトするので、2進数「0001」、つまり十進数の1になります。

ここでは、<<の動きを確認してみましょう。

コード：c1_3_5（抜粋） シフト演算

```
func main() {
    fmt.Println(1 << 0)     1を0回左にシフト
    fmt.Println(1 << 1)     1を1回左にシフト
    fmt.Println(1 << 2)     1を2回左にシフト
    fmt.Println(1 << 3)     1を3回左にシフト
}
```

実行結果

```
1
2
4
8
```

シフト演算を行うと、元の値から倍々に変化していくことがわかりますね。

文字列型の基本を知ろう

"（ダブルクォート）や`（バッククォート）で囲んだ部分は文字列として扱われます。また文字列を+でつなげると、数値同士の加算ではなく、文字列の連結を行います。ここまでも文字列の出力は行っていますが、あらためて試してみましょう。

コード：c1_3_6（抜粋） 文字列の出力

```
func main() {
    fmt.Println("Hello World")
    fmt.Println("Hello " + "World")
}
```

実行結果

```
Hello World
Hello World
```

文字列から指定した文字を取得する

文字列は1文字目から順番に**インデックス**という順番を表す番号が0から振られます。"Hello World"[0]でインデックスが0の「H」を取得できますが、Goの場合はASCIIコードで出力されます。文字として出力するためには、string( )を使った型変換が必要です。

コード：c1_3_7（抜粋） 文字列とインデックス

```
func main() {
    fmt.Println("Hello World"[0])     ASCIIコードで出力
```

```
    fmt.Println(string("Hello World"[0]))          string 型の文字で出力
}
```
実行結果
```
72
H
```

"Hello World"[0]だけだと、ASCIIコードの「72」が出力されますが、string()を使うとASCIIコードから文字に変換されて「H」が出力されます。
なお、string()は数値を文字列に変換する際にも利用します（P.64）。

文字列型の変数宣言

文字列型は**string型**です。string型の変数は、次のように宣言します。

コード：c1_3_8　**stirng 型**
```
package main

import (
    "fmt"
)

func main() {
    var s string = "Hello World"
    fmt.Println(s)
}
```
実行結果
```
Hello World
```

文字の置き換え

文字列中のある文字を置き換える際は、文字列操作のための便利な処理（関数）がまとめられたstringsパッケージをインポートして、**strings.Replace関数**を使います。データ型のstringではなく、stringsであることに気をつけましょう。strings.Replace関数を使うためには、stringsパッケージのインポートが必要です。

次のコードを実行すると、「Hello World」の「H」が「X」に変わります。

コード：c1_3_9（抜粋）　**文字の置き換え**
```
func main() {
    var s string = "Hello World"
    fmt.Println(s)
    s = strings.Replace(s, "H", "X", 1)
    fmt.Println(s)
}
```

```
Hello World
Xello World
```

strings.Replace関数の第1引数は文字列、第2引数は置き換え対象の文字列、第3引数は置き換えたい文字列、そして第4引数は文字列を何回置き換えるかを指定します。

> **Point 文字列リテラル**
>
> ほかの言語では、文字列は文字の配列として扱われるイメージがあります。しかし、Goでは"（ダブルクォート）や`（バッククォート）で囲んだ文字列は**文字列リテラル**と呼ばれるもので、配列とは異なります。そのため、配列の要素に値を代入するような形で、文字を代入することはできません。
>
> ─────────────────── コード エラーになるコード
> ```go
> func main() {
>     var s string = "Hello World"
>     s[0] = "x"
> }
> ```

stringsパッケージには、ほかにも指定した文字列を探す**strings.Contain関数**（コンテイン）があります。第1引数に文字列、第2引数に探したい文字列を指定すると、探したい文字列の有無をtrueかfalseかで出力します。

─────────────────── コード:c1_3_10（抜粋） 指定した文字列を探す
```go
func main() {
    var s string = "Hello World"
    fmt.Println(s)
    fmt.Println(strings.Contains(s, "World"))
}
```

```
実行結果
Hello World
true
```

変数sの文字列に「World」が含まれるため、実行するとtrueが出力されます。

文字列の改行

文字列の途中で改行を入れる際は、「\n」を入れます。

─────────────────── コード:c1_3_11（抜粋） 文字列の改行1
```go
func main() {
    fmt.Println("Hello\nWorld")
}
```

```
実行結果
Hello
World
```

また、`（バッククォート）を使って、改行を行う方法もあります。文字列を` `で囲み、Enter で改行します。改行したあとにスペースを入れると、出力結果にスペースが反映されるので注意してください。

コード：c1_3_12（抜粋） 文字列の改行2
```
func main() {
    fmt.Println(`Hello
World`)
}
```

実行結果
```
Hello
World
```

\（バックスラッシュ）と`（バッククォート）は、"（ダブルクォート）を文字として出力する際にも使います。文字列内で\"とすると、"を出力できます。または、"を含む文字列全体を`で囲みます。

コード：c1_3_13（抜粋） 特殊な文字の出力
```
func main() {
    fmt.Println("\"Hello World\"")
    fmt.Println(`"Hello World"`)
}
```

実行結果
```
"Hello World"
"Hello World"
```

論理値型の基本を知ろう

続いて、論理値型の **bool**（ブール）です。短縮変数宣言を使って、変数のtとfを作り、それぞれにtrueとfalseを代入します。fmt.Printf関数で、データ型と値を出力してみます。

コード：c1_3_14（抜粋） bool型
```
func main() {
    t, f := true, false
    fmt.Printf("%T %v\n", t, t)
    fmt.Printf("%T %v\n", f, f)
}
```

実行結果
```
bool true
bool false
```

論理演算子

次に、論理演算子を使ってみましょう。**&& 演算子**（論理積）は、左右の値がどちらもtrueであればtrueを出力し、左右のどちらかもしくは両方がfalseであればfalseを出力します。

コード：c1_3_15(抜粋) | && 演算子
```
func main() {
    fmt.Println(true && true)
    fmt.Println(true && false)
    fmt.Println(false && false)
}
```

実行結果
```
true
false
false
```

|| 演算子（論理和）は、左右の値のどちらかがtrueであればtrueを出力し、どちらもfalseであればfalseを出力します。

コード：c1_3_16(抜粋) | || 演算子
```
func main() {
    fmt.Println(true || false)
    fmt.Println(true || false)
    fmt.Println(false || false)
}
```

実行結果
```
true
true
false
```

! 演算子（否定）は、値を反転した結果を出力します。

コード：c1_3_17(抜粋) | ! 演算子
```
func main() {
    fmt.Println(!true)
    fmt.Println(!false)
}
```

実行結果
```
false
true
```

論理演算子はif文で条件分岐を作るときにも使うので、おさえておきましょう！

データ型を変換してみよう

数値のcast

データ型を変換することを**cast**ともいいます。int型の変数を定義し、**float64( )**でfloat64型に変換してみます。変換されたかどうかをfmt.Printf関数で確認しましょう。

コード:c1_3_18(抜粋) / float64 関数

```
func main() {
    var x int = 1
    xx := float64(x)        ← int型の変数xをfloat64型に変換
    fmt.Printf("%T %v %f\n", xx, xx, xx)
}
```

実行結果

```
float64 1 1.000000
```

fmt.Printf関数の引数の文字列は、typeが%T、valueが% v、floatが% f、改行の\nです。変数xxには、float64型に変換された変数xの値が代入されるので、%Tはfloat64、%vは1、%fは1.0000となります。

次はfloat64型をint型に変換してみましょう。int型に変換する際は、**int( )**を使います。

コード:c1_3_19(抜粋) / int 関数

```
func main() {
    var y float64 = 1.2
    yy := int(y)            ← float64型の変数yをint型に変換
    fmt.Printf("%T %v %d\n", yy, yy, yy)
}
```

実行結果

```
int 1 1
```

実行すると、%Tはint、%vは1、%dは1で出力されます。

このように、intからfloat、floatからintといった数値関係のcastは容易に行えます。

文字列のcast

Goでstring型をint型に型変換したい場合は、**strconv.Atoi関数**を使います。strconvはstring conversion（文字列変換）、AtoiはASCII to integer（ASCII文字列を整数に変換）の略です。また、strconv.Atoi関数を使うには、strconvパッケージのインポートが必要です。

次のコードでは、string型の変数sを、strconv.Atoi関数でint型に変換します。strconv.Atoi関数は返り値（P.69）が2つあるため、「i, _ := strconv.Atoi(s)」と書きます。

コード:c1_3_20 / strconv.Atoi 関数

```
package main

import (
    "fmt"
    "strconv"       ← strconvパッケージをインポート
)
```

```
func main() {
    var s string = "14"
    i, _ := strconv.Atoi(s)          ── string型の変数sをint型に変換
    fmt.Printf("%T %v", i, i)
}
```

実行結果
```
int 14
```

データ型が変換された結果が変数iに入り、fmt.Printf関数で確認できます。

strconv.Atoi関数を呼び出すと、実行結果としてデータを変換した結果とエラーの情報を返します。本来は次のようにエラーが発生したときの処理を作らないと、実行時にエラーが発生します。

コード　エラーハンドリング
```
func main() {
    var s string = "14"
    i, err := strconv.Atoi(s)
    if err != nil {              ──────── エラーハンドリング
        fmt.Println("ERROR")
    }
    fmt.Printf("%T %v", i, i)
}
```

しかし、エラーの情報が入る変数を_（アンダースコア）にすることで、エラー発生時の処理を作らなくても実行できます。上記のようなエラーハンドリングについては、P.104で説明します。

1-4 データ構造のしくみを学ぼう

Goには、配列（Array）とスライス（Slice）というデータ構造があります。どちらも複数の値をひとまとめにできるデータ構造ですが、それぞれに特徴があります。配列は固定長であとから長さを変えられませんが、スライスは可変長であとから長さを変えられます。ほかにも、マップ（Map）というデータ構造もあります。それぞれの使い方を見ていきましょう。

配列（Array）の基本を学ぼう

配列もvarを使って宣言します。「配列名［要素数］データ型」という形で、配列の要素数とデータ型を指定します。

ここでは、int型の要素を持つ配列を作ってみましょう。

コード:c1_4_1（抜粋） 配列の定義

```
func main() {
    var a [2]int       // int型の要素を2つ持つ配列を定義
    a[0] = 100         // 配列の0番目に値を代入
    a[1] = 200         // 配列の1番目に値を代入
    fmt.Println(a)
}
```

実行結果

```
[100 200]
```

次のように、配列の宣言とともに値を代入することも可能です。宣言時に値を入れる場合は、{ }に,（カンマ）で値を区切って入れます。下記のコードを実行すると、上記と同じ結果が出力されます。

コード:c1_4_2（抜粋） 配列の宣言と初期化

```
func main() {
    a := [2]int{100, 200}
    fmt.Println(a)
}
```

スライス（Slice）の基本を学ぼう

スライスを宣言する場合は、配列の宣言とほぼ同じですが、［ ］に要素数を指定せずに空にします。

コード:c1_4_3（抜粋） スライスの宣言

```
func main() {
```

```
    n := []int{1, 2, 3, 4, 5}
    fmt.Println(n)
}
```

```
[1 2 3 4 5]
```

スライスの値を書き換えていきます。「n[2] = 100」のように、インデックスで書き換える場所を指定し、値を代入します。

コード:c1_4_4(抜粋) スライスの操作
```
func main() {
    n := []int{1, 2, 3, 4, 5}
    fmt.Println(n)
    n[2] = 100
    fmt.Println(n)
}
```

```
[1 2 3 4 5]
[1 2 100 4 5]
```

なお、配列も同じように値を書き換えることが可能です。

要素を出力する

配列やスライスから指定した要素を取得するには、**配列[インデックス]**といった形で書きます。次のコードでは、スライスを変数nに代入し、n[2]でスライスの3番目の要素を出力します。

コード:c1_4_5(抜粋) スライスの要素を出力
```
func main() {
    n := []int{1, 2, 3, 4, 5}
    fmt.Println(n[2])
}
```

```
3
```

続いて、:（コロン）を使って、取得する要素を指定してみましょう。**配列[開始値:終了値]**という書き方で、取得する要素の範囲を指定します。

コード:c1_4_6(抜粋) 指定範囲の要素を出力
```
func main() {
    n := []int{1, 2, 3, 4, 5}
    fmt.Println(n[2:4])
    fmt.Println(n[:2])
    fmt.Println(n[2:])
    fmt.Println(n[:])
}
```

```
[3 4]
[1 2]
[3 4 5]
[1 2 3 4 5]
```

　配列［開始値：終了値］という書き方ですが、実際に取得するのは、開始値で指定したインデックスから、終了値から-1のインデックスまでです。つまり、n［2:4］は開始値が2、終了値が4なので、インデックス2からインデックス3（4-1）の範囲を取得します。

　また、開始値と終了値は省略することもできます。n［:2］の場合、最初からインデックス1（2-1）の要素を取得します。逆にn［2:］の場合、インデックス2から最後までの要素を出力します。開始値と終了値を両方とも省略すると、最初から最後までという意味になるので、すべての要素を出力します。

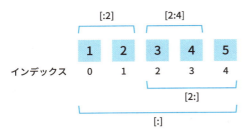

要素の追加

　append関数を使うことで、スライスの要素数をあとから増やせます。append（スライス，値）とすると、スライスのあとに新しい値が追加されます。なお、追加したい値を，（カンマ）で区切ることで、複数の値を一度に追加することも可能です。

```
func main() {
    n := []int{1, 2, 3, 4, 5}
    fmt.Println(n)
    n = append(n, 100)
    fmt.Println(n)
    n = append(n, 200, 300, 400)
    fmt.Println(n)
}
```

```
[1 2 3 4 5]
[1 2 3 4 5 100]
[1 2 3 4 5 100 200 300 400]
```

　ただし、配列でappend関数を使おうとすると、エラーが発生します。配列は固定長であとから要素数を変更できないため、注意しましょう。

多次元スライス

スライスの中にスライスを入れることも可能です。[][]データ型{...}と、宣言時に[]を2つ書きます。スライスの中のスライスから要素を取り出す際は、スライス[インデックス][インデックス]という形で、2つのスライスに対して、インデックスを指定します。

コード：c1_4_8（抜粋） **多次元スライス**

```
func main() {
    var board = [][]int{
        []int{0, 1, 2},
        []int{3, 4, 5},
        []int{6, 7, 8},
    }
    fmt.Println(board)
    fmt.Println(board[1])
    fmt.Println(board[1][2])
}
```

実行結果

```
[[0 1 2] [3 4 5] [6 7 8]]
[3 4 5]
5
```

変数boardのスライスは次のような状態です。board[1]で1番目の要素、board[1][2]で1番目の要素からさらに2番目の要素を取得します。

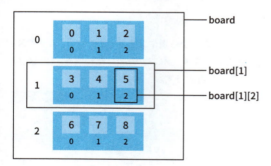

make関数でスライスを作ろう

make関数を使うと、要素の値が0で初期化されたスライスを作れます。「n := make([]int, 3, 5)」で、int型で、長さ（length）3、容量（capacity）が5のスライスを定義し、変数nに代入します。スライスの長さはlen関数、容量はcap関数でそれぞれ確認できます。

コード：c1_4_9（抜粋） **make関数①**

```
func main() {
    n := make([]int, 3, 5)
    fmt.Printf("len=%d cap=%d value=%v", len(n), cap(n), n)
```

```
}
```

```
len=3 cap=5 value=[0 0 0]
```

変数nにappend関数で要素を追加してみましょう。

コード：c1_4_10（抜粋） make 関数②
```
func main() {
    n := make([]int, 3, 5)
    fmt.Printf("len=%d cap=%d value=%v\n", len(n), cap(n), n)
    n = append(n, 0, 0)
    fmt.Printf("len=%d cap=%d value=%v\n", len(n), cap(n), n)
    n = append(n, 1, 2, 3, 4, 5)
    fmt.Printf("len=%d cap=%d value=%v\n", len(n), cap(n), n)
}
```

```
len=3 cap=5 value=[0 0 0]
len=5 cap=5 value=[0 0 0 0 0]
len=10 cap=10 value=[0 0 0 0 0 1 2 3 4 5]
```

　1回目のappend関数では、要素を2つ追加しています。要素数が5になるため、len関数の出力は5になりますが、cap関数の出力は5のままで、変化がありません。2回目のappend関数で要素を5つ足すと、要素数が10になります。このとき、len関数とcap関数の出力がどちらも10になります。

　cap関数で出力される値は、スライスが確保している要素を入れるための領域です。5であれば、スライスの要素数を5にするためのメモリは確保している状態を表します。事前に容量を確保しておくことで、append関数で要素を追加するときに、より高速に処理が実行されます。メモリの使用量を気にする必要があったり、要素数が大きくなることが事前にわかっていたりするときに使うと効果的です。とはいえ、メモリ領域に関しては、入門では気にせずにやっていきましょう。

　次は「n := make([]int, 3)」とします。容量の指定を省略すると、長さと容量が同じ状態になります。

コード：c1_4_11（抜粋） make 関数③
```
func main() {
    a := make([]int, 3)
    fmt.Printf("len=%d cap=%d value=%v\n", len(a), cap(a), a)
}
```

```
len=3 cap=3 value=[0 0 0]
```

> **Point** 長さが0のスライス

長さが0のスライスは、make関数を使う方法と使わない方法の2つのやり方で作成できます。

コード：c1_4_12（抜粋） `make 関数④`
```
func main() {
    b := make([]int, 0)
    var c []int
    fmt.Printf("len=%d cap=%d value=%v\n", len(b), cap(b), b)
    fmt.Printf("len=%d cap=%d value=%v\n", len(c), cap(c), c)
}
```

実行結果
```
len=0 cap=0 value=[]
len=0 cap=0 value=[]
```

どちらも同じ結果ですが、細かい違いがあります。make関数を使う場合、長さ0のスライスをメモリに確保しています。もう一方は、nilという状態で、メモリに確保されていない状態です。

厳密なメモリ管理が求められないかぎり、気にする必要はありません。頭の片隅に置いておけば大丈夫です。

バイト配列を知ろう

要素がbyte型のスライスについてみていきましょう。「[]byte{値1, 値2, ...}」で、byte型の要素を持つスライスを定義できます。

コード：c1_4_13（抜粋） `byte 型の要素を持つスライス`
```
func main() {
    b := []byte{72, 73}
    fmt.Println(b)
}
```

実行結果
```
[72 73]
```

要素がbyte型のスライスや配列は、**バイト配列**とも呼ばれており、要素の値はASCIIコードとして扱えます。そのため、要素がbyte型のスライスをstring()でcastすると、文字列が得られます。

コード：c1_4_14（抜粋） `byte 型の cast`
```
func main() {
    b := []byte{72, 73}
    fmt.Println(b)
    fmt.Println(string(b))
}
```

実行結果
```
[72 73]
HI
```

ASCIIコードの72は「H」、73は「I」を表します。byte型は8ビットの符号なし整数を扱いますが、ASCIIコードの72は2進数で表すと01001000、73は2進数で表すと01001001です。つまり、文字列の「HI」は、byteのスライス（または配列）によって構成されているということです。「**文字列はbyteで表現できる**」ということを覚えておきましょう。

> **Point　ASCIIコードの一覧**
>
> 下記のWebサイトにASCIIコードの一覧が掲載されているので、ASCIIコードについてより詳しく知りたい方は、ご参照ください。
> URL https://www.ascii-code.com/ASCII

バイト配列を作る際、[]byte("HI")とすると、要素は[72 73]と出力されます。

コード：c1_4_15（抜粋）　バイト文字
```go
func main() {
    c := []byte("HI")
    fmt.Println(c)
}
```

実行結果
```
[72 73]
```

この状態を、さらにcastで文字列に戻せます。string()を使うと、HIという文字列に戻すことができます。

コード：c1_4_16（抜粋）　バイト文字のcast
```go
func main() {
    c := []byte("HI")
    fmt.Println(c)
    fmt.Println(string(c))
}
```

実行結果
```
[72 73]
HI
```

byte自体に関しては、ネットワークやファイル操作などでも利用します。ここでは、byte型のデータでバイト文字列として扱えることを覚えておいてください。

マップ（Map）の基本を学ぼう

マップも複数の値を1つにまとめることができるデータ構造で、**キー（Key）と値（Value）の組み合わせで管理**します。「map[キーのデータ型]値のデータ型{キー1:値1, キー2:値2 …}」という形で宣言し、「マップ[キー]」で値を取得できます。

次のコードでは、キーがstring型、値がint型のマップを変数mに代入しています。

```
                                                    コード:c1_4_17(抜粋)  マップの宣言
func main() {
    m := map[string]int{"apple": 100, "banana": 200}
    fmt.Println(m)
    fmt.Println(m["apple"])
}
```

```
                                                                        実行結果
map[apple:100 banana:200]
100
```

出力結果から、キーがappleで値が100、キーがbananaで値が200の組み合わせを持つマップが代入されていることがわかります。また、m["apple"]では、ペアの値である100が出力されます。

次は、値を書き換えてみましょう。次のコードでは、キーbananaの値を書き換えます。

```
                                                    コード:c1_4_18(抜粋)  マップの要素を書き換える
func main() {
    m := map[string]int{"apple": 100, "banana": 200}
    fmt.Println(m)
    m["banana"] = 300
    fmt.Println(m)
}
```

```
                                                                        実行結果
map[apple:100 banana:200]
map[apple:100 banana:300]
```

続いて、新しい要素を加えてみましょう。

```
                                                    コード:c1_4_19(抜粋)  マップに要素を追加
func main() {
    m := map[string]int{"apple": 100, "banana": 200}
    fmt.Println(m)
    m["orange"] = 500
    fmt.Println(m)
}
```

```
                                                                        実行結果
map[apple:100 banana:200]
map[apple:100 banana:200 orange:500]
```

値の有無の確認

マップ内に存在しないキーを指定して値を取り出そうとすると、0が出力されます。

```
                                                    コード:c1_4_20(抜粋)  マップに存在しない値
func main() {
    m := map[string]int{"apple": 100, "banana": 200}
    fmt.Println(m["orange"])
}
```

```
0
```

変数mに、キーがorangeの要素はないので出力結果は0ですが、マップの中身がわからない場合は、要素がないのか、値が0なのかの判断がつきません。

そこで、要素が存在するかを確認するときは、「変数1, 変数2 := マップ[キー]」という書き方を使います。変数1に要素の値、変数2に真偽値で要素の有無を返します。

コード：c1_4_21（抜粋） **マップの要素確認**
```go
func main() {
    m := map[string]int{"apple": 100, "banana": 200}
    fmt.Println(m)
    v, ok := m["apple"]
    fmt.Println(v, ok)
    v2, ok2 := m["orange"]
    fmt.Println(v2, ok2)
}
```

実行結果
```
map[apple:100 banana:200]
100 true
0 false
```

キーがappleの要素は存在するので、変数vに100、変数okにtrueが代入されます。対して、キーがorangeの要素は存在しないため、変数v2に0、変数ok2にfalseが代入されます。

> **Point　マップとmake関数**
>
> make関数で空のマップを作ってから、空のマップに対して値を入れていくことができます。
>
> コード：c1_4_22（抜粋） **make関数でマップを作る**
> ```go
> func main() {
>     m := make(map[string]int)
>     m["pc"] = 5000
>     fmt.Println(m)
> }
> ```
>
> 実行結果
> ```
> map[pc:5000]
> ```

1-5 関数で処理をまとめよう

関数とは、ひとまとまりの処理に名前をつけ、何度も呼び出せるようにしたものです。fmt.Println関数のようなGoに用意された組み込み関数のほかに、独自の関数を定義することもできます。関数を定義しておくと、呼び出すだけで同じ処理を実行できるので、同じコードを繰り返し書く必要がありません。

関数の基本を知ろう

あらためて、関数の定義について確認しておきましょう。関数を定義するときは **func** を使います。次のコードで、main関数と、引数と返り値がないadd関数を定義します。定義した関数は関数名()で呼び出せます。

コード：c1_5_1　関数の定義

```go
package main

import "fmt"

func add() {          // add関数の定義
    fmt.Println("add function")
}

func main() {
    add()             // add関数を呼び出す
}
```

実行結果
```
add function
```

引数を受け取る関数の定義

引数とは、関数を呼び出す際に関数に渡す値のことです。関数名のあとの ( ) 内に、引数の名前とデータ型を入れます。

次のコードで、add関数に引数を渡し、受け取った引数で計算をさせてみましょう。関数定義でfunc add(x int, y int)とすると、int型の引数xとint型の引数yをadd関数に渡せます。add関数を呼び出すときは、add(10, 20)のように、第1引数と第2引数を入れます。

コード：c1_5_2（抜粋）　引数を受け取る関数の定義

```go
func add(x int, y int) {        // 引数を受け取る
    fmt.Println("add function")
    fmt.Println(x + y)          // 引数を使って計算する
}
```

```
}
func main() {
    add(10, 20)  ── add 関数に引数を渡して呼び出す
}
```

実行結果
```
add function
30
```

add関数に10と20を渡して呼び出しているため、10+20の結果が得られます。
なお、引数のデータ型が同じ場合は、次のような書き方もできます。

コード 引数のデータ型が同じ場合
```
func add(x, y int) {
    fmt.Println("add function")
    fmt.Println(x + y)
}
```

返り値を返す関数の定義

返り値とは、関数が返す値のことです。**戻り値**と呼ばれることもあります。引数の( )のあとに返りのデータ型を指定し、**return**で値を呼び出し元に渡します。

コード：c1_5_3（抜粋） 返り値を返す関数の定義
```
func add(x int, y int) int {
    return x + y  ── return で計算結果を返り値として渡す
}

func main() {
    r := add(10, 20)  ── 返り値を r に代入する
    fmt.Println(r)
}
```

実行結果
```
30
```

返り値を2つ返したい場合は、返り値のデータ型を, (カンマ) で区切って、( ) で囲みます。また、returnでも返り値を2つ書きます。関数の呼び出し側も、2つの返り値に対応しないとエラーになるので気をつけましょう。

コード：c1_5_4（抜粋） 返り値を2つ返す関数の定義
```
func add(x, y int) (int, int) {
    return x + y, x - y  ── 返り値を 2 つ返す
}

func main() {
    r1, r2 := add(10, 20)  ── 返り値を 2 つ受け取る
    fmt.Println(r1, r2)
}
```

```
}
```

```
30 -10
```
実行結果

Named return values

Named return valuesとは、返り値に名前をつけることです。返り値のデータ型を指定する際に名前を指定することで、変数名の定義と同じような働きになります。次のコードでは、返り値にresultと名前をつけており、cal関数の中で変数として扱えます。

コード:c1_5_5(抜粋) 返り値に名前をつける
```
func cal(price, item int) (result int) {
    result = price * item
    return result
}

func main() {
    r := cal(100, 2)
    fmt.Println(r)
}
```

```
200
```
実行結果

Named return valuesの場合、returnのあとの変数名や値を省略することが可能です。次のように、returnのあとを省略すると、自動的にresultが返り値になります。この書き方は、**naked return**と呼ばれます。

コード naked return
```
func cal(price, item int) (result int) {
    result = price * item
    return
}
```

返り値が1つの場合は返り値に名前をつけない、返り値が複数ある場合は返り値に名前をつける、といった使い分けをしましょう。関数の処理が複雑になると、数行見ただけではどのような処理を行う関数なのか把握しづらくなります。そこで、返り値にわかりやすい名前をつけておくと、どのような関数でどのような返り値があるのかわかりやすくなります。

コード 返り値に名前をつける
```
func cal(price, item int) (result int, tax float64) {
    tax = 1.1
    result = int(float64(price*item) * tax)
    return result, tax
}

func main() {
```

```
    r,t := cal(100, 2)
    fmt.Println(r, t)
}
```

> **Point** 返り値に名前をつけるときの注意点
>
> 返り値に名前をつけた場合、返り値の名前と同じ名前の変数を関数内で宣言すると、エラーになります。

コード エラーになるコード

```
func cal(price, item int) (result int) {
    result := price * item        ── 返り値と同じ名前の変数を宣言している
    return result
}
```

関数リテラル

関数は変数に入れることも可能です。次のコードでは、main関数内で関数を定義し、変数fに代入しています。変数に代入した関数は、変数名()で呼び出すことができます。

コード:c1_5_6(抜粋) 関数を変数に代入する

```
func main() {
    f := func(x int) {        ── 関数を定義して、fに代入する
        fmt.Println("innner func", x)
    }
    f(1)        ── 関数を呼び出す
}
```

実行結果

```
innner func 1
```

通常、funcのあとには関数名を書きますが、変数fに代入した関数には、関数名がありません。このような名前のない関数は、**関数リテラル**と呼びます。ほかのプログラミング言語では、ラムダ式や無名関数などとも呼ばれます。

また、関数リテラルは、変数に代入せずにそのまま実行することも可能です。関数の範囲を表す{}のあとに、()をつなげて書き、引数がある場合は引数を入れます。

コード:c1_5_7(抜粋) 関数リテラルの実行

```
func main() {
    func(x int) {
        fmt.Println("innner func", x)
    }(1)
}
```

実行結果

```
innner func 1
```

関数リテラルを変数に入れてから実行するのではなく、そのまま実行できることも覚えておきましょう。これは、Channel（P.163）を使って処理を並列で実行したいときに使います。

クロージャーのしくみを学ぼう

関数リテラルは、同じ関数の中で宣言された変数にアクセスできます。このしくみは、**クロージャー**と呼ばれます。次のコードは、main関数内で変数xを宣言して、0を代入しています。そして、関数リテラルを変数incrementに代入し、fmt.Println関数でincrementに入れた関数の返り値を出力します。

コード：c1_5_8（抜粋） クロージャー
```
func main() {
    x := 0
    increment := func() int {
        x++
        return x
    }
    fmt.Println(increment())
}
```

実行結果
```
1
```

変数incrementに代入した関数は、xを+1してからxを返すため、実行すると1が出力されます。今度は、fmt.Printlnを3つに増やして実行してみます。

コード：c1_5_9（抜粋） クロージャー
```
func main() {
    x := 0
    increment := func() int {
        x++
        return x
    }
    fmt.Println(increment())
    fmt.Println(increment())
    fmt.Println(increment())
}
```

実行結果
```
1
2
3
```

increment()を実行するたびに、返り値が増えていることがわかります。つまり、変数incrementに入れた関数の外で定義した変数xにアクセスし、その値を操作できているということです。

関数を返り値にする

返り値で関数を返す関数について見ていきましょう。returnで関数リテラルを返り値として、呼び出し元に渡すことができます。次のコードは、returnの後ろにあるfunc() int を返します。

main関数でincrementGenerator()を変数counterに代入しています。counter()で代入した関数を呼び出すため、コードを実行すると、先ほどと同様の結果が得られます。

コード:c1_5_10（抜粋） 関数を返り値にする

```go
func incrementGenerator() func() int {
    x := 0
    return func() int {
        x++
        return x
    }
}
func main() {
    counter := incrementGenerator()
    fmt.Println(counter())
    fmt.Println(counter())
    fmt.Println(counter())
}
```

実行結果
```
1
2
3
```

クロージャーなど少し処理の流れがわかりづらいものは、デバッグ実行を行いましょう。デバッグ実行したときに止めたい行に、ブレークポイントを置きます。VSCodeでは行番号の左側をクリックすると、ブレークポイントを追加できます。ここでは、13行目に追加します。

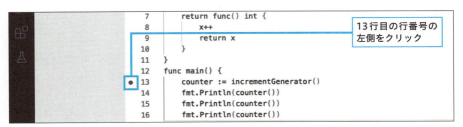

F5 を押すとデバッグ実行がはじまり、ブレークポイントで処理が止まります。デバッグ実行中は、デバッグメニューが表示されます。左から［実行］［ステップオーバー］［ステップイン］［ステップアウト］［再起動］［停止］です。［ステップイン］をクリックまたは F11 を押します。

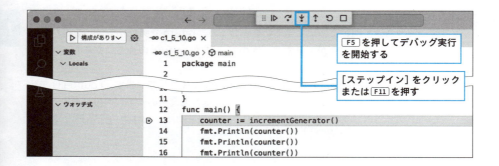

　[ステップイン] で処理を進めると、関数の中に入ります。逆に [ステップアウト] は一気に関数の処理を終わらせて、呼び出し元に戻ります。このまま [ステップイン] で処理を進めます。

　7行目まで進めると、xが0の状態で関数リテラルを返り値として渡します。さらに [ステップイン] で処理を進めるとmain関数に戻り、変数counterに関数リテラルが代入されます。

　[ステップイン] で14行目に進め、さらに [ステップイン] でcounter()の処理の中に入ると、変数counterの中身は関数リテラルなので、関数が呼び出されます。

```
10      }
11   }
12   func main() {
●  13      counter := incrementGenerator()
▷  14      fmt.Println(counter())
15      fmt.Println(counter())
16      fmt.Println(counter())
```

```
3    import "fmt"
4
5    func incrementGenerator() func() int {
6        x := 0
▷  7        return func() int {
8            x++
9            return x
```

　そのまま［ステップイン］で関数リテラルの処理を進めましょう。変数の値は画面左側にある［変数］から確認できるので、x++でxの値が0から1になることがわかります。そしてreturnでxが返されます。

```
1    package main
2
3    import "fmt"
4
5    func incrementGenerator() func() int {
6        x := 0
7        return func() int {
▷  8            x++
9            return x
10       }
```

```
1    package main
2
3    import "fmt"
4
5    func incrementGenerator() func() int {
6        x := 0
7        return func() int {
8            x++
▷  9            return x
10       }
```

　再び7行目に戻ります。counter()の処理から戻ったあとは、［ステップオーバー］で処理を進めます。といいますのも、［ステップイン］で進めてしまうと、fmt.Println関数の中に進んでしまうためです。もし入ってしまった場合は、［ステップアウト］で関数の処理を終わらせましょう。

```
12   func main() {
●  13      counter := incrementGenerator()
▷  14      fmt.Println(counter())
15      fmt.Println(counter())
16      fmt.Println(counter())
17   }
18
```

14行目の処理が終わると、fmt.Println関数により「1」が出力されます。

```
12    func main() {
13        counter := incrementGenerator()
14        fmt.Println(counter())
15        fmt.Println(counter())
16        fmt.Println(counter())
17    }
18
```

```
Starting: /Users/uchikata/go/bin/dlv dap --listen=127.0.0.1:56315 --log-dest=3 fr
t/71_test/udemy_go
DAP server listening at: 127.0.0.1:56315
Type 'dlv help' for list of commands.
1
```

次は［ステップオーバー］でcounter()の中に入らずに処理を進めます。15行目の処理が終わると、「2」が出力されます。

```
12    func main() {
13        counter := incrementGenerator()
14        fmt.Println(counter())
15        fmt.Println(counter())
16        fmt.Println(counter())
17    }
18
```

```
Starting: /Users/uchikata/go/bin/dlv dap --listen=127.0.0.1:56315 --log-dest=3 fr
t/71_test/udemy_go
DAP server listening at: 127.0.0.1:56315
Type 'dlv help' for list of commands.
1
2
```

［実行］をクリックすると、一気に処理が進み、プログラムが終了します。

```
12    func main() {
13        counter := incrementGenerator()
14        fmt.Println(counter())
15        fmt.Println(counter())
16        fmt.Println(counter())
17    }
18
```

```
Starting: /Users/uchikata/go/bin/dlv dap --listen=127.0.0.1:56315 --log-dest=3 fr
t/71_test/udemy_go
DAP server listening at: 127.0.0.1:56315
Type 'dlv help' for list of commands.
1
2
3
Process 71701 has exited with status 0
Detaching
```

このようなブレークポイントも活用しながら、プログラムがどう動いていくかの理解を深めていきましょう！

可変長引数を使ってみよう

関数の最後に、**可変長引数**について見ていきましょう。可変長引数とは、関数が受け取る引数の数を変えられる引数のことです。可変長引数にするには、(param1, param2 int) を (params ...int) という形式に書き換えます。

次のコードでは、可変長引数を受け取る関数 foo を定義し、関数 main から呼び出しています。

コード：c1_5_11（抜粋） 可変長引数
```
func foo(params ...int) {
    fmt.Println(len(params), params)
}
func main() {
    foo(10, 20)         ── 引数が2つ
    foo(10, 20, 30)     ── 引数が3つ
}
```

実行結果
```
2 [10 20]
3 [10 20 30]
```

関数 foo では、fmt.Println で受け取った引数 params の長さと値を出力しています。1回目と2回目の呼び出しで引数の数が異なるものの、処理できていることがわかります。

可変長引数とfor文

可変長引数の個々の値は、for文を使って取得できます。for文についてはP.84であらためて説明しますので、ここでは可変長引数の個々の値が取れることを確認してみましょう。実行すると、繰り返すたびに変数 params の値が変数 param に代入されます。

コード：c1_5_12（抜粋） 可変長引数
```
func foo(params ...int) {
    fmt.Println(len(params), params)
    for _, param := range params {
        fmt.Println(param)
    }
}

func main() {
    foo(10, 20, 30)
}
```

実行結果
```
3 [10 20 30]
10
20
30
```

実は、可変長引数の実体はスライスです。そのため、可変長引数を受け取る関数に、スライスを渡して呼び出すこともできます。スライスを引数にする際は、関数名(スライス...)という形で、スライスのあとに「.」を3つ続けます。

コード:c1_5_13(抜粋) 可変長引数

```
func foo(params ...int) {
    fmt.Println(len(params), params)
    for _, param := range params {
        fmt.Println(param)
    }
}

func main() {
    s := []int{1, 2, 3}         ── スライスを定義
    fmt.Println(s)              ── スライスを出力
    foo(s...)                   ── スライスを引数にする
}
```

実行結果

```
[1 2 3]
3 [1 2 3]
1
2
3
```

　このように、スライスや配列をそのままfoo(s...)のような関数に引き渡すということもできます。可変長引数はたまに使われるので、応用として覚えておきましょう。

Lesson 2 入門編

ステートメント

Lesson2では、条件分岐のif文や繰り返し処理のfor文など、Goの基本的なステートメント（文）について説明していきます。ほかのプログラミング言語と似ている部分もありますが、Goならではの書き方をする部分もあるので、あらためてGoにおける使い方を確認していきましょう。

2-1	if文で条件分岐の処理を実行しよう	80
2-2	for文で処理を繰り返し実行しよう	84
2-3	switch文で条件に応じた処理を実行しよう	92
2-4	defer文で処理を遅らせて実行しよう	96
2-5	ログを出力しよう	99
2-6	エラーハンドリングをしよう	104
2-7	panicとrecover	108

2-1 if文で条件分岐の処理を実行しよう

Goで条件分岐を書く際には「if」「else」「else if」を使います。ここでは、if文の基本的な使い方や、複数の条件を組み合わせるときの書き方について説明します。また、Goのif文において変数への代入と条件式をまとめる書き方についても説明していきます。

if文で条件分岐のプログラムを作ろう

Goでのif文は、「if 条件式 { }」と書いて、{ }内に条件に当てはまったときに実行する処理を書きます。

次のコードは、変数numの値を2で割った余りが0の場合、「by 2」と表示するif文の処理です。たとえば、変数numが4の場合、2で割った余りは0なので、if文の中の処理に入って「by 2」が表示されます。

コード:c2_1_1(抜粋) **if文**
```
num := 4
if num%2 == 0 {
    fmt.Println("by 2")
}
```

実行結果
```
by 2
```

変数numの値を5に変えると、余りが1になり、if文の中の処理に入らないため、何も表示されません。

コード:c2_1_2(抜粋) **if文**
```
num := 5      数値を5にする
```

実行結果

続いて、else節について説明していきましょう。if文の条件に当てはまらない場合の処理を作成するときは、if文のあとにelse節を書きます。ここでは、if文に入らなかった場合に「else」が表示されるようにしてみましょう。

コード:c2_1_3(抜粋) **else文**
```
num := 5
if num%2 == 0 {
    fmt.Println("by 2")
} else {
    fmt.Println("else")      「else」を表示する
```

```
                                }
```
```
else
```
実行結果

else if節についても説明します。先ほどのコードに、変数numを3で割った余りが0の場合の処理を追加していきます。if文とelse文の間に「else if」と書き、条件式と処理を書きます。

変数numの値を9に変えて実行してみましょう。9を2で割ると余りが1になるためelse if節に進み、3で割ると余りが0なのでそのままelse if節の中の処理が実行されます。

コード：c2_1_4（抜粋） **else if文**

```
    num := 9
    if num%2 == 0 {
        fmt.Println("by 2")
    } else if num%3 == 0 {        3で割ったときの余りが0という条件を追加
        fmt.Println("by 3")
    } else {
        fmt.Println("else")
    }
```

実行結果
```
by 3
```

複数の条件がある場合

条件が複数ある場合は、**論理演算子**（P.56）を使います。複数の条件にすべて当てはまるかを判別したい場合は、条件式を&&でつなげます。

たとえば、変数のxとyにそれぞれ10を代入し、xとyが両方とも10の場合に処理が実行されるようにします。次のコードでは、「x == 10」と「y == 10」がどちらも正しいので、if文の中の処理が実行されます。

コード：c2_1_5（抜粋） **複数の条件がどちらも当てはまる場合**

```
    x, y := 10, 10
    if x == 10 && y == 10 {
        fmt.Println("&&")
    }
```

実行結果
```
&&
```

複数ある条件のうちいずれかに当てはまるかを判別したい場合は、条件式を||でつなげます。次のコードは、xが10またはyが10の場合に「||」を表示する、という処理を追加しています。

```
                                            コード:c2_1_6(抜粋)  複数の条件のどちらかが当てはまる場合
x, y := 10, 10
if x == 10 && y == 10 {
    fmt.Println("&&")
}

if x == 10 || y == 10 {
    fmt.Println("||")
}
```

実行結果
```
&&
||
```

if文の条件式で変数を宣言しよう

　数値が2で割り切れるかどうかをチェックする、by2という関数を作ってみましょう。関数by2の返り値はstring型で、引数で受け取った値を2で割った余りが0の場合は文字列「ok」、そうでない場合は文字列「no」を返します。

　main関数で、by2関数に10を渡して実行し、返り値を変数resultに代入します。resultの値が「ok」の場合は「great」と表示するif文を書きます。実行すると、10は2で割り切れるので、by2関数の返り値は「ok」となり、「great」が表示されます。

コード:c2_1_7(抜粋) if文
```
func by2(num int) string {
    if num%2 == 0 {
        return "ok"
    } else {
        return "no"
    }
}
func main() {
    result := by2(10)
    if result == "ok" {
        fmt.Println("great")
    }
}
```

実行結果
```
great
```

　このコードでは、変数resultにby2関数の返り値を代入する処理と、if文の条件をそれぞれ分けて書いていきます。

　このような変数への代入とif文の条件を1行にまとめて書く場合、**if文のあとに変数を宣言し、;(セミコロン)でつなげて条件を書きます。**

　ここでは、by2関数に10を渡して呼び出し、返り値を変数result2に代入して、その値が「ok」かどうかを判断する条件を書きます。

コード：c2_1_8（抜粋） 変数への代入と if 文をまとめる
```
func main() {
    result := by2(10)
    if result == "ok" {
        fmt.Println("great")
    }

    if result2 := by2(10); result2 == "ok" {      変数への代入と if 文をまとめて書く
        fmt.Println("great2")
    }
}
```

実行結果
```
great
great2
```

　変数への代入と if 文を分ける場合と、まとめる場合の使い分けについて説明します。分けて書く場合は、if 文の後ろで変数の値を表示する処理を実行できます。

コード：c2_1_9（抜粋） 変数への代入と if 文を分ける
```
    result := by2(10)
    if result == "ok" {
        fmt.Println("great")
    }
    fmt.Println(result)      if 文のあとに変数 result の内容を表示する
```

実行結果
```
great
ok           変数 result の内容が表示された
great2
```

　一方で、まとめて書いた場合は、if 文のあとで変数の値を表示しようとするとエラーになります。

コード：c2_1_10（抜粋） function
```
    if result2 := by2(10); result2 == "ok" {
        fmt.Println("great2")
    }
    fmt.Println(result2)      if 文のあとに変数 result2 の内容を表示する（エラーになる）
```

実行結果
```
./lesson.go:22:14: undefined: result2
```

　1行にまとめて書く場合、変数の値を以降のプログラムで使うことができません。変数の値を if 文のあとでも使うのであれば、変数の宣言と if 文は分けて書くようにします。

2-2 for文で処理を繰り返し実行しよう

Goでの繰り返し処理にはfor文を使います。次の繰り返しに進むcontinue文や、繰り返しを抜けるbreak文なども、ほかのプログラミング言語と同じ働きです。ここでは、そうした繰り返し処理の基本的な使い方はもちろん、状況に応じてfor文を簡単に書く方法、またrangeを用いてスライスやマップの繰り返し処理を扱う際の方法についても説明していきます。

for文による繰り返し処理を作ろう

Goでの **for** 文は、forのあとに「繰り返しで使う変数の初期化」「繰り返しを続ける条件」「繰り返すたびに実行する処理」を；（セミコロン）で区切って書きます。

次のコードでは、まずiという変数を0で初期化します。続いて、「iが10より小さい間」という繰り返しの条件、その後に「i++」と書きます。これは、繰り返すたびにiを1つずつ足していくという意味です。

for文の中で、変数iの値を表示させましょう。実行すると、0から9までの数値が表示されます。

▶コード：c2_2_1（抜粋） **for文**

```go
for i := 0; i < 10; i++ {
    fmt.Println(i)
}
```

▶実行結果

```
0
1
2
3
4
5
6
7
8
9
```

最初の繰り返しでは、iが初期値の0なので0が表示されます。その後、iが1ずつ足されていき、「iが10より小さい間」という条件から外れるまでfor文を繰り返します。iが10になると条件から外れるので、for文のループを抜けて終了します。

continue文で次の繰り返しに進む処理を作ろう

continue文は、処理の途中で次の繰り返し処理に進むときに使います。

先ほどのfor文の中に、if文でiが3の場合に、「continue」を表示する処理とcontinue文を書きます。実行すると、iが3のときにif文の中の処理に入り、「continue」と表示して次の繰り返しに進みます。つまり、iが3のときはfmt.Println(i)が実行されません。

コード：c2_2_2（抜粋） **continue文**

```go
    for i := 0; i < 10; i++ {
        if i == 3 {
            fmt.Println("continue")
            continue              ← continue文を書く
        }
        fmt.Println(i)
    }
```

実行結果

```
0
1
2
continue    ← 「i == 3」のときに「continue」を表示して次の繰り返しに進む
4
5
6
7
8
9
```

デバッグで処理を確認してみましょう。コードの左の行番号をクリックしてブレークポイントを設定してから実行し、［ステップオーバー］をクリック、もしくは F10 で1行ずつ実行していくと、ループすることが確認できます。

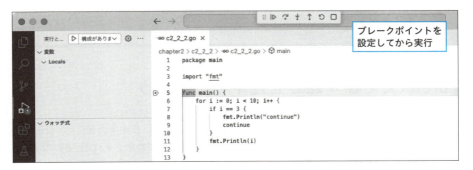

ブレークポイントを設定してから実行

1行ずつ実行すると、iが3になったときにif文の中に入り、fmt.Println("continue")が実行されて画面下の［デバッグコンソール］に「continue」と表示されることがわかります。

continue文は「以降のコードを実行せずに、次のループに入ってください」という意味で、fmt.Println(i)で「3」が表示されずに、次のループに進みます。

すべて実行すると、[デバッグコンソール] に実行結果が表示されます。

break文で繰り返しを途中で抜けよう

break文は、繰り返しを中断してfor文から抜けたいときに使います。

次のコードでは、for文の中の「iが5よりも大きいとき」という条件のif文に、「break」と表示する処理とbreak文を書いています。実行すると、5が表示されてiが6になると、break文でbreakしてループが終了してしまいます。

コード:c2_2_3(抜粋) **break文**

```
for i := 0; i < 10; i++ {
    if i == 3 {
```

86

```
        fmt.Println("continue")
        continue
    }

    if i > 5 {
        fmt.Println("break")
        break  ─────────── break文を書く
    }
    fmt.Println(i)
}
```

実行結果
```
0
1
2
continue
4
5
break
```

先ほどと同様にブレークポイントを設定し、デバッグで実行してみます。iが5より大きい状態（iが6以上）になると、break文を書いたif文の中に入っていきます。

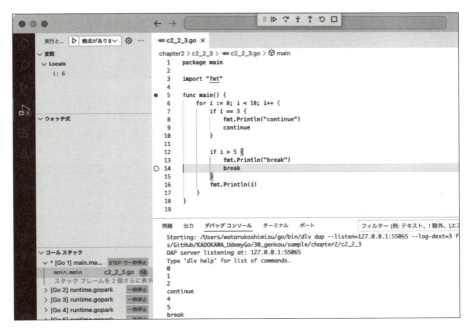

「break」が表示されたあとは、break文でfor文ループから出るため、残りのfor文の繰り返しは実行せずに処理が終了します。

for文の省略記法を使おう

for文では、forのあとに「変数の初期化」「繰り返しを続ける条件」「繰り返すたびに実行する処理」を;(セミコロン)で区切って書きますが、このうち1つ目の「変数の初期化」と3つ目の「繰り返すたびに実行する処理」は省略が可能です。

次のコードでは、for文の前で変数sumを初期化し、for文の繰り返しの条件に「sum < 10」と書きます。「変数の初期化」と「繰り返すたびに実行する処理」は省略しています。for文の中では、変数sumの値に、sumの値を足し合わせたものを入れて表示しています。for文の繰り返しが終了したあと、最終的な変数sumの値をfor文の外で表示します。

実行すると、変数sumの値が足し合わされて表示され、10より大きな値になったらfor文が終了します。

コード:c2_2_4(抜粋) **for文の異なる書き方**

```
sum := 1
for ; sum < 10 ; {          繰り返しの条件のみを書く
    sum += sum
    fmt.Println(sum)
}
fmt.Println(sum)
```

実行結果
```
2
4
8
16
16
```

このように、変数の初期化(sum := 1)をfor文の前で、繰り返し時の処理(sum += sum)をfor文の中で書くことで、両者を省略して書くこともできます。

また、「変数の初期化」と「繰り返すたびに実行する処理」を省略する場合、**forの後ろにある;(セミコロン)も省略できます**。

コード:c2_2_5(抜粋) **for文の異なる書き方**

```
sum := 1
for sum < 10 {              ;(セミコロン)を省略する
    sum += sum
    fmt.Println(sum)
}
fmt.Println(sum)
```

実行結果
```
2
4
8
16
16
```

ちなみに、変数sumの値が増えない場合、無限ループになってしまうので気をつけましょう。

たとえば、for文の中で「sum = 0」と書くと、繰り返しのたびに変数sumが0になってしまい、繰り返しを続ける条件（sum < 10）から抜け出せないため、0が永遠に表示されてしまいます。実行すると無限ループになるので強制終了させましょう。

コード：c2_2_6（抜粋） **無限ループ**

```
sum := 1
for sum < 10 {
    sum = 0          ────── sum がループのたびに 0 になる
    fmt.Println(sum)
}
fmt.Println(sum)
```

実行結果

```
0
0
0
0
0
0
0
0
⋮
```

実際に無限ループを自分で作りたいときは、条件を書かずにfor文を作成します。次のコードを実行してみると、「hello」が永遠に表示されます。これも無限ループになっているので強制終了（[停止] をクリックもしくは Shift + F5 キー）します。この書き方も覚えておきましょう。

コード：c2_2_7（抜粋） **無限ループ**

```
for {                    ────── 条件を書かない
    fmt.Println("hello")
}
```

実行結果

```
hello
hello
hello
hello
hello
hello
hello
hello
⋮
```

rangeで繰り返しの処理を簡単に書こう

for文と一緒に使うと便利なのが、**range**（レンジ）です。

「python」「go」「java」という文字列を要素に持つスライスを変数lに入れて、for文で文字列の中身を取り出していく処理を考えてみましょう。

for文で、iが変数lのスライスと同じ長さになるまで繰り返し、i++で値を足していきます。for文の中で、インデックス番号であるiと、文字列lの中身のi番目を表示します。

コード:c2_2_8(抜粋) **for文で要素の数だけ繰り返す**
```go
l := []string{"python", "go", "java"}

for i := 0; i < len(l); i++ {
    fmt.Println(i, l[i])
}
```

実行結果
```
0 python
1 go
2 java
```

このような処理は、rangeを使うともっと簡単に書けます。forのあとに「i, v := range l」のように書くと、変数iとvにそれぞれlのインデックス番号と中身を代入できます。for文の中で変数iとvを表示すると、先ほどと同じ実行結果になります。

コード:c2_2_9(抜粋) **range**
```go
l := []string{"python", "go", "java"}

for i, v := range l {
    fmt.Println(i, v)
}
```

実行結果
```
0 python
1 go
2 java
```

for文の中の処理でインデックス番号を使わない、というときには、**iを_（アンダースコア）に置き換えると、スライスの値だけを取り出すことができます。**

コード:c2_2_10(抜粋) **range**
```go
l := []string{"python", "go", "java"}

for _, v := range l {
    fmt.Println(v)
}
```

実行結果
```
python
go
```

また、次のようにして、マップのキーと値をrangeで取り出すこともできます。

コード:c2_2_11（抜粋） マップ
```
m := map[string]int{"apple": 100, "banana": 200}

for k, v := range m {
    fmt.Println(k, v)
}
```

実行結果
```
apple 100
banana 200
```

マップのキーだけを取り出したいときには、vを書かず次のコードのようにします。

コード:c2_2_12（抜粋） マップ
```
m := map[string]int{"apple": 100, "banana": 200}

for k := range m {
    fmt.Println(k)
}
```

実行結果
```
apple
banana
```

逆にマップの値だけを取り出したい場合は、「_, v := range m」のように**k**を**_**（アンダースコア）にします。

コード:c2_2_13（抜粋） マップ
```
m := map[string]int{"apple": 100, "banana": 200}

for _, v := range m {
    fmt.Println(v)
}
```

実行結果
```
200
100
```

このように、rangeはfor文でスライスやマップを扱うときに非常に便利なので、覚えておきましょう。

2-3 switch文で条件に応じた処理を実行しよう

条件に応じて別の処理を実行するには、if文を用いるほかに、switch文を使うという方法もあります。ここでは、switch文の基本的な使い方や、状況に応じた異なる書き方について説明していきます。

switch文で条件ごとの処理を作ろう

switch文で変数osの値を判定していきます。変数の値が「mac」の場合は「Mac!!」、「windows」の場合は「Windows!!」と表示します。それ以外の場合の処理は、default:のあとに書きます。ここでは「Default!!」と表示します。変数osに文字列の「mac」を入れて実行すると、1つ目のケースに当てはまるので「Mac!!」と表示されます。

コード:c2_3_1(抜粋) switch文
```
os := "mac"
switch os {
case "mac":
    fmt.Println("Mac!!")
case "windows":
    fmt.Println("Windows!!")
default:
    fmt.Println("Default!!")
}
```

実行結果
```
Mac!!
```

変数osに文字列の「windows」を入れると、2つ目のケースに当てはまるので「Windows!!」と表示されます。

コード:c2_3_2(抜粋) switch文
```
os := "windows"        osをwindowsにする
```

実行結果
```
Windows!!
```

変数osに「aa」などの適当な文字列を入れると、1つ目と2つ目のcaseに当てはまらないため、defalutに入り、「Default!!」と表示されます。

コード:c2_3_3(抜粋) switch文
```
os := "aa"             osをaaにする
```

```
Default!!
```

今回defaultを書きましたが、なくても大丈夫です。default部分をコメントアウトします。実行してみると、どのケースに当てはまらないので、何も表示されません。

コード:c2_3_4(抜粋) switch文
```
os := "aa"
switch os {
case "mac":
    fmt.Println("Mac!!")
case "windows":
    fmt.Println("Windows!!")
//default:
//    fmt.Println("Default!!")
}
```

実行結果

変数宣言とswitch文をまとめて書こう

if文と同様、**変数への代入とswitch文は、1行でまとめて書けます**。

例として、getOsNameという関数を作り、返り値として文字列の「mac」を返すとします。この関数の返り値を変数osに代入するケースを考えてみます。

コード:c2_3_5(抜粋) switch文
```
func getOsName() string {
    return "mac"
}

func main() {
    os := getOsName()
    switch os {
    ⋮
```

実行結果
```
Mac!!
```

もし、このswitch文以降で変数osの値を使わない場合、変数への代入とswitch文を1行で書きます。switch文の後ろで変数に値を代入し（ここではgetOsName関数の返り値）、;（セミコロン）でつなげてswitch文が判定する変数を書きます。

コード:c2_3_6(抜粋) switch文
```
func main() {
    switch os := getOsName(); os {    ← 変数への代入とswitch文をまとめて書く
    ⋮
```

```
Mac!!
```

　この場合、変数 os の値は switch 文の中だけで使えます。関数 getOsName の返り値を変更し、default の処理で表示してみましょう。

コード:c2_3_7(抜粋) **switch 文**

```
func getOsName() string {
    return "dafdafad"           ── getOsName の返り値を適当な値にする
}

func main() {
    switch os := getOsName(); os {
    case "mac":
        fmt.Println("Mac!!")
    case "windows":
        fmt.Println("Windows!!")
    default:
        fmt.Println("Default!!", os)  ── os の値を表示する
    }
}
```

```
Default!! dafdafad
```

　switch 文の外側で変数 os を使うとエラーになります。変数の値を外部の関数などから持ってきて switch 文の中でしか使わない場合は、1 行で書けることを覚えておきましょう。

コード:c2_3_8(抜粋) **switch 文**

```
    switch os := getOsName(); os {
    case "mac":
        fmt.Println("Mac!!")
    case "windows":
        fmt.Println("Windows!!")
    default:
        fmt.Println("Default!!", os)
    }

    fmt.Println(os)           ── switch 文の外で変数 os の値を表示する
```

```
./lesson.go:19:14: undefined: os
```

条件式を書かないswitch文を作ろう

timeパッケージをインポートし、現在の時間を扱うtime.Nowという関数を使ってみましょう。この関数の返り値は、timeパッケージで定義されているTimeという構造体(struct)です(P.119)。

Timeにはメソッド(P.126)があります。ここでは、Hourで現在の時間を表示します。実行したときが11時なので、「11」と表示されています。

コード：c2_3_9（抜粋）　現在の時間を表示する

```go
import (
    "fmt"
    "time"        ── timeをインポートする
)

func main() {
    t := time.Now()
    fmt.Println(t.Hour())
}
```

実行結果
```
11
```

変数tにTimeの構造体を代入して使います。P.92で説明したswitch文では、変数osを条件式として書きましたが、今回は書かなくて大丈夫です。

1つ目のケースとして、Hourで取得した現在時刻がもし12時よりも前だったら、「Morning」と表示します。もう1つのケースが、17時よりも前だったら「Afternoon」と表示します。実行すると、t.Hourの返り値が11だったので、1つ目のケースに当てはまり、「Morning」と表示されます。

コード：c2_3_10（抜粋）　switch文

```go
    t := time.Now()
    fmt.Println(t.Hour())
    switch {                          ── 条件式を書かない
    case t.Hour() < 12:               ── 判定条件を書く
        fmt.Println("Morning")
    case t.Hour() < 17:               ── 判定条件を書く
        fmt.Println("Afternoon")
    }
```

実行結果
```
11
Morning
```

このように、**switch文に条件式を書かず、caseに判定条件を書く**という方法もあるということを覚えておきましょう。

2-4 defer文で処理を遅らせて実行しよう

defer文を使うと、処理を遅らせて関数の最後に実行させることが可能です。たとえば、ファイルを開く処理を実行した場合、ファイルを使い終わったら閉じる処理も入れる必要がありますが、ファイルを開いたときにdefer文で閉じる処理も入れておくと、ファイルの閉じ忘れを防ぐことができます。そんなdefer文の使い方について、説明していきます。

defer文で処理を実行しよう

defer文は処理の遅延実行をする際に使います。defer文のあとに遅延実行したい処理を書きます。次のプログラムを実行すると、「hello」が先に、「world」があとに表示されます。このdefer文は「main関数の処理がすべて終わったあとに実行する」という意味です。

コード:c2_4_1(抜粋) defer文

```
defer fmt.Println("world")
fmt.Println("hello")
```

実行結果

```
hello
world ──── main関数が終わったら表示
```

次に、fooという関数を作り、同様にdefer文の処理を書いてmain関数から呼び出してみましょう。実行すると、foo関数の処理が先に表示されます。

コード:c2_4_2(抜粋) defer文

```
func foo() {
    defer fmt.Println("world foo")
    fmt.Println("hello foo")
}

func main() {
    foo()
    defer fmt.Println("world")
    fmt.Println("hello")
}
```

実行結果

```
hello foo
world foo
hello
world
```

main関数での最初で関数fooを呼び出しており、先に「hello foo」を表示してから、関数foo内のdefer文の処理である「world foo」を表示しています。次に、main関数で「hello」が処理されたあとに、main関数のdefer文の処理である「world」の表示が実行されます。

また、次のようにmain関数内のfoo関数の呼び出しをdefer文の下に持ってきても、同様の結果となります。

コード:c2_4_3(抜粋) **defer文**
```
func main() {
    defer fmt.Println("world")
    foo()                          foo関数の呼び出しをdefer文の下に持ってくる
    fmt.Println("hello")
}
```

実行結果
```
hello foo
world foo
hello
world
```

このように、関数内の処理がすべて終わったあとに実行するのがdefer文になります。

次は複数のdefer文がある場合を見ていきます。defer文の処理を3つ書いて実行すると、どうなるのでしょうか。

コード:c2_4_4(抜粋) **defer文**
```
func main() {
    fmt.Println("run")
    defer fmt.Println(1)
    defer fmt.Println(2)
    defer fmt.Println(3)
    fmt.Println("success")
}
```

実行結果
```
run
success
3
2
1
```

実行すると、最初に「run」、次に「success」、その後「3」「2」「1」と表示されました。このように、最初に書いたdefer文の処理が最後に実行されます（**Stacking defers**（スタッキング デファーズ）といいます）。defer文の順番は間違えやすいので、覚えておきましょう。

defer文でファイルの閉じ忘れを防ごう

defer文の活用方法として、ファイルをOpenするときの例を紹介します。

次のコードは、ファイルの内容を読み込み、100byte分を出力するコードです。

コード:c2_4_5(抜粋) **defer文**

```go
package main

import (
    "fmt"
    "os"
)
︙
func main() {
    file, _ := os.Open("./lesson.go")        // lesson.goを読み込む
    defer file.Close()                        // ファイルを閉じる（defer文で最後に実行）
    data := make([]byte, 100)                 // 要素数100のbyteのスライスを作成する
    file.Read(data)                           // ファイルの内容を変数dataに格納する
    fmt.Println(string(data))                 // 変数dataの内容をstring型に変換して表示する
}
```

実行結果

```
package main

import (
    "fmt"
    "os"
)

func foo() {
    defer fmt.Println("world foo")

    fmt.Println("h
```

まず、os.Open関数でファイル名（ここでは「lesson.go」）を指定して読み込み、変数fileに入れます。Open関数の2つ目の返り値を入れる変数は _（アンダースコア）としています。これは、エラーハンドリング（P.104）をしないためです。

ファイルはOpenしたら、最後に必ずCloseする必要があります。そのため、Closeの処理をdefer文で書きます。

その後、読み込んだファイルの内容を使った処理を書いていきます。ファイルを読み込むときは、代入される変数をバイト配列（byteのスライス）にする必要があります。ここでは、変数dataに要素数100のbyteのスライスを入れて、ファイルの内容を100byteだけ読み込むことにします。

Readメソッドでファイルの内容を変数dataに格納したあと、string型に変換して表示します。実行すると、lesson.goの最初の100byteだけが表示されます。

ファイルを読み込む際は最後にCloseで閉じる必要がありますが、**Openした直後にdefer文でCloseしておく**ことで、閉じ忘れを防ぐことができます。

2-5 ログを出力しよう

ログの処理は、アプリケーションに障害が発生したときの原因究明などで必要になります。ここでは、Goの標準ライブラリであるlogを使ったログ出力の方法について、ファイルへの出力方法とあわせて簡単に説明していきます。

logパッケージでログを出力しよう

Goでログ出力をするときは、**log**というパッケージを使用します。よく使われるのが**log.Println**です。まずは、Printlnの引数に「"logging!"」を指定して実行してみましょう。日付と時間といった情報とともに指定した内容が出力されます。

コード:c2_5_1(抜粋) log

```go
import "log"

func main() {
    log.Println("logging!")
}
```

実行結果
```
2024/04/10 11:24:01 logging!
```

log.Printlnを **log.Printf** に変えてみましょう。log.Printfの場合、フォーマット（P.46）でも説明したように、type（型）やvalueを書けます。実行すると、日付と時間、「string」というtype、「test」といったvalueの情報が出力されます。

コード:c2_5_2(抜粋) log.Printf

```go
    log.Println("logging!")
    log.Printf("%T %v", "test", "test")
```

実行結果
```
2024/04/10 11:25:07 logging!
2024/04/10 11:25:07 string test
```

log.Fatallnは、エラーの出力によく使われます。

コード:c2_5_3(抜粋) log.Fatalln

```go
    log.Println("logging!")
    log.Printf("%T %v", "test", "test")

    log.Fatalln("error!!")
```

```
2024/04/10 11:26:45 logging!
2024/04/10 11:26:45 string test
2024/04/10 11:26:45 error!!
```

ただし、気をつけてほしいのが、**log.Fatalln を実行するとプログラムが終了する**ということです。次のコードは、log.Fatalln 関数のあとに fmt.Println 関数がありますが、fmt.Println 関数は呼び出されず「ok!」は出力されません。log.Fatalln が実行された時点で、プログラムが終了してしまうためです。

コード：c2_5_4（抜粋） **log.Fatalln**

```go
import (
    "fmt"          ← fmt をインポート
    "log"
)

func main() {
    log.Println("logging!")
    log.Printf("%T %v", "test", "test")

    log.Fatalln("error!!")

    fmt.Println("ok!")
}
```

```
2024/04/10 11:27:36 logging!
2024/04/10 11:27:36 string test
2024/04/10 11:27:36 error!!
```

log.Fatalf（ログ.フェイタルエフ）では、log.Printf と同様に type や value を使えます。

コード：c2_5_5（抜粋） **log.Fatalf**

```go
    log.Println("logging!")
    log.Printf("%T %v", "test", "test")

    log.Fatalf("%T %v", "test", "test")
    log.Fatalln("error!!")

    fmt.Println("ok!")
```

```
2024/04/10 11:28:29 logging!
2024/04/10 11:28:29 string test
2024/04/10 11:28:29 string test
```

このコードをよく見ると、**log.Fatalf の実行時点でプログラムが終了する**ため、「log.Fatalln("error!!")」以降のコードが実行されていないことがわかります。

log.Fatalln や log.Fatalf の使用例

　log.Fatalln や log.Fatalf の使用例として、ファイルを開くプログラムを紹介します。P.98 で説明したように、os.Open でファイルを開いてみましょう。今回は、ファイルの内容は使わず、エラーの内容を確認したいので、ファイルを読み込む変数には _（アンダースコア）、エラーを読み込む変数には err と指定します。エラーがあれば変数 err にエラーの内容が代入されます。

　os.Open で開く対象には、存在しないファイル名を書きます。その後、変数 err が nil ではない（＝エラーがある）場合、log.Fatalln で「Exit」と変数 err の内容を出力してプログラムを終了します。

　実行すると、「Exit open fdafdsafa: no such file or directory」という、ファイルが存在しないことを示すエラーが出力され、プログラムが終了します。

コード：c2_5_6（抜粋） log

```go
import (
    "fmt"
    "log"
    "os"          // os をインポート
)

func main() {
    _, err := os.Open("fdafdsafa")   // 存在しないファイル名を指定して開く
    if err != nil {                  // エラーがあるかどうかを確認
        log.Fatalln("Exit", err)
    }
    log.Println("logging!")
    ⋮
```

実行結果
```
2024/04/10 13:17:09 Exit open fdafdsafa: no such file or directory
```

　このように、log.Fatalln や log.Fatalf は、**エラーがある場合にプログラムを終了させる**といった使い方をします。

　log パッケージでは、log.Println や log.Fatalln などをよく使うので、覚えておきましょう。

> **Point　ログの種類**
>
> 　ほかの言語では、debug、info、warn、error、exception などといったログの種類がありますが、Go の標準ライブラリの log は少し異なります。Go の log でよく使われるのが、Fatalf、Fatalln、Printf、Println といった関数です。最低限のログを出力するライブラリを提供していますが、ほかの言語のように info などのログの種類は提供していません。
>
> 　ほかの言語のようなログ出力をしたい場合は、サードパーティのパッケージを使う必要があります。GitHub でログ出力のパッケージを公開している方がいるので、「go logging package github」などといったキーワードで検索してみてください。

ログをファイルに書き込もう

ログをファイルに書き込んでみましょう。次のコードでは、test.logというファイルを作成してログの内容を書き込んでいます。

コード：c2_5_7（抜粋） **ログをファイルに書き込む**

```go
import (
    "fmt"
    "io"        ← io をインポート
    "log"
    "os"
)

func LoggingSettings(logFile string) {
    logfile, _ := os.OpenFile(logFile, os.O_RDWR|os.O_CREATE|os.O_APPEND, 0666)
    multiLogFile := io.MultiWriter(os.Stdout, logfile)
    log.SetFlags(log.Ldate | log.Ltime | log.Lshortfile)
    log.SetOutput(multiLogFile)
}

func main() {
    LoggingSettings("test.log")
    _, err := os.Open("fdafdsafa")
    :
```

実行結果
```
2024/04/10 12:17:03 lesson.go:21: Exit open fdafdsafa: no such file or directory
```

実行結果（test.log）
```
2024/04/10 12:17:03 lesson.go:21: Exit open fdafdsafa: no such file or directory
```

まず、LoggingSettingsという関数を作ります。この関数にはstring型の引数logFileを渡します。ログを書き込むためのファイルを、**os.OpenFile**（オーエス.オープンファイル）関数を使って開きます。os.OpenFileは、os.Openと同様にファイルを開く関数ですが、ファイルを開く際にフラグやモードを指定することができます。|（パイプ）を使うと複数のフラグを指定することもできるため、ここでは「os.O_RDWR」（読み書き権限で開く）、「os.O_CREATE」（ファイルがなければ作成する）、「os.O_APPEND」（ファイルの内容に追記する）という3つのフラグを指定しています。モードには「0666」（どのユーザーもファイルの読み書きができる）を指定します。また、今回はエラーハンドリングをしないため、エラーを入れる変数は_（アンダースコア）とします。

次に、io.MultiWriter関数を使い、os.Stdout（画面に出力される内容）を変数logfileに書き込むという設定を作成し、変数multiLogFileに入れます。

log.SetFlags（ログ.セットフラグズ）関数ではログ出力時の設定ができるので、ログ出力時の日付（log.Ldate）や時間（log.Ltime）、ログの短いファイル名（log.Lshortfile）をあわせて出力する設定にします。

> **Point** そのほかのログ出力時のフラグ
>
> VSCode上に書いた「Lshortfile」を右クリックして [定義へ移動] をクリックする（もしくは F12 を押す）と、そのほかのフラグ（Llongfileなど）を見ることができます。

log.SetOutput関数の中に、変数multiLogFileを書くことでログの出力先を設定します。最後に、main関数でLoggingSettings関数の引数にログファイル名を指定して実行します。実行すると、指定したファイル名のログファイルが現在のフォルダに作成され、ログの内容が書き込まれます。

エラーが発生したファイル名をフルパスにしてログに出力する

ログ出力時のフラグについて、「Lshortfile」を「Llongfile」に置き換えて実行してみると、ファイル名がフルパスで書かれたエラーを出力できます。test.logでも同様の内容が書き込まれています。

コード：c2_5_8（抜粋） log

```go
func LoggingSettings(logFile string) {
    logfile, _ := os.OpenFile(logFile, os.O_RDWR|os.O_CREATE|os.O_APPEND, 0666)
    multiLogFile := io.MultiWriter(os.Stdout, logfile)
    log.SetFlags(log.Ldate | log.Ltime | log.Llongfile)  ── Llongfileに変更
    log.SetOutput(multiLogFile)
}
```

実行結果
```
2024/04/10 12:14:21 /Users/jsakai/go/src/awesomeProject/lesson.go:21: Exit open fdafdsafa: no such file or directory
```

実行結果（test.log）
```
2024/04/10 12:17:03 lesson.go:21: Exit open fdafdsafa: no such file or directory
2024/04/10 12:17:21 /Users/jsakai/go/src/awesomeProject/lesson.go:21: Exit open fdafdsafa: no such file or directory  ── 追加で書き込まれたログ
```

このコードでは、os.O_APPENDを指定して、ログファイルにログを追記しています。closeの処理を入れようとすると、コードが途中で終了した場合などの対応もあるため、ここではcloseの処理をしていません。そのため、garbage collection（プログラムが使用していないメモリを自動で解放する機能）のときに、うまくログが書き込まれないという可能性もあります。

ですが、単純なログの設定であれば、このように設定すれば十分です。もし、より複雑なログファイルのclose処理などをしたい場合は、サードパーティのパッケージを使うとよいでしょう。

2-6 エラーハンドリングをしよう

プログラムにエラーが発生したときの処理をエラーハンドリングといいます。発生したエラーの内容を表示させて原因をわかりやすくさせるなど、エラーハンドリングは重要な意味を持つため、ここでGoにおける基本的なエラーハンドリングについて確認していきましょう。

Goでエラーハンドリングをしよう

エラーが発生したとき、どのように処理（**エラーハンドリング**）すればよいのかを説明します。

例として、コードを書いたファイルをos.Openで読み込んでいきます。このとき、読み込んだファイルの内容を変数file、エラーの内容を変数errに入れます。エラーがある場合（変数errがnilでない場合）は、log.Fatallnで「Error!」と表示します。

コード:c2_6_1(抜粋) **エラーハンドリング**
```go
func main() {
    file, err := os.Open("./lesson.go")  ── ファイルを開く
    if err != nil {                       ── ファイルを開いたときのエラーハンドリング
        log.Fatalln("Error!")
    }
```

エラーがなければファイルを開けているので、「defer file.Close()」で最後にファイルを閉じるようにします。

コード **エラーハンドリング**
```go
    defer file.Close()  ── Close を defer で遅延実行
```

次に、データを書き込むためのbyte型のスライスを作成し、変数dataに入れます。なお、byte型のスライスは、**バイト配列**と呼ばれることもよくあります。

コード **エラーハンドリング**
```go
    data := make([]byte, 100)  ── バイト配列を作成
```

続いて、Readメソッドでファイルの内容を変数dataに読み込みます。ここでも同様に、エラーがnilでなければlog.Fatallnで「Error」を出力して終了します。Readメソッドの返り値として、読み込んだbyte数を変数countに、エラーの内容を変数errに入れます。ここで再度エラーハンドリングをします。

```
    count, err := file.Read(data)          ── ファイルを読み込む
    if err != nil {                         ── ファイルを読み込んだときのエラーハンドリング
        log.Fatalln("Error")
    }
```

> **Point** 複数の変数に代入する際のShort declarations
>
> 変数のShort declarationsは、最低1つ初期化できるものがあれば使えます。2回目のエラーハンドリング時には、すでに宣言されている変数errがありますが、もう1つの変数であるcountが初期化される変数のため、Short declarationsはエラーになりません。なお、2回目のエラーハンドリングでは変数errは上書きされるため、気をつけましょう。

最後に、変数countの値と、string型でcastした変数dataを表示します。実行すると、100byte分読み込まれたコードが表示されます。実行結果の最初の「100」は、100byte分読み込んだという意味です。最終的なコードと実行結果は次のようになります。

コード:c2_6_2(抜粋) **エラーハンドリング**

```go
import (
    "fmt"
    "log"
    "os"
)

func main() {
    file, err := os.Open("./lesson.go")     ── ファイルを開く
    if err != nil {                          ── ファイルを開いたときのエラーハンドリング
        log.Fatalln("Error!")
    }
    defer file.Close()                       ── ファイルのCloseをdeferで遅延実行
    data := make([]byte, 100)                ── バイト配列を作成
    count, err := file.Read(data)            ── ファイルを読み込む
    if err != nil {                          ── ファイルを読み込んだときのエラーハンドリング
        log.Fatalln("Error")
    }
    fmt.Println(count, string(data))
}
```

実行結果

```
100 package main          ── byte数(100)が表示されたあと、ファイルの内容が表示される

import (
    "fmt"
    "log"
    "os"
)

func main() {
```

```
file, err := os.Open("./lesson.go")
if
```

ほかのプログラミング言語では、エラーハンドリングをtry catchなどといった方法で行いますが、Goの場合には、コードがエラーを返したあとにエラーハンドリングをします。そのため、エラーハンドリングのコードが複数になります。

> **Point　エラーの中身**
>
> VSCode上でコードの「Open」を右クリックし、[定義へ移動]をクリックします（もしくは F12 を押す）。Open関数の返り値「error」の中身も同様に確認してみます。
>
> 参考 os.Open
> ```
> func Open(name string) (*File, error) {
>     return OpenFile(name, O_RDONLY, 0)
> }
> ```
>
> 参考 error
> ```
> type error interface {
>     Error() string
> }
> ```
>
> errorに書かれているinterfaceについてはP.135で説明しますが、このerrorはErrorというメソッドを持ったstring型のstructを返します。エラーがある場合、stringの中にエラーメッセージが入るので、その内容を表示することができます。

続いて、ディレクトリを移動するos.Chdir関数を実行して、エラーハンドリングをしていきましょう。

os.Chdirの引数に「"test"」を指定し、testという名前のディレクトリに移動します。この返り値を変数errに代入し、エラーがある場合はlog.Fatallnでコードを終了します。

コード：c2_6_3（抜粋）　エラーハンドリング
```
    ︙
    err = os.Chdir("test")
    if err != nil {
        log.Fatalln("Error")
    }
```

実行すると、testというディレクトリは存在しないため、エラーとなります。

実行結果
```
100 package main

import (
    "fmt"
    "log"
    "os"
```

```
)
func main() {
    file, err := os.Open("./lesson.go")
    if  v
2024/04/11 10:40:12 Error
```
　　　　　　　　　　　　　　　　log.Fatalln のエラーメッセージが表示される

　os.Chdir関数の返り値を変数errに入れる際、errを初期化せずに書き換えています。これは、変数errはすでに初期化されているためで、再度初期化をしようとするとエラーになります。

コード:c2_6_4（抜粋）　エラーハンドリング

```
    ⋮
    err := os.Chdir("test")
    if err != nil {
        log.Fatalln("Error")
    }
```
　　　　　　　　　　　変数 err を初期化しようとする

実行結果
```
./lesson.go:22:6: no new variables on left side of :=
```

> **Point** エラーハンドリングを1行にまとめて書く
>
> 　返り値が1つしかない場合は、次のように複数行ではなく1行にまとめて書くケースもよくあります。
>
> コード:c2_6_5（抜粋）　エラーハンドリング
>
> ```
>     ⋮
>     if err = os.Chdir("test"); err != nil {
>         log.Fatalln("Error")
>     }
> ```
> 　　　　　　　　　　　　　　　1行にまとめて書く
>
> 実行結果
> ```
> 100 package main
>
> import (
>     "fmt"
>     "log"
>     "os"
> )
>
> func main() {
>     file, err := os.Open("./lesson.go")
>     if
> 2024/04/11 10:49:52 Error
> ```
>
> 　os.Chdirでerrorを1つしか返さない場合は、1行で書くことができます。1行で書けるか、書けないかについては、いろいろなコードを見ていけばわかってきます。

2-7 panicとrecover

panicとrecoverは、プログラムの強制終了を扱う際に使う関数です。実際にプログラムでpanicとrecoverを書くことはあまり推奨されていないのですが、使う機会があるかもしれないので、簡単に概要を見ていきましょう。

panicでプログラムを強制終了させよう

panicとrecoverについて説明していきましょう。まず、**panic**は、実行中のプログラムを停止させる組み込み関数です。

ここでは、thirdPartyConnectDB関数を作成し、関数内でpanic関数を呼び出します。panicの引数には「Unable to connect database」という文字列を指定します。このthirdPartyConnectDB関数を、saveという関数から呼び出し、main関数でsave関数を呼び出します。

main関数の最後に、save関数が実行できたかを確認するため、「OK?」と表示させる処理を書きます。このプログラムを実行すると、プログラムが強制終了し、「panic("Unable to connect database")」とスタックトレースの情報が表示されます。

コード:c2_7_1（抜粋） panic

```
func thirdPartyConnectDB() {
    panic("Unable to connect database")
}

func save() {
    thirdPartyConnectDB()
}

func main() {
    save()
    fmt.Println("OK?")
}
```

実行結果

```
panic: Unable to connect database

goroutine 1 [running]:
main.thirdPartyConnectDB(...)
    /Users/jsakai/go/src/awesomeProject/lesson.go:8
main.save(...)
```

```
    /Users/jsakai/go/src/awesomeProject/lesson.go:12
main.main()
    /Users/jsakai/go/src/awesomeProject/lesson.go:16 +0x34
```

発生したpanicをrecoverで処理しよう

panicで発生したエラーを処理するには、**recover**（リカバー）を使います。

save関数の中に、deferを使って遅延実行する関数リテラルを作ります。関数リテラルでは、変数sにrecoverの返り値を入れ、fmt.Printlnで表示します。

deferで書いた関数を実行するためには、後ろに()をつけます。このプログラムを実行すると、panic関数の「Unable to connect database」と、main関数の最後に書いた処理である「OK?」が表示されます。

コード:c2_7_2（抜粋） **panic**

```go
func thirdPartyConnectDB() {
    panic("Unable to connect database")
}

func save() {
    defer func() {          // defer で関数を作成する
        s := recover()
        fmt.Println(s)
    }()                     // () をつけて実行する
    thirdPartyConnectDB()
}

func main() {
    save()
    fmt.Println("OK?")
}
```

実行結果
```
Unable to connect database
OK?
```

panicのスタックトレースが出力されずにコードを実行することができました。thirdPartyConnectDB関数で発生したpanicを、save関数の中のdeferで実行されたrecoverでキャッチすることで、強制終了しないようにできます。

save関数の中のthirdPartyConnectDBの呼び出しを、間違えてdeferの上に書いてしまうと、panicでプログラムが終了します。

これは、deferでrecoverの遅延実行を指定する前に、1行目でpanicが起きてしまうためです。

コード：c2_7_3（抜粋） **recoverの処理の前にpanicを書く**

```go
func thirdPartyConnectDB() {
    panic("Unable to connect database")
}

func save() {
    thirdPartyConnectDB()        ← recoverの前にpanicが起きる
    defer func() {
        s := recover()
        fmt.Println(s)
    }()
}

func main() {
    save()
    fmt.Println("OK?")
}
```

実行結果

```
panic: Unable to connect database

goroutine 1 [running]:
main.thirdPartyConnectDB(...)
    /Users/jsakai/go/src/awesomeProject/lesson.go:8
main.save()
    /Users/jsakai/go/src/awesomeProject/lesson.go:12 +0x38
main.main()
    /Users/jsakai/go/src/awesomeProject/lesson.go:20 +0x1c
```

　以上、recoverとpanicの使い方について説明しました。ただし、**Goでは明示的にpanicを書くことは推奨していません。**これまで説明してきたように、エラーを認識して、エラーハンドリングで返すことを推奨しています。

　panicは「自分がもう何をしたらいいのかわからない」という状況を作ってしまいます。そのため、なるべくpanicが起きないようにコードを書くようにしましょう。

　とはいえ、もしかしたら、panicとrecoverを使う機会もあるかもしれないので、使い方は覚えておきましょう。

Lesson 3

入門編

ポインタ

変数以外にも、ポインタと呼ばれるものを使って、値を管理することもあります。これまで説明してきた変数との違いを交えつつ、ポインタを使った基本的なプログラムについて解説していきます。

3-1	**ポインタを操作しよう**	112
3-2	**new関数とmake関数の違い**	116
3-3	**構造体で複数の値をまとめて扱う**	119

3-1 ポインタを操作しよう

変数に値を格納するとき、コンピュータはメモリの特定の位置（アドレス）を指定して、そこに値を保持します。C言語など、プログラミング言語によっては、値を格納している場所（メモリ上のアドレス）を指すポインタを扱うことができます。慣れないうちは戸惑うかもしれませんが、Goでもポインタを扱うことができるので、ここでは、Goにおけるポインタの操作を見ていきましょう。

ポインタでメモリ上のアドレスを参照する

Goにおける**ポインタ**について説明していきましょう。まず、int型の変数nを宣言して、100を代入します。nの値を表示すると、100が表示されます。

コード：c3_1_1（抜粋） ポインタ
```
var n int = 100
fmt.Println(n)
```

実行結果
```
100
```

次は、変数nに**&**をつけて実行します。すると、「0x140000a6018」と変数nのポインタ（メモリのアドレス）が表示されました。

コード：c3_1_2（抜粋） ポインタ
```
var n int = 100
fmt.Println(n)
fmt.Println(&n)      ——— &n を表示
```

実行結果
```
100
0x140000a6018        ——— メモリのアドレスが表示された
```

続いて、変数pを「var p *int」と宣言し、&nを代入します。「*int」は、int型の値のポインタという意味です。変数pを表示すると、先ほどと同様にメモリのアドレスが表示されます。このようなポインタを持つ変数は、ポインタ変数と呼ばれます。

コード：c3_1_3（抜粋） ポインタ
```
var n int = 100
fmt.Println(n)
fmt.Println(&n)

var p *int = &n
fmt.Println(p)
```

```
100
0x14000112018
0x14000112018 ───── 変数pのメモリのアドレスが表示された
```

アドレスが指すメモリの中身を取得したい場合は、**ポインタ変数に*をつけます。**

コード:c3_1_4（抜粋） ポインタ

```
    var n int = 100
    fmt.Println(n)
    fmt.Println(&n)

    var p *int = &n
    fmt.Println(p)
    fmt.Println(*p)      ──── *pを表示
```

実行結果

```
100
0x14000112018
0x14000112018
100             ─────── メモリの中身が表示された
```

次の図は、メモリに割り振られた16進数のアドレスを図示したものです。この図に沿って、先ほどのコードを説明していきます。

最初の「var n int = 100」では、メモリの「0x0004」というアドレスに100という値を代入したとします。続いて「var p *int = &n」では、アドレス「0x0010」に、「0x0004」というアドレスを代入しています。なので、「fmt.Println(p)」でpを表示すると、代入されたアドレス「0x0004」が表示され、「fmt.Println(*p)」を実行すると、pに代入されたアドレス「0x0004」に格納された値である「100」が表示されます。

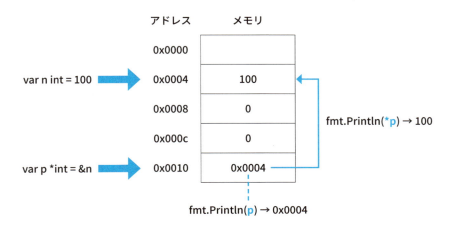

関数でポインタを受け取る

関数の引数には値もしくは値が入った変数を指定していましたが、ポインタを引数に指定することもできます。int型の引数xを受け取るone関数を作り、その中でxに1を代入します。main関数で宣言した変数nを、one関数の引数に指定して呼び出します。その後、nの値を表示すると、one関数で引数の値を1にしたにもかかわらず、100が表示されます。

コード：c3_1_5（抜粋） ポインタ
```
func one(x int) {
    x = 1
}

func main() {
    var n int = 100
    one(n)
    fmt.Println(n)
}
```

実行結果
```
100
```

one関数が受け取るのは変数nそのものではなく、変数nの値です。そのため、関数の中で値に1を代入したとしても、main関数で宣言した変数nには影響がありません。

変数nの値をone関数内で変更したい場合は、ポインタを渡す必要があります。まず、one関数の引数を「(x *int)」と*をつけて、ポインタとして受け取るようにします。one関数の処理では、引数のポインタが指す実体（変数の値）を変更したいので、「*x = 1」のように書きます。また、引数がポインタとなったので、main関数でone関数を呼び出す際に「one(&n)」と書きます。

コードを変更して実行すると、1が表示され、変数nの値がone関数で書き換えられたことがわかります。

コード：c3_1_6（抜粋） ポインタ
```
func one(x *int) {        ポインタの変数xを引数にする
    *x = 1                変数x（ポインタ）が指す実体に1を代入する
}

func main() {
    var n int = 100
    one(&n)               &nのアドレスをone関数に渡す
    fmt.Println(n)
}
```

実行結果
```
1
```

変数のアドレスと中身を表示する

&と*を使って、変数のアドレスを表示したり、アドレスが指す実体を表示したりする練習をしてみましょう。int型の値が格納された変数nについて、アドレスを見るためには、「&n」と書きます。

コード：c3_1_7（抜粋） **ポインタ**

```
func main() {
    var n int = 100
    one(&n)
    fmt.Println(n)
    fmt.Println(&n)         ← &n を指定
}
```

実行結果

```
1
0x14000120018            ← アドレスが表示される
```

&nのアドレスの中身を見るためには、さらに*をつけて「*&n」と書きます。

コード：c3_1_8（抜粋） **ポインタ**

```
func main() {
    var n int = 100
    one(&n)
    fmt.Println(n)
    fmt.Println(*&n)        ← *&n を指定
}
```

実行結果

```
1
1                        ← アドレスの中身が表示される
```

さらにアドレスの中身のアドレスを見るためには、「&*&n」と書きます。

コード：c3_1_9（抜粋） **ポインタ**

```
func main() {
    var n int = 100
    one(&n)
    fmt.Println(n)
    fmt.Println(&*&n)       ← &*&n を指定
}
```

実行結果

```
1
0x14000112018            ← アドレスが表示される
```

このように、&と*をつけて実行してみながら、ポインタの処理を確認していきましょう。

3-2 new関数とmake関数の違い

以前、スライスやマップを作成する際に、make関数について説明しましたが、同じようなものとしてnew関数があります。new関数は、メモリを確保するための関数で、ポインタなどを作成する際に必要になってきます。ここでは、new関数の使い方と、make関数とはどのような違いがあるのかについて説明していきます。

newを使ってポインタのアドレスを確保する

前節のコードでは、まずint型の変数nを宣言し、変数nのアドレスを「var p *int = &n」のように変数pに代入して、ポインタを初期化しました。

new関数を使うと、値を何も代入しない状態で、メモリにポインタが入る領域を確保できます。次のように「var p *int = new(int)」と書いて、new関数でポインタの変数を作成して表示してみると、変数pのアドレスが表示されます。

コード:c3_2_1(抜粋) new関数
```
    var p *int = new(int)      ── newを使ってポインタを宣言
    fmt.Println(p)
```

実行結果
```
0x14000112018
```

次のように、new関数を使わずにポインタの変数を宣言して表示すると、\<nil\>と表示されます。

コード:c3_2_2(抜粋) new関数
```
    var p *int = new(int)
    fmt.Println(p)

    var p2 *int                ── new関数を使わないでポインタを宣言
    fmt.Println(p2)
```

実行結果
```
0x14000112018
<nil>
```

new関数を使ってポインタを宣言すると、メモリの領域を確保します。変数を表示するとアドレスが表示されます(このアドレスには値は入っていません)。一方で、new関数を使わない場合、まだメモリに領域を確保していないので、ポインタの初期値である\<nil\>という値が表示されます。

new関数でメモリ領域を確保した変数pの初期値がどうなっているか確認します。fmt.Println(*p)として実体を表示してみると、int型の初期値である0が表示されます。

コード:c3_2_3(抜粋) new 関数
```
var p *int = new(int)
fmt.Println(*p)
```

実行結果
```
0
```

ここで、「*p++」として変数pの実体に++で足し算してみると、0、1と計算が行われていることがわかります。

コード:c3_2_4(抜粋) new 関数
```
var p *int = new(int)
fmt.Println(*p)
*p++
fmt.Println(*p)
```

実行結果
```
0
1
```

new関数を使わないで宣言したポインタの変数でも同じように実行してみましょう。「*p2++」と書いて実行してみると、エラーになりました。

コード:c3_2_5(抜粋) new 関数
```
var p2 *int
fmt.Println(p2)
*p2++
fmt.Println(p2)
```

実行結果
```
<nil>
panic: runtime error: invalid memory address or nil pointer dereference
[signal SIGSEGV: segmentation violation code=0x2 addr=0x0 pc=0x104284b60]

goroutine 1 [running]:
main.main()
    /Users/jsakai/go/src/awesomeProject/lesson.go:13 +0xe0
```

new関数を使わない場合は<nil>となり、まだメモリの中に領域を確保していません。そのため、ポインタの中身にアクセスして足そうとしても、エラーが起きます。

new関数とmake関数の違い

new関数と似たものに、mapとスライスを作成するときに使うmake関数(P.62)があります。コードを実際に見て、new関数とmake関数の違いを確認していきましょう。

スライスやマップはmake関数で作成し、ポインタはnew関数で作成します。それぞれの型を確認してみると、次のようになります。

コード:c3_2_6（抜粋） / new関数とmake関数
```
    s := make([]int, 0)
    fmt.Printf("%T\n", s)

    m := make(map[string]int)
    fmt.Printf("%T\n", m)

    var p *int = new(int)
    fmt.Printf("%T\n", p)
```

実行結果
```
[]int
map[string]int
*int
```

　new関数とmake関数の違いは、型を確認したときに**ポインタを返す場合はnew関数を使い、そうでない場合はmake関数を使う**ということです。

　たとえば、P.163で説明するChannelは、make関数を使って「ch := make(chan int)」と作成します。一方で、次の節で説明する構造体は、new関数を使って「var st = new(struct{})」と作成します。

　Channelと構造体を作成して型を確認してみると、Channelはスライスやmapと同様に*がなく、構造体にはポインタと同様に*があります。

コード:c3_2_7（抜粋） / Channelと構造体
```
    ch := make(chan int)
    fmt.Printf("%T\n", ch)

    var st = new(struct{})
    fmt.Printf("%T\n", st)
```

実行結果
```
chan int
*struct {}
```

　このように、ポインタかどうかによって、make関数とnew関数を使い分けます。

3-3 構造体で複数の値をまとめて扱う

struct（構造体）は、複数の値をまとめたものです。Goにはほかの言語におけるクラスにあたるものがないのですが、構造体とメソッド（P.126）を組み合わせてオブジェクトのように扱うことができます。ここでは、構造体の基本的な使い方について、ポインタとの関連も含めて説明していきます。

struct（構造体）

struct（構造体）について説明していきます。まず、main関数の外で、Vertexという名前の構造体を作成し、{}の中に2つのint型の値XとYを書きます。main関数で、構造体Vertexを変数vに代入します。このとき、「Vertex{X: 1, Y: 2}」のように書いて、構造体Vertexを初期化します。なお、構造体が持つ値のことを**フィールド**といいます。

コード：c3_3_1（抜粋） struct
```go
type Vertex struct {       // 構造体 Vertex を作成
    X int
    Y int
}

func main() {
    v := Vertex{X: 1, Y: 2}   // 構造体 Vertex を初期化して変数 v に代入
    fmt.Println(v)            // 構造体を表示
}
```

実行結果
```
{1 2}
```

構造体の中身の値を確認するには、「v.X」のように書きます。

コード：c3_3_2（抜粋） struct
```go
v := Vertex{X: 1, Y: 2}
fmt.Println(v)
fmt.Println(v.X, v.Y)     // 構造体の値をそれぞれ表示
```

実行結果
```
{1 2}
1 2
```

構造体の中身を書き換える場合には、v.X = 100のように書きます。

コード：c3_3_3（抜粋） struct
```go
v := Vertex{X: 1, Y: 2}
```

```
        fmt.Println(v)
        fmt.Println(v.X, v.Y)
        v.X = 100 ─────────── 構造体の値Xに100を代入して書き換える
        fmt.Println(v.X, v.Y)
```

実行結果
```
{1 2}
1 2
100 2 ─────────── Xの値が書き換えられた
```

構造体の一部だけを初期化して宣言することもできます。Xだけを初期化すると、Yの値はint型の初期値である0になります。

コード：c3_3_4（抜粋） struct
```
        v2 := Vertex{X: 1} ─────── Xの値だけ初期化する
        fmt.Println(v2)
```

実行結果
```
{1 0}
```

string型の場合、初期値は空の文字列になります。構造体Vertexにstring型のSを追加し、初期化せずに表示すると、XとYの値のあとに空の文字列が追加されることがわかります。

コード：c3_3_5（抜粋） struct
```
type Vertex struct {
    X int
    Y int
    S string ─────── string型の値Sを追加する
}

func main() {
    v2 := Vertex{X: 1}
    fmt.Println(v2)
}
```

実行結果
```
{1 0 }
```

フィールドを指定せずに初期化する場合は、「Vertex{1, 2, "test"}」のように、構造体に書いた順番で書きます。また、「Vertex{}」のように書いて初期化すると、初期値（intは0、stringは空の文字列）になります。

コード：c3_3_6（抜粋） struct
```
        v3 := Vertex{1, 2, "test"} ─────── X、Y、Sの順に初期化
        fmt.Println(v3)

        v4 := Vertex{} ─────────── すべて初期値で初期化
        fmt.Println(v4)
```

```
{1 2 test}
{0 0 }
```

> **Point** 構造体の値の書き方

構造体VertexのYを小文字に変えてみると、エラーになります。

コード:c3_3_7(抜粋) **struct**

```
type Vertex struct {
    X int
    y int        ←Yを小文字のyにする
    S string
}
︙
```

実行結果

```
./lesson.go:12:20: unknown field Y in struct literal of type Vertex
./lesson.go:14:21: v.Y undefined (type Vertex has no field or method Y, but does
have y)
./lesson.go:16:21: v.Y undefined (type Vertex has no field or method Y, but does
have y)
```

　小文字にすると、構造体の外部からアクセスできないプライベートな値になります。あとで説明するメソッドで、構造体の内部から書き換えたり読み込んだりすることはできますが、外部からはアクセスできないので気をつけましょう。

　また、構造体に同じ型の値が2つある場合、変数宣言と同様にまとめて書けます。この書き方も覚えておきましょう。

コード:c3_3_8(抜粋) **struct**

```
type Vertex struct {
    X, Y int       ←まとめて書く
    S    string
}
︙
```

　構造体のすべての値を初期値で初期化する方法として、「Vertex{}」と書くほかに、「var v5 Vertex」のように書く方法もあります。varで宣言する場合、スライスやmapの場合はnilとなっていましたが、構造体の場合はnilではないので気をつけましょう。

コード:c3_3_9(抜粋) **struct**

```
var v5 Vertex
fmt.Println(v5)
```

実行結果

```
{0 0 }
```

構造体とポインタ

ここからは、構造体の応用的な使い方について説明します。このような使い方がある、ということを頭の片隅に置いておいてください。

「new(Vertex)」と書くと、「&{0 0 }」とアドレスがついて表示されます。

コード:c3_3_10(抜粋) struct
```
v6 := new(Vertex)
fmt.Println(v6)
```

実行結果
```
&{0 0 }
```

ここで、データ型を確認してみると、newで作成したv6だけ*がついて表示されるため、ポインタになることがわかります。

コード:c3_3_11(抜粋) struct
```
v4 := Vertex{}
fmt.Printf("%T %v\n", v4, v4)

var v5 Vertex
fmt.Printf("%T %v\n", v5, v5)

v6 := new(Vertex)
fmt.Printf("%T %v\n", v6, v6)
```

実行結果
```
main.Vertex {0 0 }
main.Vertex {0 0 }
*main.Vertex &{0 0 }   ← new なのでポインタになる
```

「&Vertex{}」のように&をつけて書くと、newで作成したときと同様にポインタになります。

コード:c3_3_12(抜粋) struct
```
v7 := &Vertex{}
fmt.Printf("%T %v\n", v7, v7)
```

実行結果
```
*main.Vertex &{0 0 }
```

newで作成するよりも、「&Vertex{}」のように**アドレスをつけた状態で宣言したほうが、ポインタが返ってくることが明示的**なため、よく使われます。

初期値で初期化する方法に「v4 := Vertex{}」「var v5 Vertex」の2通りがあったり、ポインタで作成する方法に「v6 := new(Vertex)」「v7 := &Vertex{}」の2通りがあったり、Goには同じ内容でも場合によって複数の書き方があります。そのため、ほかの人が書いたGoのコードを読んだときに、内容がわからなくて困惑することもあります。

ですが、ひとまず入門の時点では、どちらの書き方がよいかという話は置いておいて、書き方に種類があるということだけを理解しておけば大丈夫です。

> **Point** スライスやmapで推奨される書き方
>
> たとえば、スライスで空の文字列を表示するときに、「make([]int, 0)」のようにmakeを使う方法と、「[]int{}」と宣言する方法があります。スライスやmapの場合は、makeを使って書くことが推奨されています。
>
> コード　スライスや map の書き方
> ```
> s := make([]int, 0) ── make を使った書き方が推奨
> s := []int{}
> ```
>
> 一方、構造体だけは特殊で、newよりも＆が使われるケースのほうが多いです。Goのバージョンが進んでいく中で変わる可能性はありますが、現状では、スライスやmapに関してはmakeなどを使って、構造体に関してはどちらで書いても大丈夫です。

続いて、構造体のポインタの扱い方について説明していきます。

構造体Vertexを引数に取るchangeVertex関数を作成し、構造体の値Xに1000を代入します。main関数内で、構造体Vertexを初期化して変数vに代入し、changeVertex関数の引数に指定して実行します。その後、変数vを表示してみましょう。

コード：c3_3_13（抜粋） struct
```
func changeVertex(v Vertex) {
    v.X = 1000
}

func main() {
    v := Vertex{1, 2, "test"}
    changeVertex(v)
    fmt.Println(v)
}
```

実行結果
```
{1 2 test}
```

すると、Xの値が1000ではなく1と表示されました。このとき、changeVertex関数には変数vの構造体そのものではなく、中身の値をコピーしたものを渡しているので、コピーされた構造体にchangeVertexでXに1000に代入しています。そのため、main関数でvのXの値である1は書き換わっていません。構造体のフィールドの値をchangeVertex関数内で変更したい場合は、**ポインタを渡す必要があります。**

もう1つのchangeVertex2関数を作成していきましょう。この関数が先ほどのchangeVertex関数と違う点は、引数のVertexに＊がついてポインタになっている点です。

main関数内で、構造体Vertexに＆をつけて初期化し、ポインタを変数v2に代入します。changeVertex2関数の引数として実行し、v2の値を表示してみると、「&{1000 2 test}」のように1が1000に書き換えられてアドレスが表示されます。

```
func changeVertex2(v *Vertex) {                    コード:c3_3_14(抜粋) struct
    v.X = 1000
}

func main() {
    v2 := &Vertex{1, 2, "test"}
    changeVertex2(v2)
    fmt.Println(v2)
}
```

```
&{1000 2 test}                                     実行結果
```

本当は、changeVertex2関数の引数がポインタなので、実体を指すには*をつける必要があります。構造体の中身を指すには、(*v).Xのようにさらに()で囲んで書きます。

```
func changeVertex2(v *Vertex) {                    コード:c3_3_15(抜粋) struct
    (*v).X = 1000
}
```

```
&{1000 2 test}                                     実行結果
```

しかしこの書き方は面倒なので、Goでは**構造体の中身を指定する場合は*をつけなくても、自動でポインタの実体を指してくれます**。そのため、changeVertex2関数で「v.X = 1000」のように*をつけないで書いた場合も、*をつけたときと同じ結果になります。

Lesson 4

入門編

Struct オリエンテッド

Goには、クラスや継承といったオブジェクト指向（Object Oriented）プログラミングのための機能はありません。しかし、データ型にメソッドを作成したり、構造体の中に構造体を持たせて擬似的な継承をしたりすることができます。

4-1	メソッドを作成しよう	126
4-2	構造体の埋め込みをしよう	132
4-3	インターフェースを使ったプログラムを作ろう	135
4-4	型アサーションとswitch typeを使う	139
4-5	Stringerで表示内容を変更しよう	143
4-6	カスタムエラーを作成しよう	145

4-1 メソッドを作成しよう

Goでは、構造体を含むデータ型に紐づけた関数のことをメソッドと呼びます。ただし、ポインタからメソッドを呼び出すときは注意すべきことがあります。ここでは、メソッドの基本的な使い方と注意点、そして他のプログラミング言語におけるコンストラクタのような初期化処理の実装方法について説明していきます。

型に紐づくメソッドを作成しよう

構造体に**メソッド**を作成して呼び出してみましょう。まず、int型のXとYを持つ構造体Vertexを宣言します。

たとえば、引数が構造体Vertexの変数v、返り値がint型のArea関数を作ります。この関数は、「v.X * v.Y」を返します。main関数で変数vを初期化し、Area関数を実行すると、12が表示されます。

コード：c4_1_1（抜粋）　メソッド

```go
type Vertex struct {
    X, Y int
}

func Area(v Vertex) int {
    return v.X * v.Y
}

func main() {
    v := Vertex{3, 4}
    fmt.Println(Area(v))
}
```

実行結果
12

次は、Area関数を構造体Vertexに結びつけたメソッドとして定義してみましょう。

メソッド作成時は「func (v Vertex) Area() int」のように、funcのあとに( )をつけ、その中に**レシーバー**と呼ばれる引数の名前と型を指定します。これにより、Vertex型のレシーバーvを持ち、返り値がint型のAreaメソッドが作成されます。レシーバーが型とメソッドを紐づける役割を持ちます。

メソッドを呼び出すには、「v.Area()」のように、**メソッドを結びつけた構造体の変数とメソッド名を.（ドット）でつないで**実行します。

```go
type Vertex struct {
    X, Y int
}

func (v Vertex) Area() int {            // Area メソッドを追加
    return v.X * v.Y
}

func Area(v Vertex) int {
    return v.X * v.Y
}

func main() {
    v := Vertex{3, 4}
    fmt.Println(Area(v))
    fmt.Println(v.Area())               // Area メソッドを実行
}
```

実行結果
```
12
12
```

> **Point** メソッドを使う利点
>
> 関数として作成した場合、Areaという関数を把握していないと関数が使えません。一方、メソッドとして作成すると、「v.Area()」のように、構造体とメソッドの紐づけがコードからわかりやすくなります。コード上で変数vを書く際にVSCodeなどのエディタやIDEの機能でメソッド名が補完されて表示されるといった利点もあります。

ポインタレシーバーと値レシーバー

メソッドで紐づけられた構造体の値を書き換えたい場合は、メソッド作成時に**レシーバーに*をつけます**。

ここでは、ScaleというVertexのメソッドを「func (v *Vertex) Scale」のように書いて作成し、XとYの値を書き換えてみましょう。iのintという引数を取り、メソッドの中でXとYの値をそれぞれ「v.X = v.X * i」「v.Y = v.Y * i」と書き換えます。

```go
func (v *Vertex) Scale(i int) {
    v.X = v.X * i
    v.Y = v.Y * i
}

func main() {
    v := Vertex{3, 4}
```

```
        v.Scale(10)
        fmt.Println(v.Area())
}
```

実行結果
```
1200
```

Scaleメソッドの引数に10を指定して実行し、AreaメソッドでXとYの積を表示すると、1200となるため、ScaleメソッドでXとYの値が書き換えられていることがわかります。

「func (v *Vertex) Scale(i int)」の*を取って実行すると、12が表示されます。

コード：c4_1_4（抜粋） メソッド
```
func (v Vertex) Scale(i int) {      ──── (v *Vertex) の * を取る
    v.X = v.X * i
    v.Y = v.Y * i
}
```

実行結果
```
12
```

レシーバーにポインタの*を書くことで、Vertexに紐づけられたScaleというメソッドの中で、構造体の中身を書き換えることができます。これを**ポインタレシーバー**といいます。一方、レシーバーに*をつけない場合は、構造体の参照ではなく値をコピーして渡しているので、**値レシーバー**といいます。

Newで初期化時の処理を実行しよう

参考として、先ほどのようなコードをPythonで書くと、次のようになります。

参考 Python の例
```python
class Vertex(object):

    def __init__(self, x, y):
        self._x = x
        self._y = y

    def area(self):
        return self._x * self._y

    def scale(self, i):
        self._x = self._x * i
        self._y = self._y * i

v = Vertex(3, 4)
v.scale(10)
print(v.area())
```

PythonやJavaの場合は、Vertexをクラスとして宣言し、その中にAreaやScaleといったメソッドを書いていきます。

Pythonにおける__init__のような、初期化時に実行される処理（コンストラクタ）は、Goでは**New**という関数を作成して行います。

実際にNew関数を作ってみましょう。まず、VertexのXとYを小文字に置き換えます。**小文字にすることで、他のパッケージから操作することはできず、このパッケージ内からのみ書き換えできるようになります。**

コード:c4_1_5（抜粋） コンストラクタ
```
type Vertex struct {
    x, y int          ← 小文字にする
}
```

続いて、New関数を作成します。引数にint型のxとy、返り値の型に*Vertex（Vertexのポインタ）を設定し、処理にはreturn &Vertex{x, y}と書きます。

これで実行すると、1200が表示されます。

コード:c4_1_5（抜粋） コンストラクタ
```
func New(x, y int) *Vertex {
    return &Vertex{x, y}
}

func main() {
    v := New(3, 4)
    v.Scale(10)
    fmt.Println(v.Area())
}
```

実行結果
```
1200
```

> **Point　Newのパターン**
>
> 他のパッケージから、インポートしたパッケージを呼び出すときにNewを使って呼び出すことが多いです。これはGoのパターンなので、覚えておきましょう。
>
> Goのパッケージのページで「New」を検索すると、他のパッケージで「New」を使っている例を見ることができます。
>
> URL https://pkg.go.dev/search?q=New&m=package
>
> たとえば、「math/rand」というパッケージであれば、「math/rand」をインポートして「rand.New」を実行すると初期化が可能です。
>
> パッケージについては後ほど説明します（P.202）。

構造体以外の型のメソッド

typeを使うと、組み込み型に新しい名前をつけた独自の型を作ることが可能で、その独自の型にメソッドを持たせられます。ここでは、int型にMyIntという別の名前をつけて、新しい型を作ってみましょう。

コード **non-struct のメソッド**
```
type MyInt int
```

VSCode上で「int」にカーソルを合わせた状態でF12キーを押し、int型の定義を見てみましょう。構造体のように{}で中身を書き加えるのではなく、type int intと1行だけでtypeを宣言しています。

参考 **int型**
```
type int int
```

作成したMyInt型にメソッドを持たせていきましょう。構造体のときと同様、funcのあとに()の中でメソッドを紐づける型を書きます。ここでは、int型の返り値を返すDoubleメソッドを作成し、iに2を掛けた値をint型で返します。

main関数でMyIntを初期化し、Doubleメソッドを実行して表示すると、20が表示されました。

コード:c4_1_6（抜粋） **non-struct のメソッド**
```
type MyInt int

func (i MyInt) Double() int {      ── MyInt型に紐づけたDoubleメソッドを作成
    return int(i * 2)
}

func main() {
    myInt := MyInt(10)
    fmt.Println(myInt.Double())
}
```

実行結果
```
20
```

このように、自分で作成した型にメソッドを持たせることもできるので、覚えておきましょう。

構造体以外の型のメソッドの注意点

1つ注意点として、「return int(i * 2)」と返り値をint型にcastしていますが、castしないとエラーが出ます。

コード:c4_1_7（抜粋） **non-struct のメソッド**
```
func (i MyInt) Double() int {
```

```
    return i * 2         int型にcastしない
}
```

```
./lesson.go:8:9: cannot use i * 2 (value of type MyInt) as int value in return
statement (exit status 1)
```

　Doubleメソッドの中でiの型を確認してみると、iはmain.MyIntという型で値が10になります。比較のために数値1の型も確認してみると、int型で値が1になります。このように、iはintではなくMyInt型になるので、int型にcastする必要があります。

コード：c4_1_8（抜粋） non-structのメソッド
```
func (i MyInt) Double() int {
    fmt.Printf("%T %v\n", i, i)
    fmt.Printf("%T %v\n", 1, 1)
    return int(i * 2)
}
```

実行結果
```
main.MyInt 10
int 1
20
```

　たとえば、「func (i MyInt) Double() MyInt」のように書き換えてメソッドの返り値をMyInt型にすると、int型にcastしなくてもエラーになりません。

4-2 構造体の埋め込みをしよう

Goでは、構造体の中に構造体を持たせることで、オブジェクト指向プログラミングにおける継承のようなことができます。ここでは、構造体を埋め込む方法を、他のプログラミング言語の例と比較しつつ説明していきます。

構造体の中に構造体を埋め込もう

Goの**埋め込み（Embedded）**という仕組みについて説明していきます。これは、他のプログラミング言語では**継承**などと呼ばれる処理にあたります。

Pythonでクラスを継承する場合

最初に、Pythonのコードを見ていきましょう。まず、areaとscaleというメソッドを持つVertexというクラスを作成します。

```
参考 Pythonの例
class Vertex(object):

    def __init__(self, x, y):
        self._x = x
        self._y = y

    def area(self):
        return self._x * self._y

    def scale(self, i):
        self._x = self._x * i
        self._y = self._y * i
```

続いて、Vertexクラスを継承するVertex3Dクラスを作成します。Vertexはxとyの値を持ちますが、Vertex3Dはそれに加えてzという値も作成します。area_3dメソッドはx、y、zの値をそれぞれ掛け合わせ、scale_3dメソッドは引数として受け取ったiをx、y、zにそれぞれ掛けます。

```
参考 Pythonの例
class Vertex3D(Vertex):    ← Vertexクラスを継承したVertex3Dクラス

    def __init__(self, x, y, z):
```

```
        super().__init__(x, y)
        self._z = z

    def area_3d(self):
        return self._x * self._y * self._z

    def scale_3d(self, i):
        self._x = self._x * i
        self._y = self._y * i
        self._z = self._z * i
```

　Vertex3DクラスはVertexクラスを継承しているので、Vertexクラスのメソッドを使えます。たとえば、v = Vertex3D(3, 4, 5)と初期化したあとに、print(v.area())とすると、Vertexクラスのdef area(self)が実行されます。

参考 Pythonの例

```
v = Vertex3D(3, 4, 5)          ── Vertex3Dクラスのオブジェクトを初期化して変数vに代入
v.scale(10)
print(v.area())                ── 継承元のメソッドも使用できる
print(v.area_3d())
```

Goで構造体を埋め込む

　Pythonの継承と同じようなコードをGoで書く場合、構造体を構造体の中に埋め込みます。まず、前節のVertex構造体を同様に作成します。

コード Embedded

```
type Vertex struct {
    x, y int
}

func (v Vertex) Area() int {
    return v.x * v.y
}

func (v *Vertex) Scale(i int) {
    v.x = v.x * i
    v.y = v.y * i
}
```

　新しくVertex3Dという構造体を作成し、その中にVertexを書きます。これでVertex3DはVertexの値であるxとyも持っている状態です。また、Vertex3Dにはint型のzも加えます。

コード:c4_2_1(抜粋) Embedded

```
type Vertex3D struct {
    Vertex           ── 構造体の中に構造体を入れる
    z int
}
```

Area3Dメソッドでは、xとyとzを掛け合わせた値を返します。また、Scale3Dメソッドは、引数iをx、y、zにそれぞれiを掛け合わせます。

```
func (v Vertex3D) Area3D() int {
    return v.x * v.y * v.z          ── zを追加
}

func (v *Vertex3D) Scale3D(i int) {
    v.x = v.x * i
    v.y = v.y * i
    v.z = v.z * i                   ── zを追加
}
```
コード：c4_2_1（抜粋） Embedded

New関数は引数にzを加え、返り値をVertex3Dにします。

```
func New(x, y, z int) *Vertex3D {   ── 返り値を変更
    return &Vertex3D{Vertex{x, y}, z}
}
```
コード：c4_2_1（抜粋） Embedded

main関数内でNew関数を実行し、VertexとVertex3Dのメソッドをそれぞれ実行します。

```
func main() {
    v := New(3, 4, 5)
    v.Scale(10)
    fmt.Println(v.Area())
    fmt.Println(v.Area3D())
}
```
コード：c4_2_1（抜粋） Embedded

実行結果
```
1200
6000
```

scaleメソッドでxとyの値をそれぞれ10倍にし、Areaメソッドでそれらを掛け合わせた1200が表示されます。Area3Dメソッドでは、1200にzの5を掛けた6000が表示されます。

Scale3Dメソッドでx、y、zの値を10倍にし、Area3Dメソッドを実行すると、30、40、50を掛け合わせた60000が表示されます。

```
func main() {
    v := New(3, 4, 5)
    v.Scale3D(10)                   ── 変更
    fmt.Println(v.Area3D())
}
```
コード：c4_2_2（抜粋） Embedded

実行結果
```
60000
```

4-3 インターフェースを使ったプログラムを作ろう

Goのインターフェースは、メソッドの名前のみを宣言したもので、そのメソッドを持つ型はインターフェースを実装していると判定されます。ここでは、Goのインターフェースの使い方について説明しつつ、ダックタイピングについても解説していきます。

インターフェースを作成しよう

まず、Goにおける**インターフェース**を説明していきます。Humanというインターフェースを作成し、{}の中に「Say()」とメソッドを書きます。インターフェースでは、**メソッド名のみを宣言し、処理のコードは書きません**。

コード：c4_3_1（抜粋）　インターフェース
```go
type Human interface {
    Say()          ── メソッド名のみ宣言する
}
```

続いて、構造体を作成してインターフェースに当てはめます。string型のNameというフィールドを持つPersonという構造体を作成し、Personに紐づくメソッドとしてSayを作成します。

コード：c4_3_1（抜粋）　インターフェース
```go
type Person struct {
    Name string
}

func (p Person) Say() {
    fmt.Println(p.Name)
}
```

Human型（インターフェース型）の変数mikeを宣言し、構造体Personに{"Mike"}を渡して代入します。「mike.Say()」と実行すると、「Mike」と表示されます。

コード：c4_3_1（抜粋）　インターフェース
```go
func main() {
    var mike Human = Person{"Mike"}
    mike.Say()
}
```

実行結果
```
Mike
```

Human型の変数にPersonという構造体を代入する場合、PersonはSayというメソッドを持っている必要があります。Sayメソッドをコメントアウトするなどして実装しない状況を作ると、エラーになります。

このように、指定したメソッドを必ず持たせたいときに、インターフェースを使います。

コード：c4_3_2（抜粋） インターフェース
```
︙
//func (p Person) Say() {
//    fmt.Println(p.Name)
//}
︙
```

実行結果
```
./lesson.go:16:19: cannot use Person{...} (value of type Person) as Human value in variable declaration: Person does not implement Human (missing method Say) (exit status 1)
```

インターフェースのメソッドで構造体の中身を書き換える場合

Sayメソッドの処理を追加してみましょう。p.Nameに「Mr.」を加えます。構造体の中身を書き換えることになるので、Personの前に*をつけてポインタレシーバーにする必要があります。

ただし、Sayメソッドを変更しただけだとエラーになります。

コード：c4_3_3（抜粋） インターフェース
```
func (p *Person) Say() {
    p.Name = "Mr." + p.Name
    fmt.Println(p.Name)
}
```

実行結果
```
./lesson.go:19:19: cannot use Person{...} (value of type Person) as Human value in variable declaration: Person does not implement Human (method Say has pointer receiver) (exit status 1)
```

Sayメソッドはポインタレシーバーとなるので、main関数からSayメソッドを呼び出す際に、アドレスとして渡す必要があります。

コード：c4_3_4（抜粋） インターフェース
```
func main() {
    var mike Human = &Person{"Mike"}    ── アドレスを渡す
    mike.Say()
}
```

実行結果
```
Mr.Mike
```

ダックタイピング

Humanというインターフェースを、引数として受け付ける関数DriveCarを作っていきます。引数humanのSayメソッドの返り値が「Mr.Mike」であれば「Run」、そうでなければ「Get out」を表示します。

なお、Sayメソッドは、返り値をstring型の文字列と比較したいので、p.Nameをstring型で返すようにします。Humanインターフェース内のSayも、返り値をstring型とします。

コード インターフェース

```
type Human interface {
    Say() string            ← string型にする
}

type Person struct {
    Name string
}

func (p *Person) Say() string {     ← 返り値をstring型にする
    p.Name = "Mr." + p.Name
    fmt.Println(p.Name)
    return p.Name                    ← p.Nameを返す
}

func DriveCar(human Human) {
    if human.Say() == "Mr.Mike" {
        fmt.Println("Run")
    } else {
        fmt.Println("Get out")
    }
}
```

DriveCarメソッドの引数に変数mike(Nameを「Mike」として作成したPerson)を渡して実行すると、Sayメソッドのp.Nameを表示する処理で「Mr.Mike」が、DriveCarメソッドの処理で「Run」が表示されます。

コード：c4_3_5（抜粋） インターフェース

```
func main() {
    var mike Human = &Person{"Mike"}
    DriveCar(mike)
}
```

実行結果

```
Mr.Mike
Run
```

Nameを「x」として作成したPersonを変数xに代入し、DriveCarメソッドの引数に指定して実行すると、DriveCarメソッドのif文の処理で「Get out」と表示されます。

```
                                            コード:c4_3_6(抜粋)  インターフェース
func main() {
    var mike Human = &Person{"Mike"}
    var x Human = &Person{"X"}        ──── 別のHumanを作成する
    DriveCar(mike)
    DriveCar(x)
}
```

```
                                                            実行結果
Mr.Mike
Run
Mr.X
Get out
```

　構造体PersonはHumanインターフェースを明示的に実装していませんが、Humanインターフェースのメソッドをすべて実装しているので、Humanインターフェースを実装したことになります。そのため、構造体PersonをHumanインターフェースに代入できます。
　ダックタイピング（Duck typing）は、「もしもアヒル（Duck）のように歩き、アヒルのように鳴くなら、それはアヒルであろう」という考え方が由来です。つまり、構造体Personは「Humanインターフェースのメソッドをすべて実装しているなら、それはHumanインターフェースを実装したものであろう」という考え方になります。

インターフェースを実装していない場合
　DriveCarは引数にHumanインターフェースを指定しているので、Sayメソッドがない構造体は引数に使えません。たとえば、string型のNameフィールドを持つDogという構造体を作ります。このDogはSayメソッドを持たないため、DriveCarの引数に指定してもエラーになります。

```
                                            コード:c4_3_7(抜粋)  インターフェース
type Dog struct {        ──── Dogを作成
    Name string
}
⋮
func main() {
    var mike Human = &Person{"Mike"}
    var x Human = &Person{"x"}
    var dog Dog = Dog{"dog"}      ──── 構造体Dogで変数dogを作成
    DriveCar(mike)
    DriveCar(x)
    DriveCar(dog)                 ──── DriveCarの引数に変数dogを指定する
}
```

```
                                                            実行結果
./lesson.go:37:12: cannot use dog (variable of type Dog) as Human value in argument
 to DriveCar: Dog does not implement Human (missing method Say) (exit status 1)
```

4-4 型アサーションと switch typeを使う

Goでは、メソッドを持たない空のインターフェースを作成できます。空のインターフェースには、どのような型の値でも入れることができるので、引数にどんな型が入るのかわからないときに活用できます。そして、空のインターフェースに入れた値を特定の値として使うときに必要なのが、型アサーションです。ここでは、型アサーションの方法と、switch typeと呼ばれる活用方法について説明します。

型アサーションについて学ぼう

最初に、iというインターフェースを引数にするdoという関数を作ります。なお、引数の「interface{}」は**空のインターフェース**で、どのような型でも引数として受け付けます。

do関数で引数iを2倍にして変数iiに代入、初期化し、変数iiの値を表示してみましょう。main関数でdo関数に10を渡して実行すると、エラーになります。これは、iがインターフェース型なので、int型の数値と計算ができないためです。

コード:c4_4_1(抜粋)　型アサーション

```
func do (i interface{}){
    ii := i * 2
    fmt.Println(ii)
}

func main(){
    do(10)
}
```

実行結果

```
./lesson.go:6:8: invalid operation: i * 2 (mismatched types interface{} and int) (exit status 1)
```

空のインターフェースが持つ値をintやstringといった具体的な型として扱うため、**型アサーション**（Type Assertion）というしくみを使います。「ii := i.(int)」とすることで、iの値をint型として扱い、変数iiに代入します。

その後、「ii *= 2」として掛け算をします。これは、「ii = ii * 2」と同じ意味になります。実行すると、20が表示されます。

コード:c4_4_2(抜粋)　型アサーション

```
func do(i interface{}) {
    ii := i.(int)
    ii *= 2
```

```
    fmt.Println(ii)
}

func main() {
    do(10)
}
```

```
20
```
実行結果

> **Point**　空のインターフェースへの代入
>
> 「do(10)」をわかりやすく書くと、「var i interface{} = 10」と空のインターフェースに10を代入してから、「do(i)」でdo関数にiを渡しているということになります。
>
> コード：c4_4_3（抜粋）　空のインターフェースへの代入
> ```
> func main() {
>     var i interface{} = 10
>     do(i)
> }
> ```
>
> ```
> 20
> ```
> 実行結果
>
> なお、「var i interface{} = 10」と書いた場合も、型アサーションをしないとエラーになります。
>
> コード：c4_4_4（抜粋）　空のインターフェースへの代入
> ```
> func do(i interface{}) {
>     i *= 2
>     fmt.Println(i)
> }
>
> func main() {
>     var i interface{} = 10
>     do(i)
> }
> ```
>
> ```
> ./lesson.go:6:2: invalid operation: i *= 2 (mismatched types interface{} and int) (exit status 1)
> ```
> 実行結果
>
> 空のインターフェースに10を代入した段階では、iはint型ではありません。まだインターフェースの状態なので、int型として扱うためには型アサーションが必要になります。

文字列への型アサーション

文字列への型アサーションも確認してみましょう。

main関数内で実行するdo関数の引数を「"Mike"」とし、do関数内で引数をstring型に型アサーションして変数ssに代入します。文字列に「!」を足して、表示を確認してみましょう。

```
func do(i interface{}) {
    ss := i.(string)
    fmt.Println(ss + "!")
}

func main() {
    do("Mike")
}
```

コード：c4_4_5（抜粋） **文字列への型アサーション**

実行結果
```
Mike!
```

switch typeで型ごとに処理を実行しよう

　型アサーションを用いるコードは、int型を処理したいか、文字列を処理したいかがわかりにくくなります。そこで、異なる型に対応できるようにコードを書き換えてみます。

　switch文で、実行結果に「v := i.(type)」と書き、iをtypeで型アサーションした結果を変数vに代入します。

　なお、i.(type)という書き方は、switchと一緒でなければ使えません。そのため、i.(type)を単独で書くとエラーになります。**switchとtypeはセット**であると覚えましょう。

コード：c4_4_6（抜粋） **型アサーション**
```
func do(i interface{}) {
    i.(type)          ←「i.(type)」を単独で書くとエラーになる
}
```

実行結果
```
./lesson.go:4:2: invalid syntax tree: use of .(type) outside type switch
```

　vに代入した値をcaseで判定していきます。intの場合は2倍した値を表示、stringの場合は「！」を足して表示します。そのほかのboolean型などの場合は、defaultの処理として「I don't know」というメッセージとともに型を表示します。

コード：c4_4_7（抜粋） **switch type**
```
func do(i interface{}) {
    switch v := i.(type) {
    case int:
        fmt.Println(v * 2)
    case string:
        fmt.Println(v + "!")
    default:
        fmt.Printf("I don't know %T\n", v)
    }
}

func main() {
    do(10)
    do("Mike")
```

```
    do(true)
}
```

```
20
make!
I don`t know bool
```
実行結果

　このようにswitch typeを使うことで、引数がインターフェースの関数に対して、さまざまな型を渡すことができます。引数に指定した値は、インターフェースとして関数に渡されるので、i.(type)のように型アサーションしてから、それぞれ型に応じた処理を行います。
　switch typeはよく使われるので、パターンとして覚えておきましょう。

> **Point　タイプコンバージョン**
>
> 　10を代入したint型の変数iと、10をfloat64型にcastした変数iiをそれぞれ表示してみると、両者とも「10」が表示されます。
>
> コード：c4_4_8（抜粋）　タイプコンバージョン
> ```
> func main() {
>     var i int = 10
>     ii := float64(10)
>     fmt.Println(i, ii)
> }
> ```
>
> 実行結果
> ```
> 10 10
> ```
>
> 　「float64(10)」のような、int型からfloat64型にするといった書き方について、これまでcastと説明していましたが、Goではタイプコンバージョンともいいます。
> 　一方で、型アサーションはインターフェースをint型やstring型にするもので、タイプコンバージョンとは書き方が異なるということに注意しましょう。

4-5 Stringerで表示内容を変更しよう

Goでよく使われるインターフェースについて説明していきます。fmt.Printlnなどで変数の内容を表示することがありますが、この内容を変更することができます。Stringerは、fmtパッケージに含まれるインターフェースです。このインターフェースにあるStringメソッドを実装すると、fmt.Printlnなどによる表示が変更されます。

Stringerインターフェースを利用しよう

Stringer（ストリンジャー）はfmtパッケージのprint.goに書かれているインターフェースです。Stringerインターフェースは、Stringメソッドを持っています。Stringerインターフェースを実装した構造体をfmt.Println関数の引数にすると、Stringメソッドの返り値が出力されます。Stringerインターフェースを実装することで、fmt.Println関数の表示内容を自由に変えられます。

Stringerについては、「A Tour of Go」というGoの公式チュートリアルに記載があります。
URL https://go.dev/tour/methods/17

Stringerの実装の確認

Stringerメソッドのコードを確認してみましょう。main関数の中で「fmt.Stringer」と書き、Stringerにカーソルを合わせた状態で F12 キーを押します。

コード Stringer
```
package main

import "fmt"

func main() {
    fmt.Stringer       ← 定義を確認するために Stringer を書く
}
```

Stringerは次のように書かれています。

参考 Stringer
```
type Stringer interface {
    String() string
}
```

Stringerで表示内容を変更する

NameとAgeを持った構造体Personを作成します。main関数内で初期化して変数mike

に代入し、「fmt.Println(mike)」と実行すると、「{Mike 22}」が表示されます。

コード:c4_5_1(抜粋) Stringer
```go
type Person struct {
    Name string
    Age  int
}

func main() {
    mike := Person{"Mike", 22}
    fmt.Println(mike)
}
```

実行結果
```
{Mike 22}
```

　このPrintlnで表示される「{Mike 22}」といった内容を自分なりに書き換えたいとき、Stringerを使います。
　Personに紐づけたStringメソッドを作り、返り値として「return fmt.Sprintf("My name is %v.", p.Name)」と書きます。**fmt.Sprintf**は、p.Nameを%vに代入して文字列として返します。この場合の表示結果は、「return "My name is" + p.Name」と同じになります。

コード:c4_5_2(抜粋) Stringer
```go
type Person struct {
    Name string
    Age  int
}

func (p Person) String() string {  ── Stringメソッドを実装
    return fmt.Sprintf("My name is %v.", p.Name)
}
```

　Stringメソッドを作成した状態で実行すると、fmt.Printlnの表示結果が変わり、「My name is Mike.」と表示されます。

コード:c4_5_2(抜粋) Stringer
```go
func main() {
    mike := Person{"Mike", 22}
    fmt.Println(mike)
}
```

実行結果
```
My name is Mike.
```

　構造体PersonにはNameとAgeがあります。なので、Stringメソッドを実装しないで、fmt.Println(mike)を実行すると、Mikeの年齢もあわせて表示されます。そのため、年齢を隠して表示したいときに、Stringerインターフェースを使うことで、Nameだけを表示するようにできます。

4-6 カスタムエラーを作成しよう

独自のエラーを作成する場合、Errorメソッドを作成してerrorというインターフェースを実装することで、エラー内容の表示を変更できます。ただし、自分で作成したエラーを返り値として返す場合、ポインタとして返すことが推奨されています。ここでは、errorインターフェースの使い方について、Goのコードを見ながら解説していきます。

errorインターフェースでカスタムエラーを作成しよう

エラーを独自で作成するには、**errorインターフェース**を利用します。

GoのErrorsのチュートリアルを確認すると、errorインターフェースがどのように書かれているかが確認できます。

URL https://go.dev/tour/methods/19

参考 error インターフェース
```
type error interface {
    Error() string
}
```

Errorメソッドを作ることで、fmt.Printlnでエラーの中身を表示したいときに自分なりのエラーを表示できます。

たとえば、自分で作ったmyFuncという関数がエラーを返したときに、エラーがnilでなければエラー内容を表示するという処理をするとします。

コード　カスタムエラー
```
import (
    "fmt"
)

func myFunc() error {
    return nil
}

func main() {
    if err := myFunc(); err != nil {    // myFuncの返り値がnilでないか確認
        fmt.Println(err)                 // エラー内容を表示
    }
}
```

myFunc関数で自分なりのエラーを返すようにしていきましょう。

145

最初に、自分なりのエラーとして、string型のUsernameを持つUserNotFoundという構造体を作成します。Usernameの値は、データベースの中にないユーザーの名前を想定しています。

コード｜カスタムエラー
```
type UserNotFound struct {
    Username string
}
```

次に、UserNotFoundにErrorメソッドを実装します。返り値は構造体の持つUsernameの値を返します。

コード｜カスタムエラー
```
func (e *UserNotFound) Error() string {
    return e.Username
}
```

続いて、myFuncの中で、何か問題が起きたときにnilではなくErrorを返すようにします。変数okをfalseで初期化し、if文でokの値がtrueであればnilを返し、そうでなければ「&UserNotFound{Username: "mike"}」を返します。

コード｜カスタムエラー
```
func myFunc() error {
    // Something wrong        ← この部分で問題が起きたとする
    ok := false
    if ok {
        return nil
    }
    return &UserNotFound{Username: "mike"}
}
```

myFunc関数を実行してエラー内容を表示すると、「mike」が表示されます。

コード：c4_6_1（抜粋）｜カスタムエラー
```
func main() {
    if err := myFunc(); err != nil {
        fmt.Println(err)        ← エラー内容を表示
    }
}
```

実行結果
```
mike
```

Errorメソッドの処理を変えてみましょう。返り値を「fmt.Sprintf("User not found: %v", e.Username)」とSprintfで文字列と組み合わせて表示します。実行すると、「User not found: mike」と自分なりのエラーを表示できます。

コード：c4_6_2（抜粋）｜カスタムエラー
```
func (e *UserNotFound) Error() string {
    return fmt.Sprintf("User not found: %v", e.Username)    ← 返り値を変更
}
```

```
}
```

```
User not found: mike
```
実行結果

エラーをポインタで返そう

　Errorメソッドにて、*UserNotFoundに*が使われています。しかし、構造体の中身は変更していないので、*を取ってもいいと考える方もいるかもしれません。

　実際に取って実行してみましょう。*を取ったら、myFunc関数の返り値の&も取ります。コードを実行すると、結果は先ほどと同様になります。

コード：c4_6_3（抜粋） カスタムエラー

```go
func (e UserNotFound) Error() string {        ←*を取る
    return fmt.Sprintf("User not found: %v", e.Username)
}

func myFunc() error {
    // Something wrong
    ok := false
    if ok {
        return nil
    }
    return UserNotFound{Username: "mike"}        ←&を取る
}
```

```
User not found: mike
```
実行結果

　しかし、**Errorは&と*をつけてポインタレシーバーとする**ことが推奨されています。

　これは、エラー内容を比較する際に問題が起きる可能性があるためです。実際にコードを見ながら説明しましょう。

Chdir関数におけるエラー処理

　参考に、P.106で確認したosパッケージのChdir関数を見ていきます。Chdir関数は、何も問題がなければnilを返し、問題があった場合には、&PathErrorというエラーを返しています。

参考 Chdir 関数

```go
func Chdir(dir string) error {
    if e := syscall.Chdir(dir); e != nil {
        testlog.Open(dir) // observe likely non-existent directory
        return &PathError{Op: "chdir", Path: dir, Err: e}
    }
    if log := testlog.Logger(); log != nil {
        wd, err := Getwd()
```

```
        if err == nil {
            log.Chdir(wd)
        }
    }
    return nil
}
```

&PathErrorにも＆が書いてあります。PathErrorの定義を確認してみましょう。

参考 PathError
```
type PathError = fs.PathError
```

fs.PathErrorにカーソルを合わせると、構造体の中身とErrorメソッドが確認できます。

参考 PathError
```
type PathError struct {
    Op   string
    Path string
    Err  error
}

func (e *PathError) Error() string { return e.Op + " " + e.Path + ": " + e.Err.Error() }
```

発生したエラーを比較する

コードに戻り、Chdir関数で確認した通り、＆と＊を書いて実装します。

コード カスタムエラー
```
func (e *UserNotFound) Error() string {          ─── *をつける
    return fmt.Sprintf("User not found: %v", e.Username)
}

func myFunc() error {
    // Something wrong
    ok := false
    if ok {
        return nil
    }
    return &UserNotFound{Username: "mike"}     ─── &をつける
}
```

main関数内で変数e1、e2に対し、それぞれUserNotFoundを初期化して代入します。「fmt.Println(e1 == e2)」を実行すると、trueが表示されました。

コード：c4_6_4（抜粋） カスタムエラー
```
func main() {
    e1 := UserNotFound{"mike"}
    e2 := UserNotFound{"mike"}
```

```
    fmt.Println(e1 == e2)
}
```

実行結果
```
true
```

一方で、それぞれのエラーに&を書いて実行すると、falseが表示されました。

コード:c4_6_5(抜粋) **カスタムエラー**
```
func main() {
    e1 := &UserNotFound{"mike"}    ← &をつける
    e2 := &UserNotFound{"mike"}    ← &をつける
    fmt.Println(e1 == e2)
}
```

実行結果
```
false
```

コードの違う場所でエラーが発生したときに、ポインタで比較した場合は異なるエラーとして判定されます。

これを活用して、たとえば、次のように1つ目と2つ目のエラーでそれぞれ別の処理をしたい場合、エラーハンドリングを変化させることがあります。

コード **カスタムエラー**
```
func main() {
    e1 := &UserNotFound{"mike"}
    e2 := &UserNotFound{"mike"}
    fmt.Println(e1 == e2)
    if err := myFunc(); err != nil {
        fmt.Println(err)
        if err == e1 {        ← e1のときの処理


        }
        if err == e2 {        ← e2のときの処理


        }
    }
}
```

Readメソッドにおけるエラーの例

別の例として、GoのReadersというチュートリアルにあるサンプルコードを実行してみましょう。

URL https://go.dev/tour/methods/21

まず、「Hello, Reader!」という文字列を変数rに読み込みます。また、byteの配列をスライスで作り、変数bに代入します。r.Readで読み込んだものを変数bのbyte配列に代入します。

その後、for文でbyte配列にrの内容を少しずつ読み込んでいきます。fmt.Printfで読み込んだバイト数とエラーの内容、byte配列の中身を表示し、「%q\n」のようにエスケープ

して読み込んだbyte配列を文字列として表示します。

　変数errの内容が「io.EOF」（ファイルの終わりを示すエラー）でなければ、読み込みを続け、読み込みが終了したらbreakでfor文を抜けます。

コード:c4_6_6（抜粋）　カスタムエラー

```
import (
    "fmt"
    "io"
    "strings"
)

func main() {
    r := strings.NewReader("Hello, Reader!")

    b := make([]byte, 8)
    for {
        n, err := r.Read(b)
        fmt.Printf("n = %v err = %v b = %v\n", n, err, b)
        fmt.Printf("b[:n] = %q\n", b[:n])
        if err == io.EOF {
            break
        }
    }
}
```

実行結果

```
n = 8 err = <nil> b = [72 101 108 108 111 44 32 82]
b[:n] = "Hello, R"
n = 6 err = <nil> b = [101 97 100 101 114 33 32 82]
b[:n] = "eader!"
n = 0 err = EOF b = [101 97 100 101 114 33 32 82]
b[:n] = ""
```

　ここで、「io.EOF」の中身を見てみると、「EOF」という文字列を渡して、エラーを作っています。

参考 EOF

```
var EOF = errors.New("EOF")
```

　Newの中身も確認してみましょう。New関数では、引数の文字列でerrorStringを作成してアドレスを返します。また、errorStringにはErrorメソッドが実装されており、e.sの文字列を返します。

参考 カスタムエラー

```
func New(text string) error {
    return &errorString{text}
}

type errorString struct {
```

```
    s string
}

func (e *errorString) Error() string {
    return e.s
}
```

自分で作成したエラーと比較する

ここで、errorsというパッケージを使って、Newで同様にエラーを作成してエラーの内容を比較したとします。

これで実行すると、無限ループになります。

コード:c4_6_7(抜粋) **カスタムエラー**

```
import (
    "errors"
    "fmt"
    "strings"
)

func main() {
    r := strings.NewReader("Hello, Reader!")

    b := make([]byte, 8)
    e := errors.New("EOF")          ── エラーを作成する

    for {
        n, err := r.Read(b)
        fmt.Printf("n = %v err = %v b = %v\n", n, err, b)
        fmt.Printf("b[:n] = %q\n", b[:n])
        if err == e {               ── errとeを比較
            break
        }
    }
}
```

実行結果

```
n = 0 err = EOF b = [101 97 100 101 114 33 32 82]
b[:n] = ""
n = 0 err = EOF b = [101 97 100 101 114 33 32 82]
b[:n] = ""
n = 0 err = EOF b = [101 97 100 101 114 33 32 82]
b[:n] = ""
n = 0 err = EOF b = [101 97 100 101 114 33 32 82]
b[:n] = ""
 ⋮
```

errors.New("EOF") は自分で作ったEOFのエラーなので、r.Read(b)が返すエラーと異なるため、if文の条件を満たさず無限ループになります。

Readの中身を確認してみると、返り値にはio.EOFが指定されています。

> 参考 カスタムエラー

```
func (r *Reader) Read(b []byte) (n int, err error) {
    if r.i >= int64(len(r.s)) {
        return 0, io.EOF
    }
    r.prevRune = -1
    n = copy(b, r.s[r.i:])
    r.i += int64(n)
    return
}
```

Readで返しているのがio.EOFになるので、比較する際には自分でNewを使って作成したエラーではなく、io.EOFと比較する必要があります。このような判定によく使われるので、エラーには&をつけてアドレスとして比較します。

カスタムエラーを作る場面は少ないかもしれませんが、**カスタムエラーを作る際はポインタで&を渡す**ことがルールであると覚えておきましょう！

Lesson 5 入門編

ゴルーチン

並行処理のプログラムを簡単に書けることも Go の特徴の1つです。この Lesson では、Go の並行処理で重要なゴルーチンについて、基本的な使い方や例について説明しつつ、並行処理のプログラムについて学んでいきましょう。

5-1	並行処理を作ろう	154
5-2	チャネルでゴルーチンと値のやりとりをしよう	163
5-3	2つのゴルーチンで値を送受信しよう	173
5-4	pipeline による並行処理	179
5-5	select でチャネルに応じた処理をしよう	183
5-6	select で default と break を使おう	188
5-7	sync.Mutex を使ったゴルーチンの処理	197

5-1 並行処理を作ろう

ゴルーチンは、Goにおいて並行処理を行うための軽量のスレッドです。並行処理のプログラムは、他の言語ではマルチプロセスやマルチスレッド、イベント駆動などとも呼ばれます。Goでは並行処理を暗黙的に実行してくれるので、他言語のように深い知識を必要とせず、並行処理のプログラムを書けるという特徴があります。ここでは、ゴルーチンの作り方とともに、sync.WaitGroupを使った並行処理の制御もあわせて説明します。

goroutine（ゴルーチン）で並行処理を実行しよう

goroutineで並行処理を行うコードを書いていきましょう。string型の引数sを持つnormal関数を作ります。for文でiが0から5になるまでループし、0.1秒のSleepと引数sの表示を行います。

コード:c5_1_1(抜粋) 文字列を繰り返し表示する

```go
import (
    "fmt"
    "time"
)

func normal(s string) {
    for i := 0; i < 5; i++ {
        time.Sleep(100 * time.Millisecond)
        fmt.Println(s)
    }
}
```

main関数で、normal関数に「hello」という文字列を渡して実行すると、「hello」が5回表示されます。

コード:c5_1_1(抜粋) 文字列を繰り返し表示する

```go
func main() {
    normal("hello")
}
```

実行結果

```
hello
hello
hello
hello
hello
```

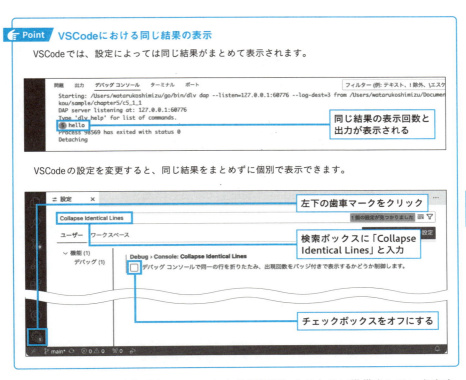

c5_1_1は通常の順次処理なので、これを並行処理にするために準備をしていきます。normal関数をコピーして、関数名をgoroutineにした同じ処理の関数を作ります。

コード:c5_1_2（抜粋） 2つの関数で文字列を表示する

```go
func goroutine(s string) {
    for i := 0; i < 5; i++ {
        time.Sleep(100 * time.Millisecond)
        fmt.Println(s)
    }
}
```

main関数で、goroutine関数に「world」という文字列を渡して実行する処理を追加します。実行すると、「hello」と「world」がそれぞれ5回ずつ表示されます。

コード:c5_1_2（抜粋） 2つの関数で文字列を表示する

```go
func main() {
    goroutine("world")
    normal("hello")
}
```

実行結果

```
world
world
```

```
world
world
world
hello
hello
hello
hello
hello
```

　このコードでは、先に「goroutine("world")」を実行したあとに「normal("hello")」を実行しているので、まだ並行処理にはなっていません。呼び出す関数の前に **go** をつけると、並行で処理が実行されます。

　今度は、main関数内の「goroutine("world")」の前にgoを書きましょう。実行すると、「hello」と「world」が交互に表示され、並行で動いていることがわかります。

コード：c5_1_3（抜粋） **ゴルーチン**

```
func main() {
    go goroutine("world") ──── 前に go を書く
    normal("hello")
}
```

実行結果

```
hello
world
world
hello
hello
world
world
hello
hello
world
```

　このように、goを前に書くだけで並行処理が実行できるのがゴルーチンです。

ゴルーチンの実行前にプログラムが終了する場合

　次は、「time.Sleep(100 * time.Millisecond)」をコメントアウトして実行してみましょう。実行してみると、「hello」のみが表示されました。

コード：c5_1_4（抜粋） **待機時間を削除する**

```
func goroutine(s string) {
    for i := 0; i < 5; i++ {
        // time.Sleep(100 * time.Millisecond) ──── コメントアウトする
        fmt.Println(s)
    }
}
```

```go
func normal(s string) {
    for i := 0; i < 5; i++ {
        // time.Sleep(100 * time.Millisecond)        ──── コメントアウトする
        fmt.Println(s)
    }
}

func main() {
    go goroutine("world")
    normal("hello")
}
```

実行結果
```
hello
hello
hello
hello
hello
```

　これは、「go goroutine("world")」で生成された並行処理のスレッドが実行される前に、normal関数の処理が終わってしまったためです。そのため、goroutine関数で「world」を表示する前にコードが終了してしまいました。**ゴルーチンの処理が終わらなくてもプログラムが終了してしまう**ということは覚えておきましょう。

　たとえば、main関数に2秒待つ処理を書いて実行してみると、normal関数が先に実行され、「hello」が表示されます。並行処理で動いてるgoroutine関数が、コード終了前に実行されたので、「world」も表示されます。

──── コード：c5_1_5（抜粋） / main関数で待機時間を作る

```go
func goroutine(s string) {
    for i := 0; i < 5; i++ {
        // time.Sleep(100 * time.Millisecond)
        fmt.Println(s)
    }
}

func normal(s string) {
    for i := 0; i < 5; i++ {
        // time.Sleep(100 * time.Millisecond)
        fmt.Println(s)
    }
}

func main() {
    go goroutine("world")
    normal("hello")
    time.Sleep(2000 * time.Millisecond)        ──── 2秒待つ
}
```

```
実行結果
hello
hello
hello
hello
hello
world
world
world
world
world
```

sync.WaitGroupで並行処理を待機させよう

プログラムが途中で終了することを避けるには、**sync.WaitGroup**を使います。main関数で「var wg sync.WaitGroup」と宣言し、「wg.Add(1)」と書いて並行処理が1つあるということを伝えます。

続いて、goroutine関数の引数に「wg *sync.WaitGroup」と書いて、wgのアドレスを渡します。また、goroutine関数の最後に、「wg.Done()」と書きます。

最後に、main関数内に「wg.Wait()」と書くと、「wg.Done()」が実行されるまで待機します。実行すると、main関数でtime.Sleepをしなくても、「hello」と「world」がすべて表示されました。

コード:c5_1_6(抜粋) / sync.WaitGroup

```go
import (
    "fmt"
    "sync"
    "time"
)

func goroutine(s string, wg *sync.WaitGroup) {  // 引数に *sync.WaitGroup を追加
    for i := 0; i < 5; i++ {
        time.Sleep(100 * time.Millisecond)
        fmt.Println(s)
    }
    wg.Done()  // 処理が終わったら wg.Done() を書く
}

func normal(s string) {
    for i := 0; i < 5; i++ {
        time.Sleep(100 * time.Millisecond)
        fmt.Println(s)
    }
}
```

```go
func main() {
    var wg sync.WaitGroup          // sync.WaitGroup を宣言
    wg.Add(1)                      // 並行処理が1つあると伝える
    go goroutine("world", &wg)     // wg のアドレスを渡す
    normal("hello")
    // time.Sleep(2000 * time.Millisecond)
    wg.Wait()                      // wg.Done() が処理されるまで待つ
}
```

実行結果

```
hello
world
world
hello
hello
world
world
hello
hello
world
```

　goroutine関数とnormal関数のtime.Sleepをコメントアウトして実行しても、「hello」と「world」がすべて表示されていることがわかります。

コード：c5_1_7（抜粋）　sync.WaitGroup

```go
func goroutine(s string, wg *sync.WaitGroup) {
    for i := 0; i < 5; i++ {
        // time.Sleep(100 * time.Millisecond)   コメントアウトする
        fmt.Println(s)
    }
    wg.Done()
}

func normal(s string) {
    for i := 0; i < 5; i++ {
        // time.Sleep(100 * time.Millisecond)   コメントアウトする
        fmt.Println(s)
    }
}

func main() {
    var wg sync.WaitGroup
    wg.Add(1)
    go goroutine("world", &wg)
    normal("hello")
    // time.Sleep(2000 * time.Millisecond)
    wg.Wait()
}
```

```
hello
hello
hello
hello
hello
world
world
world
world
world
```

　このように、sync.WaitGroupを使うことで、並行処理のプログラムが終了するまで待つことができます。覚えておきましょう！

WaitGroupの注意点
　先ほどのプログラムを、「wg.Done()」をコメントアウトして実行すると、途中で止まってしまいエラーになります。VSCodeでデバッグが途中で止まってしまった場合は、F5 キーなどを押して処理を進めてください。

コード:c5_1_8（抜粋） **wg.Done() がない**
```
func goroutine(s string, wg *sync.WaitGroup) {
    for i := 0; i < 5; i++ {
        // time.Sleep(100 * time.Millisecond)
        fmt.Println(s)
    }
    // wg.Done()  ──── コメントアウトする
}
```

実行結果
```
fatal error: all goroutines are asleep - deadlock!

goroutine 1 [semacquire]:
sync.runtime_Semacquire(0x14000112020?)
    /usr/local/go/src/runtime/sema.go:62 +0x2c
sync.(*WaitGroup).Wait(0x14000112020)
    /usr/local/go/src/sync/waitgroup.go:116 +0x98
main.main()
    /Users/jsakai/go/src/awesomeProject/lesson.go:29 +0xb8
```

　main関数の「wg.Add(1)」で並行処理を1つ待っているのに、「wg.Done()」が呼ばれないとエラーになります。

　次は「wg.Done()」のコメントアウトを元に戻して、「wg.Add(1)」をもう1つ書き加えます。これで実行すると、「wg.Add(1)」を2つ待っている状態で、「wg.Done()」を1つしか呼んでいないので、エラーになります。

```go
func goroutine(s string, wg *sync.WaitGroup) {
    for i := 0; i < 5; i++ {
        // time.Sleep(100 * time.Millisecond)
        fmt.Println(s)
    }
    wg.Done()
}
⋮
func main() {
    var wg sync.WaitGroup
    wg.Add(1)
    wg.Add(1)                                    // wg.Add(1) を追加
    go goroutine("world", &wg)
    normal("hello")
    // time.Sleep(2000 * time.Millisecond)
    wg.Wait()
}
```

コード:c5_1_9(抜粋) **wg.Done() が足りない**

実行結果

```
fatal error: all goroutines are asleep - deadlock!

goroutine 1 [semacquire]:
sync.runtime_Semacquire(0x1400009e020?)
        /usr/local/go/src/runtime/sema.go:62 +0x2c
sync.(*WaitGroup).Wait(0x1400009e020)
        /usr/local/go/src/sync/waitgroup.go:116 +0x98
main.main()
        /Users/jsakai/go/src/awesomeProject/lesson.go:30 +0xc4
```

このように、「wg.Add(1)」をしたら、「wg.Done()」を忘れずに実行する必要があります。「wg.Done()」の実行を忘れないように、できればdeferを使って先に書いておきましょう。

コード:c5_1_10(抜粋) **defer wg.Done()**

```go
func goroutine(s string, wg *sync.WaitGroup) {
    defer wg.Done()                              // defer で先に書く
    for i := 0; i < 5; i++ {
        // time.Sleep(100 * time.Millisecond)
        fmt.Println(s)
    }
}
⋮
func main() {
    var wg sync.WaitGroup
    wg.Add(1)
    go goroutine("world", &wg)
    normal("hello")
    // time.Sleep(2000 * time.Millisecond)
    wg.Wait()
}
```

実行結果

```
hello
hello
hello
hello
hello
world
world
world
world
world
```

5-2 チャネルでゴルーチンと値のやりとりをしよう

並行で実行したゴルーチンと値の受け渡しをしたい場合、関数やメソッドのようにretrunで値を返すという方法でやりとりすることはできません。ゴルーチンの間では、代わりにChannel（チャネル）を使ってデータを受け渡しします。ここでは、チャネルの基本的な使い方について説明していきます。

チャネルを使って値をやりとりしよう

ゴルーチン間のデータのやりとりに用いる **Channel**（チャネル）について説明していきます。
最初に、前節のコードをあらためて見てみましょう。

コード：c5_2_1（抜粋） **ゴルーチン**

```go
func goroutine(s string, wg *sync.WaitGroup) {
    for i := 0; i < 5; i++ {
        // time.Sleep(100 * time.Millisecond)
        fmt.Println(s)
    }
    wg.Done()
}

func normal(s string) {
    for i := 0; i < 5; i++ {
        // time.Sleep(100 * time.Millisecond)
        fmt.Println(s)
    }
}

func main() {
    var wg sync.WaitGroup
    wg.Add(1)
    go goroutine("world", &wg)
    normal("hello")
    // time.Sleep(2000 * time.Millisecond)
    wg.Wait()
}
```

main関数からゴルーチンを作り、goroutine関数の中で「world」を5回表示させています。このとき、main関数とgoroutine関数の間ではデータのやりとりはしていません。

ゴルーチン間でデータをやりとりする場合、returnでは並行で動かしているゴルーチンから値を返すことができません。**ゴルーチン間でデータを受け渡すためには、チャネルを使う必要があります。** データのやりとりは次の図のようなイメージです。

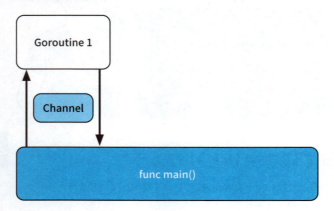

なお、main関数もゴルーチンによって動いています。main関数を動かすゴルーチンのことを**メインゴルーチン**といいます。

チャネルを使ったデータのやりとり

実際にコードを書いてみましょう。まず、main関数でint型のスライスを作ります。

次に**make関数**でチャネルを作ります。「c := make(chan int)」とすると、int型のチャネル (chan) が変数cに代入されます。チャネルを作る際は、make関数の引数を「chan データ型」のように書いて、やりとりするデータ型を指定します。

作ったチャネルをゴルーチンに引数として渡します。そして、チャネルでゴルーチンから値を受け取って変数xに格納するために、**<- 演算子**を使って「x := <-c」と書きます。

コード:c5_2_2(抜粋) **チャネル**

```
func main() {
    s := []int{1, 2, 3, 4, 5}
    c := make(chan int)         チャネルを宣言
    go goroutine1(s, c)         ゴルーチンにチャネルを渡す
    x := <-c                    チャネルから値を受け取って変数xに代入する
    fmt.Println(x)
}
```

続いて、ゴルーチンで実行するための、int型のスライスとチャネルを引数とするgoroutine1関数を作ります。

関数内で変数sumを0で初期化し、for文とrangeでスライスsを読み込みます。vの値をループで変数sumに足し合わせていきます。最後に、<-演算子を使って「c <- sum」と書くことで、変数sumの値をチャネルに送信します。

コードを実行すると、スライスの値（1から5まで）を足した15が表示されました。

コード：c5_2_2（抜粋）　チャネル
```
func goroutine1(s []int, c chan int) {
    sum := 0
    for _, v := range s {
        sum += v
    }
    c <- sum
}
```

実行結果
```
15
```

main関数の「x := <-c」は、goroutine1関数の「c <- sum」で変数sumのデータがチャネルに入ってくるまで待機（ブロッキング）してくれます。**データが入ってきてから次の処理を行う**ので、P.158のようにsync.WaitGroupで待つ必要はありません。

複数のゴルーチンとのチャネル

追加で関数を作成し、main関数で受信するデータをもう1つ増やしてみます。

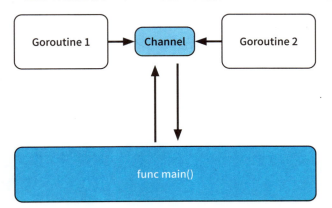

わかりやすくするために、中の処理はgoroutine1関数と同じにし、関数名だけgoroutine2と書き換えた関数を作ります。goroutine1関数とgoroutine2関数は、それぞれ「c <- sum」で、同じチャネルにデータを渡します。

コード：c5_2_3（抜粋）　複数のゴルーチンとのチャネル
```
func goroutine2(s []int, c chan int) {
    sum := 0
    for _, v := range s {
        sum += v
    }
    c <- sum
}
```

main関数では、goroutine2関数の引数にスライスとチャネルを指定し、goをつけて実行します。さらに、データをもう1つ受信する変数yを作り、「y := <-c」でチャネルからデータを受け取ります。

実行すると、2つの関数から受け取ったデータがそれぞれ表示されました。

コード：c5_2_3（抜粋） 複数のゴルーチンとのチャネル

```
func main() {
    s := []int{1, 2, 3, 4, 5}
    c := make(chan int)
    go goroutine1(s, c)
    go goroutine2(s, c)
    x := <-c
    fmt.Println(x)
    y := <-c
    fmt.Println(y)
}
```

実行結果

```
15
15
```

goroutine1関数からは「x := <-c」、goroutine2関数からは「y := <-c」でそれぞれデータを順番に受信しています。チャネルに対して先に送信されたデータを先に受信するため、チャネルは**キュー**のような先入先出（FIFO）のデータ構造というイメージを持つとわかりやすいかもしれません。

同じ関数のゴルーチンを複数呼び出す際のチャネル

goroutine1関数のゴルーチンを複数実行し、それぞれの値をチャネルで受け取ってみましょう。

コード：c5_2_4（抜粋） 同じ関数のゴルーチンを複数実行する

```
func goroutine1(s []int, c chan int) {
    sum := 0
    for _, v := range s {
        sum += v
    }
    c <- sum
}

func main() {
    s := []int{1, 2, 3, 4, 5}
    c := make(chan int)
    go goroutine1(s, c)
    go goroutine1(s, c)
    x := <-c
    fmt.Println(x)
    y := <-c
```

```
    fmt.Println(y)
}
```

```
実行結果
15
15
```

このようなコードは、1つの処理を何回か実行したいときなどに使います。

また、今回はint型のチャネルを1つ作りましたが、1つはint型のチャネル、もう1つはstring型のチャネルといったように、異なる型のチャネルを複数作る場合もあります。

バッファありチャネルを使って値をやりとりしよう

これまで作ったチャネルは **unbuffered channel（バッファなしチャネル）** といい、**バッファ**（チャネルに入る値の数）を指定せずに作ったチャネルです。それに対して、バッファを指定したチャネルが **buffered channel（バッファありチャネル）** です。

バッファありチャネルを作ってみましょう。「ch := make(chan int, 2)」と書いて、変数chにmakeでチャネルを作ります。作成時に、型をint型に指定しているのに加え、バッファを2と指定しています。

このチャネルに「ch <- 100」と書いて100を渡し、「fmt.Println(len(ch))」で要素数を表示すると、1が表示されます。

コード：c5_2_5（抜粋） バッファありチャネル
```
func main() {
    ch := make(chan int, 2)
    ch <- 100
    fmt.Println(len(ch))
}
```

```
実行結果
1
```

次に、「ch <- 200」と書いて200を渡し、再び要素数を表示すると、2が表示されます。

コード：c5_2_6（抜粋） バッファありチャネル
```
func main() {
    ch := make(chan int, 2)
    ch <- 100
    fmt.Println(len(ch))
    ch <- 200
    fmt.Println(len(ch))
}
```

```
実行結果
1
2
```

同様に、「ch <- 300」と書いて300を渡します。すると、このチャネルはバッファが2つまでなので、3つ目の値を入れようとするとエラーとなります。

___コード:c5_2_7（抜粋）___ **バッファありチャネル**

```go
func main() {
    ch := make(chan int, 2)
    ch <- 100
    fmt.Println(len(ch))
    ch <- 200
    fmt.Println(len(ch))
    ch <- 300
    fmt.Println(len(ch))
}
```

実行結果

```
1
2
fatal error: all goroutines are asleep - deadlock!

goroutine 1 [chan send]:
main.main()
    /Users/jsakai/go/src/awesomeProject/lesson.go:13 +0x194
```

エラーを回避するために、「ch <- 300」でチャネルに値を送信する前に、「x := <-ch」で受信をして値を取り出します。取り出したあとのチャネルの要素数は1なので、「ch <- 300」で300を渡してもエラーになりません。

___コード:c5_2_8（抜粋）___ **バッファありチャネル**

```go
func main() {
    ch := make(chan int, 2)
    ch <- 100
    fmt.Println(len(ch))
    ch <- 200
    fmt.Println(len(ch))

    x := <-ch       ── チャネルから値を1つ取り出して変数xに代入する
    fmt.Println(x)

    fmt.Println(len(ch))

    ch <- 300
    fmt.Println(len(ch))
}
```

実行結果

```
1
2
100             ── チャネルから取り出した変数xの値
1               ── 「x := <-ch」で値を取り出したあとのチャネルの長さ
2
```

rangeとcloseでチャネルから値を取り出そう

以前（P.166）のバッファなしチャネルのコードをもう一度実行してみます。

コード：c5_2_9（抜粋） チャネル

```
func goroutine1(s []int, c chan int) {
    sum := 0
    for _, v := range s {
        sum += v
    }
    c <- sum
}

func main() {
    s := []int{1, 2, 3, 4, 5}
    c := make(chan int)
    go goroutine1(s, c)
    go goroutine1(s, c)
    x := <-c
    fmt.Println(x)
    y := <-c
    fmt.Println(y)
}
```

実行結果

```
15
15
```

このコードでは、goroutine1関数でスライスの中身をすべて合計してからチャネルに渡しています。これを、合計していく途中過程もチャネルに送信して表示してみましょう。データの受け渡しを図にすると、次のようなイメージです。

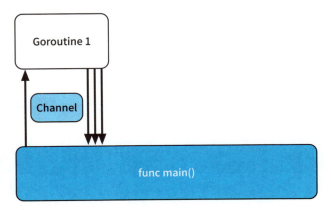

まず、goroutine1関数におけるチャネルへの送信処理「c <- sum」をfor文の中に書き、ループごとにチャネルに値を送信します。

```go
func goroutine1(s []int, c chan int) {
    sum := 0
    for _, v := range s {
        sum += v
        c <- sum         ← for文の中に書く
    }
}
```

main関数内では、2つ目の「go goroutine1」より下のコードを消して、「for i := range c {fmt.Println(i)}」と書きます。

```go
func main() {
    s := []int{1, 2, 3, 4, 5}
    c := make(chan int)
    go goroutine1(s, c)
    for i := range c {    ← for文でチャネルから1つずつ値を取り出す
        fmt.Println(i)
    }
}
```

ただし、rangeはチャネルから値が送られてくるのを待ち続けてしまうので、チャネルにもうこれ以上値を送信しないということを伝えるためにclose（クローズ）をする必要があります。goroutine1関数のfor文の処理が終わったら「close(c)」と書いてチャネルを閉じましょう。

```go
func goroutine1(s []int, c chan int) {
    sum := 0
    for _, v := range s {
        sum += v
        c <- sum
    }
    close(c)             ← チャネルを閉じる
}
```

実行結果
```
1
3
6
10
15
```

なお、チャネルをcloseしなかった場合、goroutine1関数の処理が終わってもrangeで値を取りにいこうとしてしまい、エラーになります。

> **Point** バッファの数を指定する

チャネルで送る値の数がすでにわかっていれば、「len(s)」とバッファにスライスの長さを渡すこともできます。チャネルをメモリ上に確保しておきたい場合に、このように作ることがあります。

コード:c5_2_11(抜粋) **チャネル**

```
func main() {
    s := []int{1, 2, 3, 4, 5}
    c := make(chan int, len(s))        バッファの数を「len (s)」で指定
    go goroutine1(s, c)
    for i := range c {
        fmt.Println(i)
    }
}
```

実行結果
```
1
3
6
10
15
```

バッファありチャネルからrangeで値を取り出す

P.167のバッファありチャネルのコードからも、rangeでバッファを取り出してみましょう。まず、「for c := range ch」と書いて値を1つずつ取り出そうとすると、チャネルをcloseしていないのでエラーになります。

コード:c5_2_12(抜粋) **forループでバッファを取り出す**

```
func main() {
    ch := make(chan int, 2)
    ch <- 100
    fmt.Println(len(ch))
    ch <- 200
    fmt.Println(len(ch))

    for c := range ch {
        fmt.Println(c)
    }
}
```

実行結果
```
1
2
100
200
fatal error: all goroutines are asleep - deadlock!

goroutine 1 [chan receive]:
```

```
main.main()
    /Users/jsakai/go/src/awesomeProject/lesson.go:23 +0x19c
```

チャネルから2つ目の値を取り出したあとに、3つ目のチャネルを取り出そうとしてしまい、値がなくて取り出せないためエラーになっています。

closeすることで、チャネルがこれ以上読み込みをしなくなります。closeして実行すると、エラーもなく100、200が表示されました。

コード：c5_2_13（抜粋） **forループでバッファを取り出す**

```go
func main() {
    ch := make(chan int, 2)
    ch <- 100
    fmt.Println(len(ch))
    ch <- 200
    fmt.Println(len(ch))
    close(ch)            ──── チャネルを閉じる

    for c := range ch {
        fmt.Println(c)
    }
}
```

実行結果

```
1
2
100
200
```

5-3 2つのゴルーチンで値を送受信しよう

プログラムにおいて、値を送信する関数などの処理をProducer、受信する処理をConsumerと呼ぶことがあります。ここでは、Goで複数のゴルーチンにProducerとConsumerの役割を持たせた場合の並行処理のプログラムについて説明していきます。

ProducerとConsumerのゴルーチンを作ろう

Producerと**Consumer**という2つの役割を持つゴルーチンを作っていきます。

まずは次の図を見てみましょう。main関数からProducerのゴルーチンをいくつか並行で走らせて実行し、結果をチャネルに入れます。チャネルからConsumerのゴルーチンに渡して、データの処理を行います。

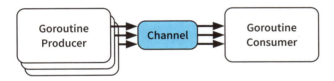

たとえば、いろいろなサーバーからログの解析結果をProducer側で取得し、Consumer側に渡してログの処理や保存をするようなアプリケーションなどのイメージです。

Producerの処理

実際にコードを書いていきましょう。まず、チャネルを通して値をconsumer関数のゴルーチンに送るproducer関数を作ります。今回は単純に、引数の値iに2を掛けるという処理をしてチャネルに送信します。

```go
func producer(ch chan int, i int) {
    //Something
    ch <- i * 2
}
```
コード:c5_3_1(抜粋) Producerの処理

Consumerの処理

続いて、producer関数のゴルーチンからチャネルで受け取った値を処理するconsumer関数を作ります。チャネルの値をrangeで取り出して処理をします。ここでは、文字列の「process」と、iに1000を掛けた値を表示しています。

また、処理が終わったら、producer関数から渡された値の処理が終わったということを伝えるため、「wg.Done()」を実行します。

```go
func consumer(ch chan int, wg *sync.WaitGroup) {
    for i := range ch {
        fmt.Println("process", i*1000)
        wg.Done()
    }
}
```
コード:c5_3_1(抜粋) Consumerの処理

main関数の処理

main関数では、まずsync.WaitGroupを宣言します。また、チャネルを「ch := make(chan int)」と書いて作ります。

```go
func main() {
    var wg sync.WaitGroup
    ch := make(chan int)
```
コード:c5_3_1(抜粋) main関数の処理

続いて、producer関数をfor文で10回呼び出します。ループの中で、Consumerに値を渡すときにすべて渡せたかを確認するため、wg.Add(1)を書きます。その後、ゴルーチンを呼び出してproducer関数を実行します。

```go
    // Producer
    for i := 0; i < 10; i++ {
        wg.Add(1)
        go producer(ch, i)
    }
```
コード:c5_3_1(抜粋) main関数の処理

consumer関数の引数にチャネルとWaitGroupを渡して実行します。その後、consumer関数がproducer関数から送られてくる値をすべて受け取るまで「wg.Wait()」で待ちます。最後に、「close(ch)」でチャネルを閉じます。

```go
    // Consumer
    go consumer(ch, &wg)
    wg.Wait()
    close(ch)
}
```

全体のコードは次のようになります。

コード：c5_3_1 **Producer-Consumer パターン**

```go
package main

import (
    "fmt"
    "sync"
)

func producer(ch chan int, i int) {
    //Something
    ch <- i * 2
}

func consumer(ch chan int, wg *sync.WaitGroup) {
    for i := range ch {
        fmt.Println("process", i*1000)
        wg.Done()
    }
}

func main() {
    var wg sync.WaitGroup
    ch := make(chan int)

    // Producer
    for i := 0; i < 10; i++ {
        wg.Add(1)
        go producer(ch, i)
    }

    // Consumer
    go consumer(ch, &wg)
    wg.Wait()
    close(ch)
}
```

実行結果

```
process 0
process 4000
process 2000
process 6000
```

```
process 8000
process 10000
process 14000
process 12000
process 16000
process 18000
```

producer関数のゴルーチンを呼び出す際に「wg.Add(1)」を10回実行したので、consumer関数のゴルーチンで「wg.Done()」が10回実行されるまで、main関数の「wg.Wait()」で待ち続けます。

ゴルーチンでrangeがチャネルを待ち続けてしまう場合

P.170でも説明したように、consumer関数のゴルーチンでは、チャネルに値が送信されてくるのをrangeで待ち続けてしまうので、main関数の最後に「close(ch)」を実行してチャネルを閉じます。

consumer関数のfor文の外に「fmt.Println("#####")」を書いてみましょう。実行すると、「#####」が表示されません。

コード：c5_3_2（抜粋） **チャネルのClose**

```
func consumer(ch chan int, wg *sync.WaitGroup) {
    for i := range ch {
        fmt.Println("process", i*1000)
        wg.Done()
    }
    fmt.Println("#####")  ── for文が終わったら文字列を表示
}
```

実行結果

```
process 0
process 6000
process 2000
process 4000
process 12000
process 8000
process 10000
process 16000
process 14000
process 18000
```

これは、cousumer関数の「fmt.Println("#####")」を行う前にコードが終了してしまうためです。

main関数の「close(ch)」の下に、Sleepで2秒間待つ処理を書いて、終わったら「Done」と表示しましょう。実行すると、「#####」と「Done」が表示されました。

コード：c5_3_3（抜粋） **チャネルのClose**

```
import (
```

```
    "fmt"
    "sync"
    "time"                          time をインポート
)
  ⋮
    // Consumer
    go consumer(ch, &wg)
    wg.Wait()
    close(ch)
    time.Sleep(2 * time.Second)     2秒間待つ
    fmt.Println("Done")             「Done」と表示
```

```
実行結果
process 0
process 2000
process 4000
process 6000
process 8000
process 10000
process 12000
process 14000
process 16000
process 18000
#####
Done
```

ここで、「close(ch)」をしないとどうなるか試してみましょう。

コード:c5_3_4(抜粋)　チャネルのclose

```
    // Consumer
    go consumer(ch, &wg)
    wg.Wait()
    // close(ch)                    「close(ch)」をコメントアウト
    time.Sleep(2 * time.Second)
    fmt.Println("Done")
```

```
実行結果
process 0
process 6000
process 2000
process 4000
process 12000
process 8000
process 10000
process 18000
process 14000
process 16000
Done
```

実行すると、「#####」が表示されないことがわかります。

consumer関数で10回処理が終わったら、「wg.Wait()」で待っているmain関数に処理が終わったことが伝わります。

　続く「time.Sleep(2 * time.Second)」と「fmt.Println("Done")」を実行してmain関数は終了します。一方で、チャネルがcloseされていないため、rangeはまだ値を待ち続けています。なので、**consumer関数のforループが終了せずにコードが終わってしまいました。**

　このような場合があるので、rangeでチャネルから値を取り出す場合は、closeを忘れないようにしましょう。

> **Point　wg.Done()をdeferで実行する**
>
> 　consumer関数の処理がうまくいかなかった場合は、「wg.Done()」が呼ばれません。この対処方法として、for文の中に関数内関数を作って処理を書き、wg.Done()をdeferで書き換えます。
>
> コード：c5_3_5（抜粋）　チャネルのclose
> ```
> func consumer(ch chan int, wg *sync.WaitGroup) {
>     for i := range ch {
>         func() {
>             defer wg.Done()
>             fmt.Println("process", i*1000)
>         }()
>     }
>     fmt.Println("#####")
> }
> ```
>
> 　少し細かい話ではありますが、このように関数内関数で書く方法も覚えておきましょう！

5-4 pipelineによる並行処理

並行処理のプログラムの作り方はさまざまですが、その中の1つにpipeline（パイプライン）というものがあります。Goでは、複数のチャネルを用意し、順番に値を渡していくような並行処理をpipelineといいます。ここでは、pipelineについてコード例とともに簡単に説明していきます。

pipelineを使って並行処理をしよう

並行処理の方法の1つである、**pipeline**パターンについて説明していきます。

最初に、次の図を見てみましょう。main関数からゴルーチンを1つ立ち上げます。最初に立ち上げたゴルーチンが処理をします。処理した結果をチャネルに渡して、次のゴルーチンで処理をします。これを繰り返して最終結果をmain関数に渡します。

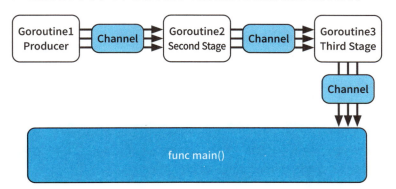

この流れを踏まえて実際にコードを書いていきましょう。まず、main関数でfirst、second、thirdという名前の3つのチャネルを作ります。

コード：c5_4_1（抜粋） **pipeline**

```go
func main() {
    first := make(chan int)
    second := make(chan int)
    third := make(chan int)
```

最初のゴルーチンとして実行するproducer関数は、チャネルのfirstを引数とします。producer関数では、forループでiを0から10まで値を増やして、iの値をfirstのチャネルに渡します。

渡し終わったら、「defer close(first)」でチャネルを閉じます。

コード：c5_4_1（抜粋） **pipeline**
```
func producer(first chan int) {
    defer close(first)
    for i := 0; i < 10; i++ {
        first <- i
    }
}
```

2つ目のゴルーチンとして、値に2を掛ける処理を行うmulti2関数を書きます。引数にはfirstとsecondのチャネルを渡します。firstのチャネルからrangeで値を取ってきて、2を掛けてからsecondのチャネルに渡します。先ほどと同様にdeferでcloseをします。

コード：c5_4_1（抜粋） **pipeline**
```
func multi2(first chan int, second chan int) {
    defer close(second)
    for i := range first {
        second <- i * 2        ── 2を掛ける
    }
}
```

3つ目のゴルーチンは、値に4を掛ける処理のmulti4関数です。引数にはsecondとthirdのチャネルを渡します。secondのチャネルからrangeで値を取ってきて、4を掛けてthirdのチャネルに渡してcloseします。

コード：c5_4_1（抜粋） **pipeline**
```
func multi4(second chan int, third chan int) {
    defer close(third)
    for i := range second {
        third <- i * 4        ── 4を掛ける
    }
}
```

main関数で、3つの関数をそれぞれゴルーチンとして実行します。最後に、thirdのチャネルをmain関数で受信するので、for文とrangeで出力します。

全体のコードは次の通りです。

コード：c5_4_1 **pipeline**
```
package main

import "fmt"

func producer(first chan int) {
    defer close(first)
    for i := 0; i < 10; i++ {
        first <- i
    }
}
```

```go
func multi2(first chan int, second chan int) {
    defer close(second)
    for i := range first {
        second <- i * 2
    }
}

func multi4(second chan int, third chan int) {
    defer close(third)
    for i := range second {
        third <- i * 4
    }
}

func main() {
    first := make(chan int)
    second := make(chan int)
    third := make(chan int)

    go producer(first)
    go multi2(first, second)
    go multi4(second, third)
    for result := range third {
        fmt.Println(result)
    }
}
```

実行結果

```
0
8
16
24
32
40
48
56
64
72
```

　実行すると、producer関数で送信された0から9までの値に、multi2関数で2を掛け、さらにmulti4関数で4を掛けた値が表示されます。
　このように、ゴルーチンの処理を分けることでプログラムを書きやすくなります。
　たとえば、ユーザー10人に対して、「パーミッションを与える」「それぞれのユーザーにEメールを返す」などの処理を分けることで、チャネルに1人目のユーザーが与えられたらすぐに次のステージに渡す、などといった処理ができます。

> **Point** 明示的なチャネルの受信／送信の宣言
>
> multi2関数では、firstのチャネルから受信して、secondのチャネルに送信しています。このとき、引数を書く際に、受信するチャネルならchanの左側に、送信するチャネルならchanの右側に「<-」を書くことで、チャネルの受信／送信を明示的に指定することもできます。
>
> ─────────────── コード：c5_4_2 ─ 明示的な送受信
> ```
> func multi2(first <-chan int, second chan<- int) {
> ```
>
> このように明示的にチャネルの受信／送信を書くと、関数の1行目を読むだけで、どのチャネルが受信／送信なのかがわかりやすいので、迷わなくてすみます。この書き方も覚えておきましょう。
> なお、受信するチャネルの右側や、送信するチャネルの左側に「<-」を書くとエラーになります。

5-5 selectでチャネルに応じた処理をしよう

複数のチャネルを使って複数のゴルーチンとやりとりするとき、受信したチャネルによって処理を分岐させたい場合があります。その場合、selectを使うことで、チャネルごとの処理を書くことができます。ここでは、selectを用いたプログラムがどのようなものかについて説明していきます。

selectの使い方を学ぼう

次のコードは、P.166で使用したコードです。

コード:c5_5_1（抜粋） チャネル

```
func goroutine1(s []int, c chan int) {
    sum := 0
    for _, v := range s {
        sum += v
    }
    c <- sum
}

func main() {
    s := []int{1, 2, 3, 4, 5}
    c := make(chan int) // 15, 15
    go goroutine1(s, c)
    go goroutine1(s, c)
    x := <-c
    fmt.Println(x)
    y := <-c
    fmt.Println(y)
}
```

main関数の「s := []int{1, 2, 3, 4, 5}」でスライスを作り、「c := make(chan int)」でチャネルを1つ作りました。これを2つのゴルーチンに渡し、ゴルーチンで処理をした結果をまたチャネルに入れて、main関数で受信しています。

「x := <-c」でチャネルからデータを受信して変数xに代入していますが、データの送受信が完了するまではゴルーチンが待機状態（ブロッキング）になります。

このコードは、次の図のようなイメージです。

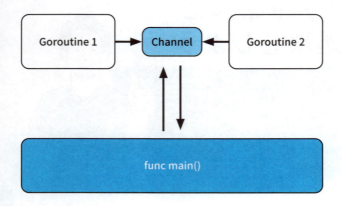

上の図では、1つのチャネルで複数のゴルーチンとデータをやりとり（通信）していました。それに対して、今回は下の図のような、複数のチャネルで複数のゴルーチンと通信するコードを作っていきます。

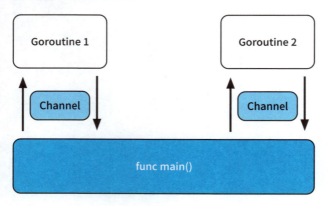

複数のゴルーチンがありますが、それぞれ別チャネルでデータを受信します。たとえば、複数のゴルーチンからネットワークのパケットを受信するような処理のイメージです。このとき、それぞれの処理をブロッキングしないように、**select**（セレクト）を使います。

実際にコードを書いていきましょう。まず、string型のチャネルを2つ作り、goroutine1関数とgoroutine2関数に渡してゴルーチンで実行します。

コード：c5_5_2（抜粋） select

```
func main() {
    c1 := make(chan string)
    c2 := make(chan string)
    go goroutine1(c1)
    go goroutine2(c2)
```

goroutine1関数の中では、for文で無限ループを作り、「ch <- "packet from 1"」と書いて、チャネルに文字列「packet from 1」を送信します。これは、ネットワークから来るパケットを延々と取り続けてチャネルに送るイメージです。また、次に来るパケットまで時間が掛かるという想定で、Sleepで1秒待つ処理も書きます。

コード：c5_5_2（抜粋） **select**

```
func goroutine1(ch chan string) {
    for {
        ch <- "packet from 1"
        time.Sleep(1 * time.Second)
    }
}
```

goroutine2関数も同様に書いて、送信する文字列を「packet from 2」と書き換えます。

コード：c5_5_2（抜粋） **select**

```
func goroutine2(ch chan string) {
    for {
        ch <- "packet from 2"
        time.Sleep(1 * time.Second)
    }
}
```

main関数で受信するには、for文で次のようにselectを使います。selectの中にcaseで、c1が来た場合とc2が来た場合で分けます。

コード：c5_5_2（抜粋） **select**

```
for {
    select {
    case msg1 := <-c1:
        fmt.Println(msg1)
    case msg2 := <-c2:
        fmt.Println(msg2)
    }
}
```

全体のコードは次の通りです。実行すると、「packet from 1」と「packet from 2」が繰り返し表示されます。

コード：c5_5_2 **select**

```
package main

import (
    "fmt"
    "time"
)
```

```go
func goroutine1(ch chan string) {
    for {
        ch <- "packet from 1"
        time.Sleep(1 * time.Second)
    }
}

func goroutine2(ch chan string) {
    for {
        ch <- "packet from 2"
        time.Sleep(1 * time.Second)
    }
}

func main() {
    c1 := make(chan string)
    c2 := make(chan string)
    go goroutine1(c1)
    go goroutine2(c2)

    for {
        select {
        case msg1 := <-c1:
            fmt.Println(msg1)
        case msg2 := <-c2:
            fmt.Println(msg2)
        }
    }
}
```

実行結果

```
packet from 1
packet from 2
packet from 2
packet from 1
packet from 1
packet from 2
︙
```

表示を確認したら、無限ループなので処理を停止しましょう。

ここで、goroutine1関数のtime.Sleepを1秒から3秒にします。片方のゴルーチンでデータが送信されない状態でも、もう片方のゴルーチンの処理はブロッキングされないので、問題なく表示されます。goroutine1関数は3秒ごと、goroutine2関数は1秒ごとにデータが送信されるので、goroutine2関数のほうが多く表示されます。

コード:c5_5_3(抜粋) select

```go
func goroutine1(ch chan string) {
    for {
        ch <- "packet from 1"
        time.Sleep(3 * time.Second)  // 3秒ごとにする
    }
}
```

実行結果

```
packet from 1
packet from 2
packet from 2
packet from 2
packet from 1
packet from 2
packet from 2
packet from 2
︙
```

> **Point** チャネルの型が異なる場合

goroutine2関数に渡すチャネルの型をint型にしてみましょう。この場合でも問題なく表示されます。packet from 1と100が受信されています。

コード:c5_5_4(抜粋) select

```go
func goroutine2(ch chan int) {   // int型のチャネルにする
    for {
        ch <- 100
        time.Sleep(1 * time.Second)
    }
}

func main() {
    c1 := make(chan string)
    c2 := make(chan int)   // int型のチャネルにする
    go goroutine1(c1)
    go goroutine2(c2)
```

実行結果

```
packet from 1
100
100
100
packet from 1
100
100
100
︙
```

5-6 selectでdefaultとbreakを使おう

selectではチャネルに応じてそれぞれの処理を作りましたが、どのチャネルでもないときの処理はdefaultを使って書くことができます。ここではselectを使った処理におけるdefaultの使用例を説明します。また、for文とselect文を使うときにラベルを使って途中で処理を抜ける方法についてもあわせて説明します。

selectとdefaultでどのチャネルでもない処理を書こう

selectで**defalut**を使うと、どのチャネルでもないときに実行したい処理を書けます。ここでは、「A Tour of Go」というGoの公式チュートリアルで公開されているコードを例に説明していきます。

URL https://go.dev/tour/concurrency/6

コピーして実行すると、「tick.」などが表示されて、最後に「BOOM!」で終了します。

コード:c5_6_1(抜粋) Default Selection

```
import (
    "fmt"
    "time"
)

func main() {
    tick := time.Tick(100 * time.Millisecond)
    boom := time.After(500 * time.Millisecond)
    for {
        select {
        case <-tick:
            fmt.Println("tick.")
        case <-boom:
            fmt.Println("BOOM!")
            return
        default:
            fmt.Println("    .")
            time.Sleep(50 * time.Millisecond)
        }
    }
}
```

実行結果

```
    .
    .
```

```
tick.
   .
   .
tick.
   .
   .
tick.
   .
   .
tick.
   .
   .
tick.
BOOM!
```

time.Tick と **time.After** は、それぞれ設定した時間に値が送信されるチャネルを返します。time.Tickは設定した時間ごとに周期的にチャネルへと値を送信し、time.Afterは設定した時間が経過したタイミングで値を送信します。ここでは、time.Tickで100ミリ秒ごと、time.Afterで500ミリ秒後に値を送信するチャネルを作成しています。

設定した時間でチャネルに送信されたデータは、selectでチャネルごとに処理されます。

どちらのcaseでもない場合、defaultで「.」が表示されたあと50ミリ秒待機してから次のループに進みます。「BOOM!」が表示されたあとは、returnで終了します。

> **Point** time.Tickとtime.Afterの中身
>
> 「tick := time.Tick(100 * time.Millisecond)」のTickを選択してF12キーで中身を見てみると、返り値がTimeのチャネルであることがわかります。

参考 time.Tick
```
func Tick(d Duration) <-chan Time {
    if d <= 0 {
        return nil
    }
    return NewTicker(d).C
}
```

同様に、time.Afterの中身も確認してみると、こちらの返り値もTimeのチャネルです。

参考 time.After
```
func After(d Duration) <-chan Time {
    return NewTimer(d).C
}
```

> **Point** time.Tickから受信した値を使用する場合

P.188のコードでは、time.Tickのチャネルから受信してくる値はcaseの中で使用していません。そのため、「case <-tick:」として受信した値を特に変数に入れていません。

受信した値を表示するには、次のようにcaseで変数に入れます。実行すると、受信した値（時刻）が合わせて表示されます。

コード：c5_6_2（抜粋） **Default Selection**

```go
func main() {
    tick := time.Tick(100 * time.Millisecond)
    boom := time.After(500 * time.Millisecond)
    for {
        select {
        case t := <-tick:        ── チャネルから受信した値をtに入れる
            fmt.Println("tick.", t)
        ⋮
```

実行結果

```
⋮
tick. 2024-04-18 17:32:41.395876 +0900 JST m=+0.101148209
⋮
tick. 2024-04-18 17:32:41.49588 +0900 JST m=+0.201153959
⋮
tick. 2024-04-18 17:32:41.595854 +0900 JST m=+0.301128626
⋮
tick. 2024-04-18 17:32:41.695884 +0900 JST m=+0.401159126
⋮
BOOM!
```

受信した値を使う必要がなければ、caseで格納先の変数を書かない選択肢もあることを覚えておいてください。

for文とselect文を途中で抜けよう

たとえば、for文の外に、「fmt.Println("#############")」と書いて実行しても先ほどと表示結果は変わりません。これは、**returnの時点で処理が終了**してしまい、そのあとの「fmt.Println("#############")」は実行されないためです。

コード：c5_6_3（抜粋） **for break**

```go
func main() {
    tick := time.Tick(100 * time.Millisecond)
    boom := time.After(500 * time.Millisecond)
```

```
    for {
        select {
        case <-tick:
            fmt.Println("tick.")
        case <-boom:
            fmt.Println("BOOM!")
            return
        default:
            fmt.Println("    .")
            time.Sleep(50 * time.Millisecond)
        }
    }
    fmt.Println("##############")     ← for 文の外に処理を書く
}
```

実行結果

```
    .
    .
tick.
    .
    .
tick.
    .
    .
tick.
    .
    .
tick.
    .
    .
tick.
BOOM!
```

returnの代わりにbreakを用いる

selectの中でreturnの代わりにbreakを書いた場合、for文から抜け出せず無限ループになってしまうので注意が必要です。試しに書いて実行してみると、無限ループになるので強制終了します。

コード：c5_6_4（抜粋） **for break**

```
func main() {
    tick := time.Tick(100 * time.Millisecond)
    boom := time.After(500 * time.Millisecond)
    for {
        select {
        case <-tick:
            fmt.Println("tick.")
        case <-boom:
            fmt.Println("BOOM!")
```

```
                break          ← return の代わりに break を書く
                // return
            default:
                fmt.Println("    .")
                time.Sleep(50 * time.Millisecond)
            }
        }
        fmt.Println("##############")
}
```

実行結果

```
    .
    .
tick.
    .
    .
tick.
    .
    .
tick.
    .
    .
tick.
    .
    .
BOOM!          ←「BOOM!」が表示されても for 文の処理が終わらない
tick.
    .
    .
tick.
    .
```

breakは、**最も内側のfor文、switch文、select文を抜けます**。そのため、breakでselect文を抜けることはできるのですが、その外側のfor文を抜けることはできません。

forループなしでdefault selection

次はforループとbreakを一旦コメントアウトして実行します。selectに入ってどちらでもないdefaultが表示されたあとはforループがないので、すぐ#（シャープ）が表示されます。

```go
func main() {
    tick := time.Tick(100 * time.Millisecond)
    boom := time.After(500 * time.Millisecond)
    // for {  ──── forループをコメントアウト
    select {
    case <-tick:
        fmt.Println("tick.")
    case <-boom:
        fmt.Println("BOOM!")
        // break ──── break をコメントアウト
        // return
    default:
        fmt.Println("    .")
        time.Sleep(50 * time.Millisecond)
    }
    // } ──── forループをコメントアウト
    fmt.Println("##############")
}
```

実行結果

```
    .              ──── dafault の処理が実行される
##############     ──── 「fmt.Println("##############")」が実行される
```

forループの外にbreak

今度はfor文の中でselect文の外に書きます。これを実行しても、先ほどと同様の結果になります。

```go
func main() {
    tick := time.Tick(100 * time.Millisecond)
    boom := time.After(500 * time.Millisecond)
    for {
        select {
        case <-tick:
            fmt.Println("tick.")
        case <-boom:
            fmt.Println("BOOM!")
            // break
            // return
        default:
            fmt.Println("    .")
            time.Sleep(50 * time.Millisecond)
        }
        break ──── select の外に break を書く
    }
    fmt.Println("##############")
}
```

> **実行結果**

```
      .
##############
```

Boolean型の変数を判定に使う

　よくないプログラムの例とされますが、Boolean型の変数を使ってfor文を途中で抜けることができます。

　for文を抜けるために、たとえばfor文の先頭に「isBreak := false」と書きます。「BOOM!」が表示されたら「isBreak = true」と書き、for文中のselect文の外に「if isBreak {break}」と書きます。これで実行すると、forループが実行されたあとに「##############」が表示されました。

> コード:c5_6_7(抜粋) **for break**

```go
func main() {
    tick := time.Tick(100 * time.Millisecond)
    boom := time.After(500 * time.Millisecond)
    for {
        isBreak := false            // isBreak に false を代入
        select {
        case <-tick:
            fmt.Println("tick.")
        case <-boom:
            fmt.Println("BOOM!")
            isBreak = true          // boom を受信したら isBreak に true を代入
            // break
            // return
        default:
            fmt.Println("    .")
            time.Sleep(50 * time.Millisecond)
        }
        if isBreak {                // isBreak の値を判定する
            break
        }
    }
    fmt.Println("##############")
}
```

> **実行結果**

```
    .
tick.
    .
    .
tick.
    .
    .
tick.
    .
```

```
   .
tick.
   .
   .
BOOM!
##############
```

ラベルを使用してforループを抜ける

Goではこのように書かなくても、**ラベル**を使うことでループを抜けることができます。

たとえば、for文の上に「OuterLoop:」と書いて、for文にOuterLoopという名前のラベルを設定します。続いて、OuterLoopラベルを設定した処理を抜けたい部分に「break OutLoop」と書きます。

実行すると、「break OuterLoop」でOuterLoopラベルが設定されたforループを抜け、そのあとの「fmt.Println("##############")」まで実行されています。

コード:c5_6_8(抜粋) **for break**

```go
func main() {
    tick := time.Tick(100 * time.Millisecond)
    boom := time.After(500 * time.Millisecond)
OuterLoop:                    ── for文に OuterLoop ラベルを作成する
    for {
        select {
        case <-tick:
            fmt.Println("tick.")
        case <-boom:
            fmt.Println("BOOM!")
            break OuterLoop        ── OuterLoop ラベルの範囲を抜ける
            // return
        default:
            fmt.Println("    .")
            time.Sleep(50 * time.Millisecond)
        }
    }
    fmt.Println("##############")
}
```

実行結果

```
   .
tick.
   .
   .
tick.
   .
   .
tick.
   .
```

```
     .
tick.
     .
     .
tick.
BOOM!
#############
```

このように、ラベルを使ってfor文とselect文のループから抜ける方法があることを覚えておきましょう。

> **Point** ラベルの名称
>
> ラベルの名前はどんな名前でも大丈夫です。次のコードのように、ラベルを「OuterLoop2」としても、同じ結果が表示されます。
>
> コード：c5_6_9（抜粋） **for break**
> ```
> func main() {
>     tick := time.Tick(100 * time.Millisecond)
>     boom := time.After(500 * time.Millisecond)
> OuterLoop2:
>     for {
>         select {
>         case <-tick:
>             fmt.Println("tick.")
>         case <-boom:
>             fmt.Println("BOOM!")
>             break OuterLoop2
>             // return
>         default:
>             fmt.Println("    .")
>             time.Sleep(50 * time.Millisecond)
>         }
>     }
>     fmt.Println("#############")
> }
> ```

5-7 sync.Mutexを使ったゴルーチンの処理

複数のゴルーチン間でのデータのやりとりにはチャネルを使ってきましたが、マップなどの値を異なるゴルーチンから読み込んだり、書き込んだりする場合、場合によっては同じタイミングで読み書きをしてしまうため、エラーが起こります。そのため、同時に読み書きが起こらないようにプログラムを調整する必要があります。ここでは、sync.Mutexを使って異なるゴルーチンから値を読み書きするための方法について説明していきます。

異なるゴルーチンから同じ構造体を書き換えよう

2つのゴルーチンで同じマップに書き込んでいくコードを書いてみましょう。

マップを作成し、ゴルーチンとして実行する関数をそのままmain関数内に書いていきます。for文でiが0から10までループを回し、マップの「c["key"]」に1を足していきます。最初はデフォルトの0が入っているので、ループを回して10までカウントをしていきます。最後に()をつけて実行します。

同じものをコピーして下に作っていきます。あとは、1秒待機し、「fmt.Println(c, c["Key"])」マップとKeyの値を表示します。

何度か実行すると、うまく表示されるときと、エラーが出るときがあります。同じマップに対して同時に書き込むと、「concurrent map writes」というエラーが出てしまいます。

コード：c5_7_1（抜粋） sync.Mutex

```
import (
    "fmt"
    "time"
)

func main() {
    c := make(map[string]int)
    go func() {
        for i := 0; i < 10; i++ {
            c["key"] += 1    ──── マップの値に1を足していく
        }
    }()
    go func() {              ──── 上と同じゴルーチンを作成
        for i := 0; i < 10; i++ {
            c["key"] += 1
        }
    }()
    time.Sleep(1 * time.Second)
    fmt.Println(c, c["Key"])
```

```
}
```

実行結果（正常終了時）
```
map[key:20] 0
```

実行結果（エラー時）
```
fatal error: concurrent map writes

goroutine 7 [running]:
main.main.func2()
    /Users/jsakai/go/src/awesomeProject/lesson.go:17 +0x49
created by main.main in goroutine 1
    /Users/jsakai/go/src/awesomeProject/lesson.go:15 +0xcd
```

sync.Mutex

2つのゴールーチンから、1つのマップを読み込んだり書き換えたりしようとすると、問題が起きるため、**sync.Mutex**を使う必要があります。

まず、Counterという名前の構造体を作り、その中でマップに加え、「mux sync.Mutex」というフィールドも書いておきます。

コード：c5_7_2（抜粋） sync.Mutex
```go
type Counter struct {
    v   map[string]int
    mux sync.Mutex        ── sync.Mutexのフィールドを作成
}
```

次に、Counterのメソッドとして、マップの値を更新するためのIncメソッドを書きます。マップの中身を書き換えるので、レシーバーは「c *Counter」とポインタ型にします。

メソッドの中で、「c.mux.Lock()」でロックをしてから、「c.v[key]++」でマップの値を更新して書き込みます。最後は、ロックを解除するために「c.mux.Unlock()」と書きます。

コード sync.Mutex
```go
func (c *Counter) Inc(key string) {
    c.mux.Lock()
    c.v[key]++
    c.mux.Unlock()
}
```

なお、Unlockはdefer文を使って「c.mux.Lock()」の下に書いても大丈夫です。

コード：c5_7_2（抜粋） sync.Mutex
```go
func (c *Counter) Inc(key string) {
    c.mux.Lock()
    defer c.mux.Unlock()
    c.v[key]++
}
```

このように書くことで、LockしてからUnlockするまでの間、**1つのゴルーチンが値を書き込んでいるときは、もう1つのゴルーチンは書き込むことができません**。

値を読み込むときも同様にLockとUnlockをします。Valueメソッドを作成し、LockとUnlockをしてマップの値を返します。

コード：c5_7_2（抜粋） sync.Mutex

```go
func (c *Counter) Value(key string) int {
    c.mux.Lock()
    defer c.mux.Unlock()
    return c.v[key]
}
```

main関数内ではCounter構造体を作り、ゴルーチン内でIncメソッドを呼び出して値を書き換えます。最後にValueメソッドで値を出力します。コード全体は次の通りです。

コード：c5_7_2 sync.Mutex

```go
package main

import (
    "fmt"
    "sync"
    "time"
)

type Counter struct {
    v   map[string]int
    mux sync.Mutex
}

func (c *Counter) Inc(key string) {
    c.mux.Lock()
    defer c.mux.Unlock()
    c.v[key]++
}

func (c *Counter) Value(key string) int {
    c.mux.Lock()
    defer c.mux.Unlock()
    return c.v[key]
}

func main() {
    c := Counter{v: make(map[string]int)}
    go func() {
        for i := 0; i < 10; i++ {
            c.Inc("Key")
        }
```

```
    }()
    go func() {
        for i := 0; i < 10; i++ {
            c.Inc("key")
        }
    }()
    time.Sleep(1 * time.Second)
    fmt.Println(c.v, c.Value("Key"))
}
```

実行結果
```
map[Key:10 key:10] 10
```

　これで何度実行してもエラーは出ません。このような、複数のゴルーチンから値を読み書きするときにsync.Mutexを使います。

Column

エンジニアのキャリア戦略①
シリコンバレーと日本の新人エンジニアの違い

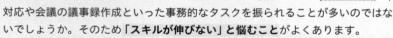

　日本の場合、エンジニアとして採用されても、入社直後から技術的な仕事を任されることはあまりなく、電話対応や会議の議事録作成といった事務的なタスクを振られることが多いのではないでしょうか。そのため**「スキルが伸びない」**と悩むことがよくあります。

　一方**アメリカでは、入社時点である程度のスキルを持っている**ことが前提になっています。多くのアメリカ企業では、学生の頃からインターンとして長期間働き、入社後はすぐにプログラミングなどの実務を任されます。たとえば、バグ修正や小さなコンポーネントの作成といったタスクを任されることで、その周辺技術を自然に学びながらスキルを伸ばしていきます。つまり、**仕事を通じて技術を磨いていく**スタイルが主流です。

　アメリカでは、自分に割り振られた仕事がスキルアップにつながらないと感じたら、すぐに転職してしまうエンジニアが多いです。それに対し、**日本では、新人の頃にスキルが大きく成長するような仕事が振られることは少なく、スキルアップに時間がかかる傾向**があります。どちらが正しいということではありませんが、日本とアメリカでは、新人エンジニアの成長過程や仕事に対する考え方に違いがあり、それぞれの文化に合ったキャリア形成が求められると思います。

Lesson 6

入門編

パッケージ

Goのコードはパッケージという単位で構成されます。自分で作成した別パッケージのコードを利用したり、Goの標準パッケージやサードパーティ製のパッケージを利用したりすることで、よりさまざまなコードを書くことができます。

6-1	**パッケージでコードを管理しよう**	202
6-2	**テストを実行しよう**	211
6-3	**コードの形式を整えよう**	215
6-4	**サードパーティのパッケージを利用しよう**	217
6-5	**ドキュメントを作成しよう**	221
6-6	**便利な標準パッケージを活用しよう**	227

6-1 パッケージでコードを管理しよう

今までは、mainパッケージに属する単独のファイルを使ってきました。ただし、コードの量が増えてくると、コードを他のファイルに書いて読み込みたくなると思います。ここでは、パッケージごとにファイルを分け、別のパッケージから関数や型を呼び出す方法について説明していきます。

パッケージ単位でコードを分けよう

　Goのコードは、1つまたは複数のファイルで構成される**パッケージ**という単位で管理します。これまでは、main関数があるmainパッケージのみを使用していましたが、ここでは新たにパッケージを作成し、コードを分けて書いてみましょう。

　今までは、awesomeProjectというフォルダのlesson.goというファイルを使用していましたが、このファイルを、main関数を使っていることをわかりやすくするために、名前をmain.goに書き換えましょう。これにより、ここからmain関数でコードがはじまるということが、ファイル名を見ただけでわかりやすくなりました。

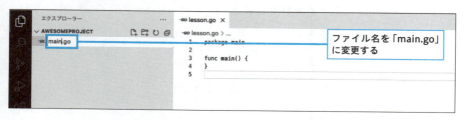

ファイル名を「main.go」に変更する

　続いて、ファイルが入っている「awesomeProject」フォルダの中に、新しくフォルダを作ります。名前は何でもよいのですが、今回は「mylib」という名前で作りましょう。新しいパッケージを作る際には、新しくフォルダを作る必要があり、パッケージ名とフォルダ名は対応させる必要があります。

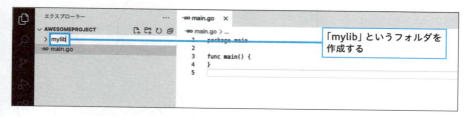

「mylib」というフォルダを作成する

ファイル名は、取り扱う関数名がわかりやすいように書くとよいでしょう。今回は、math.goというファイル名にして、数学関係のコードを書いていきます。

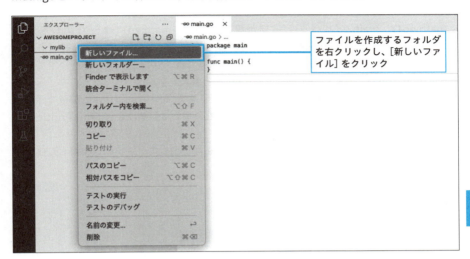

ファイルを作成するフォルダを右クリックし、[新しいファイル]をクリック

ファイル名を入力し、Enterを押して確定する

math.goの処理

math.goにコードを書いていきます。まず、1行目に「package mylib」とパッケージ名を書きます。これで、このファイルはmylibというパッケージに属しました。

math.goでは、int型のスライスを引数として平均値を返すAverage関数を作ります。rangeでスライスから値を取ってきて、変数totalに足していくforループを作ります。最後に、「total / len(s)」と平均値を算出して返り値にします。

コード：c6_1_1 / math.go

```go
package mylib      ── mylibパッケージであることを宣言

func Average(s []int) int {
    total := 0
    for _, i := range s {
        total += i
    }
```

```
    return int(total / len(s))
}
```

math.goは、main.goとパッケージが異なるので、math.goに作った関数を呼び出したいときは、math.goが属するmylibパッケージをインポートする必要があります。main.goでmylibパッケージをインポートするには、プロジェクトのトップである「awesomeProject」を書き、/で続けて「/mylib」と書きます。

mylibパッケージに属するmath.goのAverage関数を、main.goのmain関数で呼び出すには、「mylib.Average」と書きます。スライスを作成して引数に渡し、fmt.Printlnで表示してみましょう。

実行すると、mylibパッケージのAverage関数を呼び出して、スライスで渡した値の平均値が出力されました。

コード：c6_1_1　main.go
```go
package main

import (
    "awesomeProject/mylib"      ── importを追加
    "fmt"
)

func main() {
    s := []int{1, 2, 3, 4, 5}
    fmt.Println(mylib.Average(s))   ── Average関数を呼び出す
}
```

実行結果
```
3
```

human.goの処理

続いて、math.goと同じフォルダにhuman.goというファイルを作成します。このファイルもmylibパッケージに属します。「Human!」という文字列を出力するSayという関数を作ります。

コード：c6_1_2　human.go
```go
package mylib

import "fmt"

func Say() {
    fmt.Println("Human!")
}
```

main.goのmain関数からSay関数を呼び出すには、「mylib.Say()」と書きましょう。これで実行すると、「Human!」が出力されます。

```
package main

import (
    "awesomeProject/mylib"
    "fmt"
)

func main() {
    s := []int{1, 2, 3, 4, 5}
    fmt.Println(mylib.Average(s))

    mylib.Say()        ← Say 関数を呼び出す
}
```

コード：cc6_1_2 **main.go**

実行結果
```
3
Human!
```

> **Point** パッケージとファイル名
>
> たとえば、「human.go」というファイル名を「humab.go」などのように間違えた場合でも、問題なくSay関数を実行することができます。mylibフォルダの中にあるファイルは、mylibというパッケージに属しており、ファイル名ではなく、どのフォルダの下にあるかが関係してきます。

sub.goの処理

mylibフォルダの中に「under」という名前のフォルダを作り、その中にsub.goというファイルを作ります。sub.goでは、Helloという関数で「Hello!」という文字列を出力させます。

コード：c6_1_3 **sub.go**
```
package under        ← under パッケージに属する

import "fmt"

func Hello() {
    fmt.Println("Hello!")
}
```

main.goのmain関数で、sub.goのHello関数を呼び出すためには、underパッケージのインポートが必要です。underフォルダは、mylibより階層が下なので「awesomeProject/mylib/under」と書きます。そのうえで、main関数に「under.Hello()」と書きましょう。実行すると、「Hello!」が出力されました。

コード：c6_1_3 **main.go**
```
package main
```

```
import (
    "awesomeProject/mylib"
    "awesomeProject/mylib/under"      ← importを追加
    "fmt"
)

func main() {
    s := []int{1, 2, 3, 4, 5}
    fmt.Println(mylib.Average(s))

    mylib.Say()
    under.Hello()                      ← Hello関数を呼び出す
}
```

実行結果
```
3
Human!
Hello!
```

> **Point インポートの順番**
>
> VSCodeでGoの拡張機能をインストールすると、**goimports**というツールもインストールされ、コードの保存時に自動でインポートの順番がアルファベット順に整理されたり、インポートの過不足が調整されたりします。
>
> なお、インポートの順番は、「標準パッケージ」「サードパーティ製のパッケージ」「自分で作ったパッケージや、他のチームなどで作ったパッケージ」「ローカルのパッケージ」といったグループで空行を入れて分けることがあります。開発チームの方針などに従ってインポートを書くようにしましょう。
>
> たとえば、先ほどのコードのインポートについて、標準パッケージであるfmtを上に持っていき、自分で作ったパッケージと分ける場合、次のようになります。
>
> コード:c6_1_4（抜粋） **インポートの順番**
> ```
> import (
>     "fmt"
>                                      ← 標準パッケージとの間を1行空ける
>     "awesomeProject/mylib"
>     "awesomeProject/mylib/under"
> )
> ```

関数や型をエクスポートしよう

human.goにPersonという構造体を作り、フィールドにstring型のNameとint型のAgeを書きます。

コード:c6_1_5 **human.go**
```
package mylib
```

```go
import "fmt"

type Person struct {
    Name string
    Age  int
}

func Say() {
    fmt.Println("Human!")
}
```

この構造体をmain.goから呼び出し、初期化して表示してみます。次のコードを実行すると、「{Mike 20}」が出力されます。

コード：c6_1_5 **main.go**

```go
package main

import (
    "fmt"

    "awesomeProject/mylib"
    "awesomeProject/mylib/under"
)

func main() {
    s := []int{1, 2, 3, 4, 5}
    fmt.Println(mylib.Average(s))

    mylib.Say()
    under.Hello()
    person := mylib.Person{Name: "Mike", Age: 20}  ── 構造体を初期化
    fmt.Println(person)  ── 構造体を表示
}
```

実行結果
```
3
Human!
Hello!
{Mike 20}
```

human.goの「type Person struct」や、main.goの「person := mylib.Person」など、Personの最初のPは大文字で書いています。これは**エクスポート**という仕組みで、関数や型の名前の大文字ではじめると、他のパッケージから呼び出せるようになります。逆に、名前を小文字ではじめると、他のパッケージから関数や型を呼び出せずにエラーとなります。

コード：c6_1_6（抜粋） **main.go**

```go
func main() {
    s := []int{1, 2, 3, 4, 5}
```

```
    fmt.Println(mylib.Average(s))

    mylib.Say()
    under.Hello()
    person := mylib.person{Name: "Mike", Age: 20}  ──── 小文字の型を呼び出す
    fmt.Println(person)
}
```
コード:c6_1_6(抜粋) **human.go**
```
type person struct {  ──── 型の頭文字を小文字にする
    Name string
    Age  int
}

func Say() {
    fmt.Println("Human!")
}
```
実行結果
```
# awesomeProject
./main.go:16:18: undefined: mylib.person (exit status 1)
```

また、構造体PersonのフィールドであるNameやAgeも、小文字で書くと他パッケージから呼び出せずにエラーとなります。なお、同じパッケージから呼び出す場合は、小文字で書いてもアクセスできます。

コード:c6_1_7(抜粋) **main.go**
```
func main() {
    s := []int{1, 2, 3, 4, 5}
    fmt.Println(mylib.Average(s))

    mylib.Say()
    under.Hello()
    person := mylib.Person{Name: "Mike", age: 20}  ──── 小文字のフィールドを呼び出す
    fmt.Println(person)
}
```
コード:c6_1_7(抜粋) **human.go**
```
type Person struct {
    Name string
    age  int  ──── フィールドの頭文字を小文字にする
}

func Say() {
    fmt.Println("Human!")
}
```

```
# awesomeProject
./main.go:16:39: unknown field age in struct literal of type mylib.Person (exit
status 1)
```

Say関数のSを小文字にしても同様にエラーが出ます。

コード：c6_1_8（抜粋） **main.go**
```
func main() {
    s := []int{1, 2, 3, 4, 5}
    fmt.Println(mylib.Average(s))

    mylib.say()  ──── 小文字の関数を呼び出す
    under.Hello()
    person := mylib.Person{Name: "Mike", Age: 20}
    fmt.Println(person)
}
```

コード：c6_1_8（抜粋） **human.go**
```
type Person struct {
    Name string
    Age  int
}

func say() {  ──── 関数名の頭文字を小文字にする
    fmt.Println("Human!")
}
```

```
# awesomeProject
./main.go:14:8: undefined: mylib.say (exit status 1)
```

varを使って変数を宣言する場合、「var Public string = "Public"」で他のパッケージから呼び出すことができます。一方、「var private string = "private"」と小文字で書くと、呼び出すことができません。

コード：c6_1_9（抜粋） **main.go**
```
func main() {
    s := []int{1, 2, 3, 4, 5}
    fmt.Println(mylib.Average(s))

    mylib.Say()
    under.Hello()
    person := mylib.Person{Name: "Mike", Age: 20}
    fmt.Println(person)

    fmt.Println(mylib.Public)   ──── 大文字の変数を呼び出す
    fmt.Println(mylib.private)  ──── 小文字の変数を呼び出す
}
```

```go
var Public string = "Public"      // 変数名の頭文字を大文字にする
var private string = "private"    // 変数名の頭文字を小文字にする

type Person struct {
    Name string
    Age  int
}

func Say() {
    fmt.Println("Human!")
}
```
コード:c6_1_9(抜粋) human.go

```
# awesomeProject
./main.go:20:20: undefined: mylib.private (exit status 1)
```
実行結果

　他のパッケージから呼び出したいものは大文字、それ以外は小文字で書き始めるということを覚えておきましょう！

6-2 テストを実行しよう

作成したコードが正しく動作するかを確認するためには、テスト用のコードを作成します。テストを作成することで、コードに変更があった場合でも、テストが成功すればコードの動作が問題ないことが確認できます。ここでは、Goの標準パッケージであるtestingを使ってテストを作成し、実行する方法を説明していきます。

testingパッケージでテストを作ろう

testing パッケージを使って、テストを書いていきます。testingパッケージのドキュメントは以下から確認できます。

URL https://pkg.go.dev/testing

math.goのテストを作成する

P.203で作成したmylibパッケージのmath.goでは、平均値を算出するAverage関数を書きました。このAverage関数の動作を確認するテストを作成します。

テストを作る際は、テストする対象と同じフォルダに、テスト用のコードを記述するファイルを入れます。testingパッケージは、**ファイル名の末尾が「_test.go」のファイル**を読み込んでテストを行うため、ここではファイル名を「math_test.go」とします。

テストを行う関数は、「Test」からはじまる関数名で、*testing.T型を引数で受け取る必要があります。そのため、ここではTestAverageという名前で、「t *testing.T」を引数で受け取る関数を定義します。

TestAverage関数に、Average関数の動作を確認するコードを書いていきます。Average関数にスライス「[]int{1, 2, 3, 4, 5}」を渡し、結果を変数vに代入します。この場合、平均は3となるはずです。vの値が3ではない場合、「t.Error("Expected 3, got", v)」としてvの値とともにエラーを表示します。何もエラーが起こらなければ、このテストは成功したことになります。

コード：c6_2_1　math_test.go

```go
package mylib

import "testing"

func TestAverage(t *testing.T) {
    v := Average([]int{1, 2, 3, 4, 5})
    if v != 3 {
```
　　　　　　　　　　　　　　vの値が3ではない場合

```
        t.Error("Expected 3, got", v) ──── エラーを起こす
    }
}
```

実際にテストを実行してみましょう。ターミナルに「go test ./...」と入力して実行します。go testコマンドでは、「./...」と指定することで、現在のディレクトリとその下にあるすべての「_test.go」がついたファイルを実行できます。ここでは、プロジェクトディレクトリ（awesomeProjectディレクトリ）に移動し、テストを実行しています。

ターミナル `go test コマンド`
```
awesomeProject jsakai$ go test ./...
```

テストを実行すると、テスト用のコードがない「awesomeProject」フォルダと「awesomeProject/mylib/under」フォルダには、「?」が出力されます。awesomeProject/mylibにはmath_test.goがあるので、テストの結果としてokが出力されています。

実行結果
```
?     awesomeProject          [no test files]
?     awesomeProject/mylib/under    [no test files]
ok    awesomeProject/mylib    0.255s  ──── テストの結果が表示される
```

スライスに6と7の値を付け加えて、先ほどと同様の方法でテストを再度実行してみましょう。スライスの値の平均値は4なので、テストは失敗します。

コード：c6_2_2 `math_test.go`
```go
package mylib

import "testing"

func TestAverage(t *testing.T) {
    v := Average([]int{1, 2, 3, 4, 5, 6, 7})
    if v != 3 {
        t.Error("Expected 3, got", v)
    }
}
```

実行結果
```
--- FAIL: TestAverage (0.00s)
    /Users/jsakai/go/src/awesomeProject/mylib/math_test.go:8: Expected 3, got 4
FAIL
FAIL    awesomeProject/mylib    0.279s
FAIL
```

Point｜VSCodeでテストを実行する

VSCodeで「_test.go」がついたファイルを作成すると、テスト用のメニューが表示されます。テスト用の関数の上に表示された「run test」をクリックすると、その関数のテストを実行でき、「debug test」をクリックすると、P.73のようにブレークポイントを設定してテストをデバッグできます。

また、ファイルの上部に表示された「run package tests」や「run file tests」をクリックすると、それぞれパッケージ全体やファイル全体のテストを実行できます。

testingのメソッド

先ほどは**t.Error**メソッドを使ってテストを行いましたが、ほかにもテストに使用できるメソッドがあります。たとえば、テストが失敗し、かつテストの実行を続けたいときに使う**t.Fail**や、テストが必要ないときに使う**t.Skip**などがあります。

試しに、t.Skipを使ってみましょう。Debugという変数の値がtrueであれば、テストをスキップするようにしてみます。

次のようなmath_test.goを作成し、-vオプションを指定してテストを実行すると、TestAverageをスキップし、引数に指定したスキップの理由を表示できます。

コード：c6_2_3　math_test.go

```go
package mylib

import "testing"

var Debug bool = true

func TestAverage(t *testing.T) {
    if Debug {
        t.Skip("Skip Reason")  ← テストをスキップする
    }
    v := Average([]int{1, 2, 3, 4, 5})
    if v != 3 {
        t.Error("Expected 3, got", v)
    }
```

```
}
```

ターミナル　go test コマンド

```
awesomeProject jsakai$ go test -v ./...
```

実行結果

```
?       awesomeProject   [no test files]
?       awesomeProject/mylib/under      [no test files]
=== RUN   TestAverage
    math_test.go:9: Skip Reason
--- SKIP: TestAverage (0.00s)
PASS
ok      awesomeProject/mylib    0.247s
```

Point　サードパーティのテスティングフレームワーク

　Goのtestingは、非常に基本的な部分のテスト機能しか提供していません。もし、Rubyのテスティングフレームワークなどに慣れている人であれば、Ginkgoというサードパーティのテスティングフレームワークがあります。

URL https://onsi.github.io/ginkgo/

　また、Ginkgoと一緒に使うことができるGΩmega（ゴーメガ）というライブラリもあります。これはJavaScriptなどに慣れている人が使いやすいかもしれません。

URL https://onsi.github.io/gomega/

6-3 コードの形式を整えよう

コードを読みやすくするために、形式を整えることは重要です。ただし、手動でコードを修正していくのは非常に大変かつ修正漏れが発生する恐れもあるため、ツールを使ってある程度修正することが一般的です。ここでは、gofmtというコードを修正するためのツールについて説明していきます。

gofmtでコードの形式を整えよう

gofmt（ゴーフォーマット）は、Goのコードの書き方を修正するためのツールです。

math.goを使ってgofmtを試してみましょう。まず、VSCodeのターミナルを開いて **ls** コマンド（Windowsの場合は **dir** コマンド）を実行すると、カレントディレクトリ（現在位置のフォルダ）に存在しているファイルやフォルダが表示されます。

ターミナル **ls コマンド**
```
awesomeProject jsakai$ ls
go.mod  main.go  mylib
```

awesomeProjectフォルダ内のmylibフォルダをカレントディレクトリにしましょう。**cd** コマンドでmylibフォルダに移動し、再度lsコマンドを実行します。

ターミナル **cd コマンド**
```
awesomeProject jsakai$ cd mylib/
mylib jsakai$ ls
human.go    math.go    math_test.go    under
```

math.goファイルがmylibフォルダにあることがわかります。

gofmtコマンドでmath.goのコードの書き方を修正するため、math.goのコード内で、適当に空白を消したり、改行や空白を入れたりしていきます。なお、VSCodeでGoのコードを保存すると、自動でコードが修正されてしまうので、他のテキストエディタで変更しましょう。

コード：c6_3_1 **math.go**
```
package mylib



func Average(s []int) int    {
    total := 0
```

```
    for _, i :=      range s {
        total +=i
    }


    return int(total / len(s)    )
}
```

　ここで、ターミナルで「gofmt math.go」と書いて実行すると、整形されたコードが表示されます。

ターミナル **gofmt コマンド**

```
mylib jsakai$ gofmt math.go
package mylib

func Average(s []int) int {
    total := 0
    for _, i := range s {
        total += i
    }

    return int(total / len(s))
}
```

　なお、この状態では元のコードは書き換わっていません。コードを書き換えたい場合、「gofmt -w math.go」のように-wをつけると、修正したコードで上書き保存してくれます。

　このように、Goのコードを整えたい場合には、gofmtを使うとある程度読みやすい形に修正できるので、コードを書いているときはあまり気にしなくても問題ありません。また、VSCodeなどのコードエディタの機能によっては、保存するたびに自動でgofmtを実行してくれる場合もあります。

6-4 サードパーティの パッケージを利用しよう

Goにはさまざまな機能を持つ標準パッケージがありますが、開発したい機能によってはサードパーティのパッケージを活用する場合もあります。ここでは、サードパーティのパッケージをインストールして使用する方法について説明していきます。

サードパーティのパッケージのインストール

第三者（サードパーティ）が公開しているパッケージは、次のURLで検索できます。
URL https://pkg.go.dev/

今回は、**talib**（ターリブ）という株価を分析するサードパーティのパッケージをインストールしていきましょう。上記のURLのページで「talib」と検索してください。検索結果の中から、talibのパッケージのページに移動します。

URL https://pkg.go.dev/github.com/markcheno/go-talib

Goでは、**go get**というコマンドで、サードパーティのパッケージをインストールします。先ほどのtalibのページに記載されているGitHubのリポジトリを見ると、README.mdに「go get github.com/markcheno/go-talib」とtalibをインストールするためのコマンドが書かれています。VSCodeのターミナルからコマンドを実行しましょう。

URL https://github.com/markcheno/go-talib

ターミナル go get
```
awesomeProject jsakai$ go get github.com/markcheno/go-talib
go: downloading github.com/markcheno/go-talib v0.0.0-20190307022042-cd53a9264d70
go: added github.com/markcheno/go-talib v0.0.0-20190307022042-cd53a9264d70
```

また、株価などの情報をダウンロードするquoteというパッケージもインストールします。「go get github.com/markcheno/go-quote」を実行しましょう。

ターミナル go get
```
awesomeProject jsakai$ go get github.com/markcheno/go-quote
go: downloading github.com/markcheno/go-quote v0.0.0-20240225224950-d942c652292c
go: added github.com/markcheno/go-quote v0.0.0-20240225224950-d942c652292c
```

ダウンロードされたファイルの場所を見ていきましょう。まず、「go env GOPATH」のコマンドを実行します。

```
awesomeProject jsakai$ go env GOPATH
/Users/jsakai/go
```

cdコマンドで先ほど確認したディレクトリに移動し、lsコマンドでディレクトリの中を見てみます。続いて、pkg、mod、github.com、markchenoの順番でディレクトリを移動していきましょう。markchenoというフォルダに、先ほどインストールしたパッケージが格納されています。

```
awesomeProject jsakai$ cd /Users/jsakai/go       GOPATHのディレクトリに移動
go jsakai$ ls
bin     pkg
go jsakai$ cd pkg       pkgディレクトリに移動
pkg jsakai$ ls
mod     sumdb
pkg jsakai$ cd mod/       modディレクトリに移動
mod jsakai$ ls
cache
github.com
go.starlark.net@v0.0.0-20231101134539-556fd59b42f6
golang.org
gopkg.in
honnef.co
mvdan.cc
mod jsakai$ cd github.com/       github.comディレクトリに移動
github.com jsakai$ ls
!burnt!sushi    cweill          golang          josharian        russross
cilium          derekparker     google          markcheno        sirupsen
cosiner         fatih           hashicorp       mattn            skratchdot
cpuguy83        go-delve        haya14busa      rivo             spf13
github.com jsakai$ cd markcheno       markchenoディレクトリに移動
markcheno jsakai$ ls
go-quote@v0.0.0-20240225224950-d942c652292c     go-talib@v0.0.0-20190307022042-
cd53a9264d70
```

talibのGitHubには、サンプルコードが掲載されています。そのコードを実行すると、SPYと呼ばれる値を2016年1月1日から4月1日の期間で日ごとに取得し、CSV形式で出力します。なお、SPYはアメリカ企業500社の株価を基に算出される値で、日本の日経225のようなものです。

コード：c6_4_1 **main.go**

```go
package main

import (
    "fmt"


    "github.com/markcheno/go-quote"
```

```
    "github.com/markcheno/go-talib"
)

func main() {
    spy, _ := quote.NewQuoteFromYahoo("spy", "2016-01-01", "2016-04-01", quote.Daily, true)
    fmt.Print(spy.CSV())
    rsi2 := talib.Rsi(spy.Close, 2)
    fmt.Println(rsi2)
}
```

実行結果

```
datetime,open,high,low,close,volume
2016-01-04 23:30,200.49,201.03,198.59,172.95,222353500.00
2016-01-05 23:30,201.40,201.90,200.05,173.25,110845800.00
2016-01-06 23:30,198.34,200.06,197.60,171.06,152112600.00
︙
2016-03-29 22:30,202.76,205.25,202.40,177.39,92922900.00
2016-03-30 22:30,206.30,206.87,205.59,178.17,86365300.00
2016-03-31 22:30,205.91,206.41,205.33,177.74,94584100.00
[0 0 11.80513218422657 2.73737871356052 1.6235842337012723 8.28052687227035
56.41160349847662 13.209884799079639 56.233978400394456 24.263231631159098
29.151408508706574 12.988479611600551 41.14944507616807 82.60826713269148
︙
85.96832037736422 94.07345388721725 96.55475879154116 97.35680400217704
82.74545314680992 17.660640964064314 15.984578167537913 32.95071098084419
90.8522257386267 94.99262660521256 63.204589798434085]
```

Point インポートしたパッケージに別名をつける

サードパーティのパッケージの別名を書くことで、別の名前でインポートできます。たとえば、talibを次のように「a」という別名でインポートすると、別名を使って関数などを呼び出せます。

── コード：c6_4_2（抜粋） **インポートに別名をつける**

```
import (
    "fmt"

    "github.com/markcheno/go-quote"
    a "github.com/markcheno/go-talib"        ──「a」と別名でインポートする
)

func main() {
    spy, _ := quote.NewQuoteFromYahoo("spy", "2016-01-01", "2016-04-01", quote.Daily, true)
    fmt.Print(spy.CSV())
    rsi2 := a.Rsi(spy.Close, 2)              ──「a.Rsi」で呼び出す
    fmt.Println(rsi2)
}
```

> **Point** インポートしたパッケージを使用しない場合

通常、インポートしたパッケージをコード内で使用しないとエラーになってしまいます。ですが、_を前に書くと、コードの中で使わない場合でもエラーが出ません。

コード：6_4_3 インポートしたパッケージを使用しない

```
package main

import (
    "fmt"

    "github.com/markcheno/go-quote"
    _ "github.com/markcheno/go-talib"    ── インポートの前に「_」を書く
)

func main() {
    spy, _ := quote.NewQuoteFromYahoo("spy", "2016-01-01", "2016-04-01", quote.Daily, true)
    fmt.Print(spy.CSV())
    // rsi2 := talib.Rsi(spy.Close, 2)    ── talibを使用しない場合でもエラーにならない
    // fmt.Println(rsi2)
}
```

Goをビルドする際、インポートの中身を一緒にコンパイルする必要があるパッケージの場合に、_を使ってインポートすることがあります。

6-5 ドキュメントを作成しよう

コードを作成したら、ドキュメントを整備することも大切です。Goには、コードをドキュメント化するためのツールが用意されていますが、ドキュメントを書く際にはいくつかのルールがあります。ここでは、ドキュメントの書き方と、その内容を確認する方法について説明していきます。

go docでコードの説明を確認しよう

go docは、Goのドキュメントを確認するためのコマンドです。

go docでfmtのドキュメントを見てみましょう。ターミナルに、「go doc fmt.Println」とコマンドを入力すると、Printlnの説明文が出ました。

ターミナル **go doc**
```
awesomeProject jsakai$ go doc fmt.Println
package fmt // import "fmt"

func Println(a ...any) (n int, err error)
    Println formats using the default formats for its operands and writes to
    standard output. Spaces are always added between operands and a newline
    is appended. It returns the number of bytes written and any write error
    encountered.
```

この説明文と同じように、自分で作ったmath.goのAverage関数にも説明を書いていきます。

説明文は、コメントアウトして書きます。先頭に//を書く方法と、/* */で囲む方法がありますがどちらで書いても問題ありません。また、文の最初を関数名と同じ（ここでは「Average」）にする必要があります。

コード:c6_5_1(抜粋) **math.go**
```go
// Average returns the average of a series of numbers
func Average(s []int) int {
    total := 0
    for _, i := range s {
        total += i
    }

    return int(total / len(s))
}
```

ターミナルで「go doc mylib.Average」とコマンドを実行すると、コードに書いた説明が表示されます。

```
awesomeProject jsakai$ go doc mylib.Average
package mylib // import "awesomeProject/mylib"

func Average(s []int) int
    Average returns the average of a series of numbers    ← Average 関数の説明が表示される
```
ターミナル go doc

続いて、パッケージの説明を書きます。mylibパッケージの説明は、/* */で囲ってファイルの先頭に次のように書いてみましょう。

コード：c6_5_2（抜粋） math.go
```
/*
mylib is my special lib.
*/
package mylib
```

ターミナルで「go doc mylib」とコマンドを実行すると、パッケージの説明と関数などの定義が表示されます。

ターミナル go doc
```
awesomeProject jsakai$ go doc mylib
package mylib // import "awesomeProject/mylib"

mylib is my special lib.    ← mylib パッケージの説明が表示される

var Public string = "Public"
func Average(s []int) int
func Say()
type Person struct{ ... }
```

human.goの構造体Personのフィールドに説明文を追加するには、次のように書きます。

コード：c6_5_3（抜粋） human.go
```
type Person struct {
    // Name          ← Name の説明を追加
    Name string
    // Age           ← Age の説明を追加
    Age int
}
```

ターミナル go doc
```
awesomeProject jsakai$ go doc mylib.Person
package mylib // import "awesomeProject/mylib"

type Person struct {
    // Name    ← Name の説明が表示される
```

```
    Name string
    // Age
    Age int
}
```

godocでブラウザ上のドキュメントを確認しよう

go docと似たコマンドに、**godoc**があります。godocは説明文を書いたコードをローカルのWebページで実行することができます。

> **Point** godocのインストール
>
> godocが実行できない場合、「go install golang.org/x/tools/cmd/godoc@latest」を実行してインストールしましょう。
>
> ターミナル go install
> ```
> awesomeProject jsakai$ go install golang.org/x/tools/cmd/godoc@latest
> ```

godocを試してみましょう。まず、ターミナルで「godoc -http=:6060」のコマンドを実行します（control+cでサーバーを停止できます）。

ターミナル godoc
```
awesomeProject jsakai$ godoc -http=:6060
```

実行したあと、ブラウザで「http://localhost:6060/pkg/」を開くと、次のようにGoのドキュメントが表示されます。
左に表示されているパッケージの中から、awesomeProjectのmylibをクリックすると、作成したmylibについての説明が表示されます。

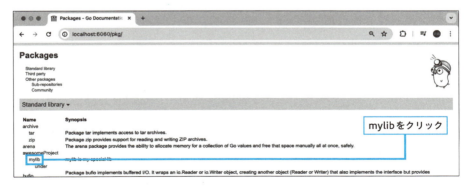

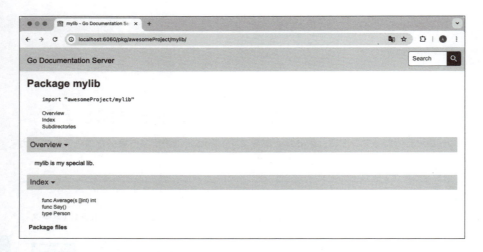

ページをスクロールしていくと、Average関数やPersonのフィールドに書いた説明文が確認できます。

コードの例を作成する

他のGoのドキュメントを見ると、コードの例（Examples）が書かれていることがあります。たとえば、math.goのAverage関数の例を書きたい場合、math_test.goで関数名の頭に「Example」をつけた関数（ここでは「ExampleAverage」）を作成し、その中にコードの例を書きます。

コード：c6_5_4（抜粋） **math_test.go**
```
func ExampleAverage() {
    v := Average([]int{1, 2, 3, 4, 5})
    fmt.Println(v)
}
```

先ほど開いたWebページを再読み込みすると、Examplesが追加されて、Examplesの場所にAverageが出ています。

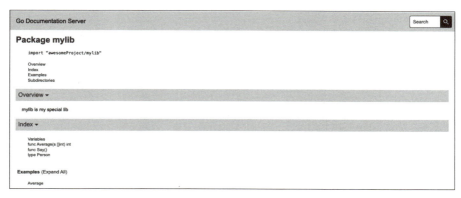

Examplesの場所のAverageをクリックすると、コードのExamplesが表示されました。

パッケージ全体のコード例

パッケージ全体の使い方は、Exampleという名前の関数を作成して次のように書きます。今回はスライスに6を加えて書きました。

コード：c6_5_5（抜粋） math_test.go
```
func Example() {
    v := Average([]int{1, 2, 3, 4, 5, 6})
    fmt.Println(v)
}
```

先ほどのWebページを再読み込みすると、ExamplesにPackageが追加されました。これをクリックすると、今度は上にExamplesのコードが追加されました。

メソッドのコード例

メソッドのExampleも作ってみましょう。まずは、math.goに構造体Person2とSayメソッドを作ります。human.goから構造体PersonとSayメソッドをコピーして、PersonをPerson2と名前を変えてください。

コード：c6_5_6（抜粋） math.go
```
// Person2 doc
```

```go
type Person2 struct {
    // Name
    Name string
    // Age
    Age int
}

func (p *Person2) Say() {
    fmt.Println("Person2")
}
```

　SayメソッドのExamplesをmath_test.goに書きましょう。Exampleの関数名は、「ExamplePerson2_Say」のように、「Example」のあとに構造体名とメソッド名を_でつなげて書きます。

コード：c6_5_7（抜粋） **math_test.go**
```go
func ExamplePerson2_Say() {
    p := Person2{"Mike", 20}
    p.Say()
}
```

　これでもう一度先ほどのページを読み込むと、Person2.SayメソッドにExamplesが出てきました。

　これをクリックすると、Person2.Sayを見ることができます。

　Examplesは全体、関数、メソッドという順に書くとドキュメントが綺麗になります。
　ドキュメントの書き方は、他のパッケージのドキュメントを参考にするとよいでしょう。

6-6 便利な標準パッケージを活用しよう

このLessonではGoのパッケージについて説明してきましたが、最後に、標準パッケージの中からよく使う2つのパッケージを紹介していきます。timeは時間を扱うパッケージ、regexpは正規表現についてのパッケージで、どちらもよく使うので、実際のコードとともに使い方を見ていきましょう！

timeで時間に関するコードを書こう

time（タイム）は、時間に関する機能を提供するGoの標準パッケージです。P.41やP.177などで時間関係のコードを書く際に、time.Nowやtime.Secondを使いました。timeのgodocは次のURLから確認できます。

URL https://pkg.go.dev/time

Webページを見ると、「Constants」という場所にtimeのフォーマットがあります。

参考：time パッケージの Constants

```
const (
    Layout      = "01/02 03:04:05PM '06 -0700" // The reference time, in numerical order.
    ANSIC       = "Mon Jan _2 15:04:05 2006"
    UnixDate    = "Mon Jan _2 15:04:05 MST 2006"
    RubyDate    = "Mon Jan 02 15:04:05 -0700 2006"
    RFC822      = "02 Jan 06 15:04 MST"
    RFC822Z     = "02 Jan 06 15:04 -0700" // RFC822 with numeric zone
    RFC850      = "Monday, 02-Jan-06 15:04:05 MST"
    RFC1123     = "Mon, 02 Jan 2006 15:04:05 MST"
    RFC1123Z    = "Mon, 02 Jan 2006 15:04:05 -0700" // RFC1123 with numeric zone
    RFC3339     = "2006-01-02T15:04:05Z07:00"
    RFC3339Nano = "2006-01-02T15:04:05.999999999Z07:00"
    Kitchen     = "3:04PM"
    // Handy time stamps.
    Stamp       = "Jan _2 15:04:05"
    StampMilli  = "Jan _2 15:04:05.000"
    StampMicro  = "Jan _2 15:04:05.000000"
    StampNano   = "Jan _2 15:04:05.000000000"
    DateTime    = "2006-01-02 15:04:05"
    DateOnly    = "2006-01-02"
    TimeOnly    = "15:04:05"
)
```

このように、時間の形式はさまざまです。日本では「2006年1月2日」という順序で表現しますが、アメリカでは月日のあとに年という順番で表現することもあります。

よく使われるフォーマットとして、**RFC3339**があります。たとえば、データベースのPostgreSQLで時間のデータをtimeという型に代入する場合、RFC3339の形式にして代入します。

実際に、timeを使ってコードを書いてみましょう。**time.Now**で現在時刻を表示できます。

コード：c6_6_1（抜粋） **time.Now**
```
import (
    "fmt"
    "time"
)

func main() {
    t := time.Now()
    fmt.Println(t)
}
```

実行結果
```
2024-04-25 11:18:36.527029 +0900 JST m=+0.000095792
```

これをRFC3339の形式にする場合、次のようにFormatメソッドで「time.RFC3339」を指定します。

コード：c6_6_2（抜粋） **time.RFC3339**
```
func main() {
    t := time.Now()
    fmt.Println(t)
    fmt.Println(t.Format(time.RFC3339))     ── フォーマットを指定
}
```

実行結果
```
2024-04-25 11:22:42.136369 +0900 JST m=+0.000095376
2024-04-25T11:22:42+09:00                   ── RFC3339 で表示される
```

年月日や時刻を単独で表示する

t.Year()、t.Month()、t.Day()、t.Hour()、t.Minute()、t.Second()でそれぞれ年、月、日付、時、分、秒を表示できます。

コード：c6_6_3（抜粋） **年月日や時刻の単独表示**
```
func main() {
    t := time.Now()
    fmt.Println(t)
    fmt.Println(t.Format(time.RFC3339))
    fmt.Println(t.Year(), t.Month(), t.Day(), t.Hour(), t.Minute(), t.Second())
}
```

```
2024-04-25 11:31:16.941365 +0900 JST m=+0.000263085
2024-04-25T11:31:16+09:00
2024 April 25 11 31 16
```

regexpで正規表現のコードを書こう

正規表現を扱うパッケージである**regexp**について説明します。正規表現とは、条件に当てはまる文字列を検索するときに使われる表現で、たとえば、次のような正規表現があります。

正規表現の例	意味
[a-z]	a から z までの任意の 1 文字
a+	a という文字が 1 文字以上連続する部分
a|b|c	a、b、c のいずれかの文字
^a	先頭が a ではじまる文字列
a$	末尾が a で終わる文字列

まず、matchという変数を初期化します（エラーは_で無視します）。**MatchString**関数を使い、引数に「a([a-z]+)e」という正規表現と「apple」という文字列を書きます。MatchString関数は、正規表現が文字列に一致していればtrue、そうでなければfalseを返します。

「a([a-z]+)e」という正規表現は、「aとeの間に、aからzまでの任意の文字が1文字以上入る」という文字列、という意味です。この結果を「fmt.Println(match)」で表示すると、trueになります。

コード：c6_6_4（抜粋） **MatchString**

```
import (
    "fmt"
    "regexp"
)

func main() {
    match, _ := regexp.MatchString("a([a-z]+)e", "apple")
    fmt.Println(match)
}
```

実行結果

```
true
```

ここで、文字列を「appl0e」として数字の0を入れて再度実行すると、aからzまでの文字ではなく数字が含まれるため、falseと表示されます。

コード：c6_6_5（抜粋） **MatchString**

```
func main() {
    match, _ := regexp.MatchString("a([a-z]+)e", "appl0e")
```

```
    fmt.Println(match)
}
```

実行結果
```
false
```

正規表現に当てはまる条件に数字を入れたい場合は、「a([a-z0-9]+)e」と書きます。この正規表現は、「aとeの間に、aからzまでの任意の文字か0から9までの任意の数字が1つ以上入る」という意味です。このコードを実行すると、trueが表示されました。

コード:c6_6_6(抜粋) MatchString
```
func main() {
    match, _ := regexp.MatchString("a([a-z0-9]+)e", "appl0e")
    fmt.Println(match)
}
```

実行結果
```
true
```

正規表現は、ほかにもWebで調べるといろいろなパターンがあります。ぜひ調べてみましょう。

MustCompile関数

regexpの関数やメソッドを紹介していきます。

MustCompile関数は、正規表現に使用するregexpオブジェクトを返します。同じ正規表現を繰り返し使用する場合は、MatchString関数よりもMustCompile関数のほうが高速な処理となります。

MustCompile関数の引数に正規表現を書き、regexpオブジェクトのメソッドであるMatchStringメソッドを使って、文字列が正規表現に一致しているかをtrueまたはfalseで確認します。次のコードを実行すると、trueが出力されます。

コード:c6_6_7(抜粋) MustCompile
```
func main() {
    r := regexp.MustCompile("a([a-z]+)e")
    ms := r.MatchString("apple")
    fmt.Println(ms)
}
```

実行結果
```
true
```

FindStringメソッド

FindStringメソッドは、正規表現に一致する最も左側の文字列を返します。

まず、MustCompile関数で正規表現のオブジェクトを作成します。正規表現は「^/(edit|save|view)/([a-zA-Z0-9]+)$」とします。この正規表現は、「先頭に/、その次にeditかsaveかviewのいずれかが入り、/の次にaからzとAからZまでの任意の文字か0から9までの任意の数字が1つ以上が入って文字列の最後になる」という意味です。

FindStringメソッドを用いて、「/view/test」のような、URLの後半のような文字列が正規表現に一致するかを確認します。次のコードを実行すると、「/view/test」が表示されました。

コード:c6_6_8(抜粋) **FindString**
```
func main() {
    r2 := regexp.MustCompile("^/(edit|save|view)/([a-zA-Z0-9]+)$")
    fs := r2.FindString("/view/test")
    fmt.Println(fs)
}
```

実行結果
```
/view/test
```

正規表現に一致しない場合、FindStringメソッドは空の文字列を返します。文字列の最初に「e」をつけると、先頭が「/」ではないので正規表現に一致しないため、何も表示されません。

コード:c6_6_9(抜粋) **FindString**
```
func main() {
    r2 := regexp.MustCompile("^/(edit|save|view)/([a-zA-Z0-9]+)$")
    fs := r2.FindString("e/view/test")    ── 先頭にeをつける
    fmt.Println(fs)
}
```

実行結果

FindStringSubmatchメソッド

FindStringSubmatchメソッドは、正規表現に一致する文字列とともに、正規表現の( )で囲まれた部分に一致する部分もあわせて、スライスで返します。

先ほどと同じ正規表現でFindStringSubmatchメソッドを使用してみましょう。次のコードを実行すると、「[/view/test view test]」というスライスが表示されます。スライスの0番目には正規表現に一致する文字列「/view/test」、1番目と2番目には( )で囲まれた「(edit|save|view)」と「([a-zA-Z0-9]+)」にそれぞれ一致する「view」「test」が格納されています。

コード:c6_6_10(抜粋) **FindStringSubmatch**
```
func main() {
    r2 := regexp.MustCompile("^/(edit|save|view)/([a-zA-Z0-9]+)$")
    fss := r2.FindStringSubmatch("/view/test")
    fmt.Println(fss, fss[0], fss[1], fss[2])
}
```

実行結果
```
[/view/test view test] /view/test view test
```

「edit」や「save」でも実行してみましょう。同様に書いて実行すると、editやsaveも同様に出力されました。

コード:c6_6_11(抜粋) **FindStringSubmatch**
```
func main() {
    r2 := regexp.MustCompile("^/(edit|save|view)/([a-zA-Z0-9]+)$")
    fss := r2.FindStringSubmatch("/edit/test")
    fmt.Println(fss, fss[0], fss[1], fss[2])
    fss = r2.FindStringSubmatch("/save/test")
    fmt.Println(fss, fss[0], fss[1], fss[2])
}
```

実行結果
```
[/edit/test edit test] /edit/test edit test
[/save/test save test] /save/test save test
```

たとえば、Webサーバーのバックエンドにて、URLによって処理を変えたいときに、regexpを使って判定してプログラムを書いていくことがあります。ぜひregexpの使い方を覚えておきましょう!

Lesson 7

入門編

Webアプリケーションの作成

パソコンやスマホのWebブラウザでアクセスしたり操作したりするアプリケーションのことを一般に「Webアプリケーション」といいます。Webアプリケーションは、HTTPリクエストやJSON、データベースなどといったさまざまな要素で構成されています。ここでは、各要素についてそれぞれ概要を説明しつつ、最後には簡単なWebアプリケーションを作成して理解を深めていきましょう！

7-1	HTTPリクエストを送信しよう	234
7-2	JSONと構造体を相互に変換しよう	242
7-3	データベースを利用しよう	255
7-4	Webアプリケーションを作成しよう	275

7-1 HTTPリクエストを送信しよう

Webページなどでデータをやりとりする際は、HTTP（Hypertext Transfer Protocol）という取り決めに従う必要があります。HTTPに従ってデータにアクセスする方法には、Webページからデータを取得するGETリクエストや、データを登録するPOSTリクエストなどがあります。ここでは、Goの標準パッケージを利用して、基本的なHTTPリクエストを送信する方法について説明します。

GETリクエストを送信しよう

Webからデータを取得する一連の流れを考えてみましょう。まず、Webクライアントと呼ばれるソフトウェア（一般にはWebブラウザなど）が、Webサーバーに対してURLなどの情報を含むHTTPリクエストを送信します。Webサーバー側は、HTTPリクエストに応じて、Webクライアントに対してHTTPレスポンス（Webページの情報など）を返します。

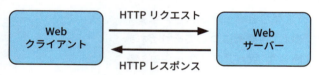

net/http は、WebサーバーやWebクライアントを作るためのパッケージです。Webでデータをやりとりする場合、主にHTTPというプロトコル（取り決め）に従って通信を行います。

http.Get関数 では、指定したURLにGETリクエストを送信できます。ここでは、「http://example.com」にアクセスし、返り値を変数respに格納します。今回はエラーハンドリングを行わず、_でエラーを無視しています。また、GETリクエストの結果であるレスポンスボディは、クローズする必要があるので、「defer resp.Body.Close()」を実行しておきます。

次に、「io.ReadAll(resp.Body)」で読み取った内容を変数bodyに代入します。最後に、「fmt.Println(string(body))」で表示すると、アクセスしたURLのHTMLが表示されます。

コード：c7_1_1（抜粋） http.Get関数

```
import (
    "fmt"
    "io"
    "net/http"
)

func main() {
```

```
    resp, _ := http.Get("http://example.com")       ── URLにアクセス
    defer resp.Body.Close()                         ── deferでクローズする
    body, _ := io.ReadAll(resp.Body)
    fmt.Println(string(body))
}
```

実行結果

```
<!doctype html>
<html>
<head>
    <title>Example Domain</title>

    <meta charset="utf-8" />
    <meta http-equiv="Content-type" content="text/html; charset=utf-8" />
    <meta name="viewport" content="width=device-width, initial-scale=1" />
    <style type="text/css">
︙
```

net/urlパッケージでURLを解析しよう

　URLが正しい形式かどうかを解析するには、**net/url**パッケージをインポートして **url.Parse**関数を使います。url.Parse関数は、引数に渡した文字列を解析し、返り値としてURL型の構造体を返します。文字列がURLの形式でなければエラーを返します。

　先ほどの「http://example.com」という文字列をurl.Parse関数で解析してみましょう。次のコードを実行してみると、問題なくURLが表示されます。

コード:c7_1_2（抜粋） url.Parse 関数
```
import (
    "fmt"
    "net/url"
)

func main() {
    base, _ := url.Parse("http://example.com")
    fmt.Println(base)
}
```

実行結果
```
http://example.com
```

　先ほどのURLに適当なスペースを入れてエラーハンドリングをしてみると、URLにはそのままスペースを入れることができず、正しい形式ではないため、エラーになります。

コード:c7_1_3（抜粋） url.Parse 関数
```
func main() {
    base, err := url.Parse("http://e xample.com")   ── 途中にスペースを入れる
    fmt.Println(base, err)
}
```

```
<nil> parse "http://e xample.com": invalid character " " in host name
```

クエリパラメータを追加しよう

HTTPリクエストの際、URLの後ろに追加して渡す値のことを、**クエリパラメータ**といいます。「http://example.com/test?a=1&b=2」というURLの場合、「?a=1&b=2」のように?の後ろに追加している部分がクエリパラメータです。このクエリパラメータは、変数aに1、変数bに2という値をそれぞれ指定しています。

ResolveReferenceメソッド（リゾルブリファレンス）を使用するとクエリパラメータを追加することができます。コードを書いていきましょう。まず、url.Parse関数で「http://example.com」のあとにつなげるURL「/test?a=1&b=2」を書き、変数referenceに代入します。

続いて、変数baseと変数referenceから、アクセスするURLを生成していきます。「base.ResolveReference(reference)」として変数baseと変数referenceをつなげたURLを作成し、「String()」で文字列にして変数endpointに代入します。表示してみると、URLの後ろに「/test?a=1&b=2」が追加されていることがわかります。

コード:c7_1_4（抜粋） **ResolveReference メソッド**

```
func main() {
    base, _ := url.Parse("http://example.com")
    reference, _ := url.Parse("/test?a=1&b=2")
    endpoint := base.ResolveReference(reference).String()
    fmt.Println(endpoint)
}
```

実行結果
```
http://example.com/test?a=1&b=2
```

たとえば、変数baseに「/fdsfi」を加えたURLを書いて実行した場合でも、変わらずに「http://example.com/test?a=1&b=2」が出力されます。このように、ResolveReferenceメソッドは、「http://example.com」のようなベースとなるURLを基に、引数に指定したパスでURLを作成することができます。

コード:c7_1_5（抜粋） **ResolveReference メソッド**

```
func main() {
    base, _ := url.Parse("http://example.com/fdsfi")
    reference, _ := url.Parse("/test?a=1&b=2")
    endpoint := base.ResolveReference(reference).String()
    fmt.Println(endpoint)
}
```

実行結果
```
http://example.com/test?a=1&b=2
```

http.NewRequest関数でリクエストを作成しよう

今度は**http.NewRequest**関数でリクエストを作成し、GETリクエストを送信する方法を実行してみましょう。

まずは、http.NewRequest関数でリクエストを作成します。引数には、HTTPメソッドとURLをそれぞれ1つ目と2つ目に指定します。3つ目の引数は、リクエストボディ（送信するデータ）を指定しますが、今回はGETメソッドなのでnilを指定します。リクエストボディは、POSTメソッドなどを使用する際に指定します。

コード:c7_1_6(抜粋) **http.NewRequest 関数**

```
import (
    "fmt"
    "net/http"
    "net/url"
)

func main() {
    base, _ := url.Parse("http://example.com")
    reference, _ := url.Parse("/test?a=1&b=2")
    endpoint := base.ResolveReference(reference).String()
    fmt.Println(endpoint)
    req, _ := http.NewRequest("GET", endpoint, nil)   ——— リクエストを作成する
}
```

Point リクエストヘッダー

HTTPリクエストには、**リクエストヘッダー**という情報を付加することができます。次のコードでは、「If-None-Match」というヘッダーに適当な値を設定しています。「If-None-Match」を指定すると、Webサーバーに対してキャッシュを使うかどうかを設定してリクエストを送ることができます。

コード:c7_1_7(抜粋) **リクエストヘッダー**

```
    req, _ := http.NewRequest("GET", endpoint, nil)
    req.Header.Add("If-None-Match", `W/"wyzzy"`)
```

クエリパラメータを確認しよう

先ほどのコードで変数reqに代入したHTTPリクエストは、変数endpointに代入したURLで「http://example.com/test?a=1&b=2」を指定しています。このクエリパラメータは、「req.URL.Query()」のように**Queryメソッド**で取り出すことができます。

次のコードでクエリパラメータを確認すると、「map[a:[1] b:[2]]」のようにマップで表示されました。

コード:c7_1_8(抜粋) **Query メソッド**

```
func main() {
    base, _ := url.Parse("http://example.com")
    reference, _ := url.Parse("/test?a=1&b=2")
```

```go
    endpoint := base.ResolveReference(reference).String()
    fmt.Println(endpoint)
    req, _ := http.NewRequest("GET", endpoint, nil)
    q := req.URL.Query()  ──────── クエリパラメータを変数 q に代入する
    fmt.Println(q)
}
```

実行結果
```
http://example.com/test?a=1&b=2
map[a:[1] b:[2]]  ──────── クエリパラメータが表示される
```

Addメソッドでクエリパラメータを追加しよう

http.NewRequest関数でリクエストを作成する場合は、**Addメソッド**でクエリパラメータを追加できます。

次のコードでは、「q.Add("c", "3&%")」で変数qにクエリパラメータを追加しています。

変数qのクエリパラメータを、変数reqのHTTPリクエストに反映するには、「req.URL.RawQuery」に値を代入します。ただし、その際に「q.Encode()」のようにして**Encodeメソッド**を使ってエンコードする必要があります。

コード:c7_1_9（抜粋） **Encode メソッド**
```go
func main() {
    base, _ := url.Parse("http://example.com")
    reference, _ := url.Parse("/test?a=1&b=2")
    endpoint := base.ResolveReference(reference).String()
    fmt.Println(endpoint)
    req, _ := http.NewRequest("GET", endpoint, nil)
    q := req.URL.Query()
    q.Add("c", "3&%")  ──────── クエリパラメータを追加する
    fmt.Println(q)
    fmt.Println(q.Encode())
    req.URL.RawQuery = q.Encode()  ──────── クエリパラメータをエンコードして代入する
}
```

実行結果
```
http://example.com/test?a=1&b=2
map[a:[1] b:[2] c:[3&%]]  ──────── クエリパラメータのマップ
a=1&b=2&c=3%26%25  ──────── エンコードしたクエリパラメータ
```

マップを見ると、クエリパラメータに「c:[3&%]」が追加されていることがわかります。一方、エンコードしたクエリパラメータは、「c=3%26%25」のように、「&」が「%26」、「%」が「%25」に変換されています。

「&」は、「a=1&b=2」のように、URLのクエリパラメータの区切りを表すため、そのままURLに含めることができません。そのため、URLに「&」という文字列を含める場合は、「%26」のように「%」を使って変換します。この変換を**URLエンコード**といいます。「%」の文字列そのものをURLに含める場合も、同様に「%25」へとURLエンコードされています。

http.ClientでHTTPリクエストを送信しよう

作成したHTTPリクエストを使ってGETリクエストを行うには、**http.Client**（クライアント）という型でクライアントを作る必要があります。

「var client *http.Client = &http.Client{}」とクライアントを宣言したら、「client.Do(req)」で変数reqのHTTPリクエストを実行し、結果を変数respに代入します。

io.ReadAllで内容を読み取って表示すると、P.235と同様に「http://example.com」の内容が表示されます。なお、このページはクエリパラメータを渡してもレスポンスに変化はありません。

コード：c7_1_10（抜粋） http.Client

```go
import (
    "fmt"
    "io"
    "net/http"
    "net/url"
)

func main() {
    base, _ := url.Parse("http://example.com")
    reference, _ := url.Parse("/test?a=1&b=2")
    endpoint := base.ResolveReference(reference).String()
    fmt.Println(endpoint)
    req, _ := http.NewRequest("GET", endpoint, nil)
    req.Header.Add("If-None-Match", `W/"wyzzy"`)
    q := req.URL.Query()
    q.Add("c", "3&%")
    fmt.Println(q.Encode())
    req.URL.RawQuery = q.Encode()

    var client *http.Client = &http.Client{}  // クライアントを作成
    resp, _ := client.Do(req)
    body, _ := io.ReadAll(resp.Body)
    fmt.Println(string(body))
}
```

実行結果

```
http://example.com/test?a=1&b=2
a=1&b=2&c=3%26%25
<!doctype html>
<html>
<head>
```

```
    <title>Example Domain</title>

    <meta charset="utf-8" />
    <meta http-equiv="Content-type" content="text/html; charset=utf-8" />
    <meta name="viewport" content="width=device-width, initial-scale=1" />
    <style type="text/css">
:
```

POSTリクエストを送信しよう

　POSTリクエストは、http.NewRequestでリクエストを作成する際に、メソッドを"POST"に指定します。POSTの場合はリクエストボディにデータを入れて渡します。リクエストボディは「bytes.NewBuffer([]byte("password"))」のようにして3つ目の引数に指定しましょう。

　コードを実行すると、「http://example.com」にはPOSTのリクエストに対応していないため、何も出力されません。

コード：c7_1_11（抜粋） **POSTリクエスト**

```go
import (
    "bytes"
    "fmt"
    "io/ioutil"
    "net/http"
    "net/url"
)

func main() {
    base, _ := url.Parse("http://example.com")
    reference, _ := url.Parse("/test?a=1&b=2")
    endpoint := base.ResolveReference(reference).String()
    fmt.Println(endpoint)
    req, _ := http.NewRequest("POST", endpoint, bytes.NewBuffer([]byte("password")))  // POSTリクエストを作成する

    var client *http.Client = &http.Client{}
    resp, _ := client.Do(req)
    body, _ := io.ReadAll(resp.Body)
    fmt.Println(string(body))
}
```

実行結果

```
http://example.com/test?a=1&b=2
```

　デバッグで変数respを確認すると、「405 Method Not Allowed」となっていることが確認できます。

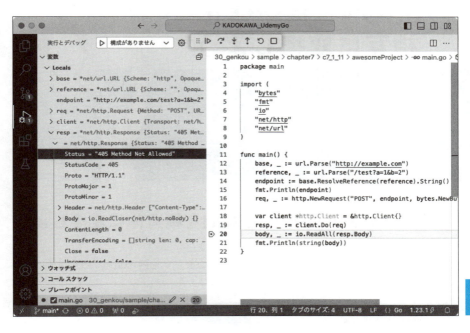

　パスワードなどの情報は、クエリパラメータのようにURLとして見られては困るので、リクエストボディに格納してPOSTメソッドで送信する必要があります。

　なお、POSTの場合、HTTPSというセキュリティ機能が追加されたプロトコルを利用するため、URLは「https」ではじまることがほとんどです。

7-2 JSONと構造体を相互に変換しよう

JSONとは、「JavaScript Object Notation」の略で、Web上でデータをやりとりする際によく用いられるデータの記述形式です。encoding/jsonという標準パッケージを用いることで、JSONのデータをGoの構造体として扱い、処理をすることが可能です。ここでは、JSONと構造体の変換の方法について説明していきます。

json.Unmarshal関数でJSONを構造体に変換しよう

encoding/json（エンコーディング/ジェーソン）はJSONを扱う標準パッケージです。

たとえば、ネットワーク越しにJSONで入ってきたデータをPersonという構造体に格納し、再度JSONに変換して送る処理を想定してみましょう。

JSONのデータはbyteで作成し、変数bに代入します。続いて、Person型の変数pを宣言し、**json.Unmarshal関数**（アンマーシャル）に変数bとポインタの変数pを渡します。エラーハンドリングをして、エラーがなければ変数pのそれぞれの値を表示してみます。

次のコードを実行すると、JSONのデータが構造体Personに変換されて表示されることが確認できます。

コード：c7_2_1（抜粋） **json.Unmarshal 関数**

```
import (
    "encoding/json"
    "fmt"
)

type Person struct {
    Name      string
    Age       int
    Nicknames []string
}

func main() {
    b := []byte(`{"name":"mike","age":20,"nicknames":["a","b","c"]}`)
    var p Person
```

```
    if err := json.Unmarshal(b, &p); err != nil {
        fmt.Println(err)
    }
    fmt.Println(p.Name, p.Age, p.Nicknames)
}
```

実行結果
```
mike 20 [a b c]
```

　json.Unmarshal関数はJSONのキーと構造体のフィールド名を比較して値を代入します。上記のコードでは、JSONのキーは小文字ですが、構造体Personのフィールドは、パブリックなので頭文字を大文字にしています。ですが、**json.Unmarshal関数は大文字か小文字かに関わらず名前が一致すればよい**ので、問題なく構造体Personに値が代入されています。

　もちろん、JSONのキーの頭文字が大文字でも問題なく値は代入されます。ただし、一致しない名前にしてしまうと値が代入されません。次のコードでは、JSONのキーが「age」ではなく「ge」になっているので、構造体Personのageの値はデフォルト値である0が表示されます。

コード：c7_2_2（抜粋） json.Unmarshal関数
```
type Person struct {
    Name      string
    Age       int
    Nicknames []string
}

func main() {
    b := []byte(`{"Name":"mike","ge":20,"nicknames":["a","b","c"]}`)
    var p Person
    if err := json.Unmarshal(b, &p); err != nil {
        fmt.Println(err)
    }
    fmt.Println(p.Name, p.Age, p.Nicknames)
}
```

実行結果
```
mike 0 [a b c]
```
　　　　　　　　　　　ageが0になる

　なお、JSONのキーは小文字にすることが一般的です。

json.Marshal関数で構造体をJSONに変換しよう

　構造体のデータをJSONに変換するには、**json.Marshal関数**を使います。ここでは、引数に構造体Personの変数pを渡し、エラーは無視して変数vに代入します。

　このとき、変数vはbyte配列なので、次のコードのようにstring型で表示すると、変数pがJSONに変換されて表示されます。

コード:c7_2_3(抜粋) **json.Marshal 関数**

```go
type Person struct {
    Name      string
    Age       int
    Nicknames []string
}

func main() {
    b := []byte(`{"name":"mike","age":20,"nicknames":["a","b","c"]}`)
    var p Person
    if err := json.Unmarshal(b, &p); err != nil {
        fmt.Println(err)
    }
    fmt.Println(p.Name, p.Age, p.Nicknames)

    v, _ := json.Marshal(p)
    fmt.Println(string(v))
}
```

実行結果

```
mike 20 [a b c]
{"Name":"mike","Age":20,"Nicknames":["a","b","c"]}
```

JSONに変換する際のキー名を指定しよう

構造体Personのフィールド名(NameやAge、Nicknames)はエクスポート(P.207)しているため、JSONに変換した際もキーの頭文字が大文字になっています。

このとき、**構造体のフィールド名がJSONのキーに変換されるときの名前を指定することができます**。構造体Personのフィールド名の後ろで「json:"name"」などのように名前に指定して、再度コードを実行すると、JSONのキーが指定した通り小文字になっていることがわかります。

コード:c7_2_4(抜粋) **JSONのキーを指定する**

```go
type Person struct {
    Name      string   `json:"name"`
    Age       int      `json:"age"`
    Nicknames []string `json:"nicknames"`
}

func main() {
    b := []byte(`{"name":"mike","age":20,"nicknames":["a","b","c"]}`)
    var p Person
    if err := json.Unmarshal(b, &p); err != nil {
        fmt.Println(err)
    }
    fmt.Println(p.Name, p.Age, p.Nicknames)

    v, _ := json.Marshal(p)
```

```
        fmt.Println(string(v))
}
```

実行結果
```
mike 20 [a b c]
{"name":"mike","age":20,"nicknames":["a","b","c"]}    ——— キーが小文字になっている
```

「json:"nameXXXXXX"」のように指定すると、JSONのキーの名前も変わることがわかります。また、json.Unmarshal関数のときもフィールド名を「nameXXXXXX」として扱うので、JSONの中に「nameXXXXXX」という名前のキーが存在しないため、デフォルトとして空文字列が表示されています。

コード：c7_2_5（抜粋） **JSONのキーを指定する**
```
type Person struct {
    Name      string    `json:"nameXXXXXX"`    ——— JSONのときの名前を変える
    Age       int       `json:"age"`
    Nicknames []string  `json:"nicknames"`
}

func main() {
    b := []byte(`{"name":"mike","age":20,"nicknames":["a","b","c"]}`)
    var p Person
    if err := json.Unmarshal(b, &p); err != nil {
        fmt.Println(err)
    }
    fmt.Println(p.Name, p.Age, p.Nicknames)

    v, _ := json.Marshal(p)
    fmt.Println(string(v))
}
```

実行結果
```
20 [a b c]                                             ——— Nameの値が空文字列になる
{"nameXXXXXX":"","age":20,"nicknames":["a","b","c"]}   ——— キーの名前が変わる
```

JSONでの型を変更しよう

構造体とJSONとの間で変換を行うときに、違う型として扱うこともできます。「json:"age,string"」とした場合、json.Marshal関数でJSONに変換したときのageの値はstring型になります。また、このとき、json.Unmarshal関数で構造体Personに渡すJSONのageの値はstring型とする必要があります。

次のコードを実行すると、json.Marshal関数でJSONに変換したときのageはstring型で表示されます。

コード：c7_2_6（抜粋） **JSONの型を変更する**

```go
type Person struct {
    Name      string   `json:"name"`
    Age       int      `json:"age,string"`    ── JSONのときはstring型にする
    Nicknames []string `json:"nicknames"`
}

func main() {
    b := []byte(`{"name":"mike","age":"20","nicknames":["a","b","c"]}`)
    var p Person
    if err := json.Unmarshal(b, &p); err != nil {
        fmt.Println(err)
    }
    fmt.Println(p.Name, p.Age, p.Nicknames)

    v, _ := json.Marshal(p)
    fmt.Println(string(v))
}
```

実行結果

```
mike 20 [a b c]
{"name":"mike","age":"20","nicknames":["a","b","c"]}    ── 「20」がstring型になる
```

JSONに変換するときに非表示にしよう

「json:"-"」と指定すると、そのフィールドはjson.Unmarshal関数やjson.Marshal関数での変換時に、JSON側では無視されます。次のコードのように、Nameに「json:"-"」と書くと、json.Unmarshal関数ではJSONのnameの値が無視されるので構造体pのNameの値は空文字列になり、json.Marshal関数ではnameを除いてJSONが表示されます。

コード：c7_2_7（抜粋） **JSONで非表示にする**

```go
type Person struct {
    Name      string   `json:"-"`             ── 「json:"-"」と指定する
    Age       int      `json:"age,string"`
    Nicknames []string `json:"nicknames"`
}

func main() {
    b := []byte(`{"name":"mike","age":"20","nicknames":["a","b","c"]}`)
    var p Person
    if err := json.Unmarshal(b, &p); err != nil {
        fmt.Println(err)
    }
    fmt.Println(p.Name, p.Age, p.Nicknames)

    v, _ := json.Marshal(p)
```

```
    fmt.Println(string(v))
}
```

```
 20 [a b c]                              Name の値が空文字列になる
{"age":"20","nicknames":["a","b","c"]}   name を除いて JSON が表示される
```

omitemptyでデフォルト値を省略しよう

次のコードのように、変数bのbyte配列でageの値を0にして実行してみましょう。json.Unmarshal関数やjson.Marshal関数で変換すると、ageの値は0が表示されます。

コード:c7_2_8(抜粋) 数値0の変換

```
type Person struct {
    Name      string    `json:"-"`
    Age       int       `json:"age"`
    Nicknames []string  `json:"nicknames"`
}

func main() {
    b := []byte(`{"name":"mike","age":0,"nicknames":["a","b","c"]}`)
    var p Person
    if err := json.Unmarshal(b, &p); err != nil {
        fmt.Println(err)
    }
    fmt.Println(p.Name, p.Age, p.Nicknames)

    v, _ := json.Marshal(p)
    fmt.Println(string(v))
}
```

実行結果

```
0 [a b c]                              age は 0 が表示される
{"age":0,"nicknames":["a","b","c"]}    age は 0 が表示される
```

このように、int型の数値が0のようなデフォルトの値の場合、**omitempty**(オミットエンプティ)を指定することで、JSONに反映させず省略することが可能です。構造体pの定義において、Ageに「json:"age,omitempty"」と指定すると、JSONに変換した際にageが存在しません。

コード:c7_2_9(抜粋) omitempty

```
type Person struct {
    Name      string    `json:"-"`
    Age       int       `json:"age,omitempty"`     omitempty を指定する
    Nicknames []string  `json:"nicknames"`
}

func main() {
```

```go
    b := []byte(`{"name":"mike","age":0,"nicknames":["a","b","c"]}`)
    var p Person
    if err := json.Unmarshal(b, &p); err != nil {
        fmt.Println(err)
    }
    fmt.Println(p.Name, p.Age, p.Nicknames)

    v, _ := json.Marshal(p)
    fmt.Println(string(v))
}
```

実行結果

```
0 [a b c]
{"nicknames":["a","b","c"]}         ── age が表示されない
```

ここでageの値を20に戻すと、0ではないのでJSONに表示されます。

――― コード:c7_2_10（抜粋） **omitempty**

```go
func main() {
    b := []byte(`{"name":"mike","age":20,"nicknames":["a","b","c"]}`)
    ⋮
```

実行結果

```
20 [a b c]
{"age":20,"nicknames":["a","b","c"]}
```

同様に Name も、omitemptyを指定してみましょう。変数bのJSONでnameに「mike」が入っている状態では、そのままnameの値が表示されます。

――― コード:c7_2_11（抜粋） **omitempty**

```go
type Person struct {
    Name      string    `json:"name,omitempty"`   ── omitempty を指定する
    Age       int       `json:"age,omitempty"`
    Nicknames []string  `json:"nicknames"`
}

func main() {
    b := []byte(`{"name":"mike","age":20,"nicknames":["a","b","c"]}`)
    var p Person
    if err := json.Unmarshal(b, &p); err != nil {
        fmt.Println(err)
    }
    fmt.Println(p.Name, p.Age, p.Nicknames)

    v, _ := json.Marshal(p)
    fmt.Println(string(v))
}
```

```
mike 20 [a b c]              ── nameは「mike」が表示される
{"name":"mike","age":20,"nicknames":["a","b","c"]}   ── nameは「mike」が表示される
```

nameの値を空文字列に書き換えると、JSONに表示されなくなります。

コード：c7_2_12（抜粋） **omitempty**
```
func main() {
    b := []byte(`{"name":"","age":20,"nicknames":["a","b","c"]}`)
⋮
```

実行結果
```
20 [a b c]
{"age":20,"nicknames":["a","b","c"]}   ── nameが表示されない
```

同様に、Nicknamesもomitemptyを指定して、値を空のスライスにすると、JSONに表示されません。

コード：c7_2_13（抜粋） **omitempty**
```
type Person struct {
    Name      string   `json:"name,omitempty"`
    Age       int      `json:"age,omitempty"`
    Nicknames []string `json:"nicknames,omitempty"`  ── omitemptyを指定する
}

func main() {
    b := []byte(`{"name":"","age":20,"nicknames":[]}`)
    var p Person
    if err := json.Unmarshal(b, &p); err != nil {
        fmt.Println(err)
    }
    fmt.Println(p.Name, p.Age, p.Nicknames)

    v, _ := json.Marshal(p)
    fmt.Println(string(v))
}
```

実行結果
```
20 []
{"age":20}       ── nicknamesが表示されない
```

空の構造体にomitemptyを適用する

空の構造体Tを作り、構造体Personのフィールドに追加してみます。次のコードを実行すると、空の構造体が出力されます。

コード：c7_2_14（抜粋） **空の構造体とomitempty**
```
type T struct{}      ── 空の構造体Tを定義する

type Person struct {
```

```go
    Name       string   `json:"name,omitempty"`
    Age        int      `json:"age,omitempty"`
    Nicknames  []string `json:"nicknames,omitempty"`
    T          T        `json:"T"`                    // T をフィールドに追加する
}

func main() {
    b := []byte(`{"name":"","age":20,"nicknames":[]}`)
    var p Person
    if err := json.Unmarshal(b, &p); err != nil {
        fmt.Println(err)
    }
    fmt.Println(p.Name, p.Age, p.Nicknames)

    v, _ := json.Marshal(p)
    fmt.Println(string(v))
}
```

実行結果

```
 20 []
{"age":20,"T":{}}         空の構造体が表示される
```

このTのフィールドにomitemptyを書き加えて実行しても、JSONでTは省略されません。

コード:c7_2_15(抜粋) 空の構造体と omitempty

```go
type T struct{}

type Person struct {
    Name       string   `json:"name,omitempty"`
    Age        int      `json:"age,omitempty"`
    Nicknames  []string `json:"nicknames,omitempty"`
    T          T        `json:"T,omitempty"`          // omitempty を指定する
}

func main() {
    b := []byte(`{"name":"","age":20,"nicknames":[]}`)
    var p Person
    if err := json.Unmarshal(b, &p); err != nil {
        fmt.Println(err)
    }
    fmt.Println(p.Name, p.Age, p.Nicknames)

    v, _ := json.Marshal(p)
    fmt.Println(string(v))
}
```

```
20 []
{"age":20,"T":{}}          ← Tが省略されない
```

この場合、Tをポインタ型にして再度実行すると消えます。

コード：c7_2_16（抜粋） 空の構造体とomitempty
```go
type T struct{}

type Person struct {
    Name      string   `json:"name,omitempty"`
    Age       int      `json:"age,omitempty"`
    Nicknames []string `json:"nicknames,omitempty"`
    T         *T       `json:"T,omitempty"`   ← ポインタ型にする
}

func main() {
    b := []byte(`{"name":"","age":20,"nicknames":[]}`)
    var p Person
    if err := json.Unmarshal(b, &p); err != nil {
        fmt.Println(err)
    }
    fmt.Println(p.Name, p.Age, p.Nicknames)

    v, _ := json.Marshal(p)
    fmt.Println(string(v))
}
```

実行結果
```
20 []
{"age":20}      ← 空の構造体が消える
```

json.Marshal関数をカスタマイズしよう

　json.Marshal関数で構造体をJSONに変換する際の処理を、独自にカスタマイズすることも可能です。カスタマイズする場合、独自の処理をしたい型に**MarshalJSONメソッド**を実装しましょう。

　構造体PersonにMarshalJSONメソッドを実装し、処理を書いていきます。今回は、json.Marshal関数を実行し、その引数に直接構造体を書いてみます。「&struct { Name string }{ Name: "Mr." + p.Name,}」のように書くことで、typeを使って構造体を定義しなくても、その場のみで使える構造体（**無名構造体**）を作成し、そのまま初期化しています。

　ここでは、「Name string」というフィールドのみを持つ構造体を作り、「Name: "Mr." + p.Name,」と書いて初期化します。次のコードを実行してみると、「{"Name":"Mr."}」と表示され、MarshalJSONメソッドとして実装した処理が実行されたことが確認できます。

コード:c7_2_17(抜粋) **MarshalJSON メソッド**

```go
type T struct{}

type Person struct {
    Name      string   `json:"name,omitempty"`
    Age       int      `json:"age,omitempty"`
    Nicknames []string `json:"nicknames,omitempty"`
    T         *T       `json:"T,omitempty"`
}

func (p Person) MarshalJSON() ([]byte, error) {        // MarshalJSON メソッドを実装
    v, err := json.Marshal(&struct {                    // その場で無名構造体を定義
        Name string                                     // 無名構造体に Name というフィールドを定義
    }{
        Name: "Mr." + p.Name,                           // Name の値を初期化
    })
    return v, err
}

func main() {
    b := []byte(`{"name":"","age":20,"nicknames":[]}`)
    var p Person
    if err := json.Unmarshal(b, &p); err != nil {
        fmt.Println(err)
    }
    fmt.Println(p.Name, p.Age, p.Nicknames)

    v, _ := json.Marshal(p)                             // Marshal 関数で MarshalJSON メソッドが呼び出される
    fmt.Println(string(v))
}
```

実行結果
```
 20 []
{"Name":"Mr."}
```
MarshalJSON メソッドが実行された結果が表示される

元となる JSON の name の値が空文字列になっているので、name を mike に書き換えて再度実行してみましょう。すると、「{"Name":"Mr.Mike"}」と表示されます。

コード:c7_2_18(抜粋) **MarshalJSON メソッド**
```go
func main() {
    b := []byte(`{"name":"Mike","age":20,"nicknames":[]}`)
```

実行結果
```
Mike 20 []
{"Name":"Mr.Mike"}
```

json.Unmarshal関数をカスタマイズしよう

json.Unmarshal関数でJSONを構造体に変換する処理を独自にカスタマイズする場合、**UnmarshalJSONメソッド**を実装します。

構造体PersonにUnmarshalJSONメソッドを実装してみましょう。string型のNameというフィールドを持つ、構造体Person2を定義します。「json.Unmarshal(b, &p2)」で引数bのバイト配列（JSON）の内容を構造体Person2の変数p2に読み込み、「p.Name = p2.Name」でNameの値のみを変数pに反映します。このコードを実行すると、JSONからnameのみが読み込まれて構造体Personに変換されます。

コード：c7_2_19（抜粋） **UnmarshalJSONメソッド**

```go
type T struct{}

type Person struct {
    Name      string   `json:"name"`
    Age       int      `json:"age,omitempty"`
    Nicknames []string `json:"nicknames,omitempty"`
    T         *T       `json:"T,omitempty"`
}

func (p *Person) UnmarshalJSON(b []byte) error {     // UnmarshalJSONメソッドを実装
    type Person2 struct {                             // 構造体Person2を定義
        Name string
    }
    var p2 Person2
    err := json.Unmarshal(b, &p2)
    if err != nil {
        fmt.Println(err)
    }
    p.Name = p2.Name
    return err
}

func main() {
    b := []byte(`{"name":"Mike","age":20,"nicknames":[]}`)
    var p Person
    if err := json.Unmarshal(b, &p); err != nil {
        fmt.Println(err)
    }
    fmt.Println(p.Name, p.Age, p.Nicknames)

    v, _ := json.Marshal(p)
    fmt.Println(string(v))
}
```

```
Mike 0 []          ── name の値のみが読み込まれる
{"name":"Mike"}
```
実行結果

UnmarshalJSONメソッドの中でp.Nameに代入する値を「p2.Name + "!"」にしてみると、結果に反映されていることがわかります。

コード:c7_2_20（抜粋） **UnmarshalJSON メソッド**
```go
func (p *Person) UnmarshalJSON(b []byte) error {
    type Person2 struct {
        Name string
    }
    var p2 Person2
    err := json.Unmarshal(b, &p2)
    if err != nil {
        fmt.Println(err)
    }
    p.Name = p2.Name + "!"     ── 「!」を追加して代入する
    return err
}
```

```
Mike! 0 []         ── name の値に UnmarshalJSON メソッドの処理が反映される
{"name":"Mike!"}
```
実行結果

　アプリケーション開発していくうえで、json.Marshal関数やjson.Unmarshal関数で付け加えたい情報があるときには、このようなカスタマイズの方法を覚えておくとよいでしょう。

7-3 データベースを利用しよう

データを管理するデータベースのうち、システム開発でよく使われるのが、カラム（列）とレコード（行）を持つテーブルとしてデータを扱うリレーショナルデータベースです。リレーショナルデータベースを管理するシステムとして、Oracle DatabaseやPostgreSQL、SQLiteなどがあり、これらのシステムでデータベースを操作するために使われるのがSQLという言語です。ここでは、SQLiteを例に、簡単なリレーショナルデータベースとSQLの使い方を説明していきます。

SQLiteを利用する準備をしよう

　Goを使ってデータベースにアクセスをしていきます。今回は、**SQLite**というデータベースのシステムを利用するために、**go-sqlite3**というパッケージを使います。
　URL https://github.com/mattn/go-sqlite3
　上記のURLのREADMEにも注意事項として記載されていますが、go-sqlite3を利用するには、C言語のライブラリを利用するために、**Goの環境変数のCGO_ENABLEDの値が1（有効）であること**と、**gccのインストール**が必要になります。なお、CGO_ENABLEDの値はデフォルトで1になっています。

MacでSQLiteを利用する準備をしよう

　まずはSQLiteをインストールしましょう。ターミナルでbrewコマンドを実行します。

ターミナル　SQLiteのインストール
```
awesomeProject jsakai$ brew install sqlite
```

　コマンドが終了したら、ターミナルで「sqlite3」と入力して実行し、SQLiteの対話型シェルに入れるかどうかを確認しましょう。「sqlite>」と表示されたら、SQLiteがインストールされています。

ターミナル　SQLiteの確認
```
awesomeProject jsakai$ sqlite3
SQLite version 3.37.0 2021-12-09 01:34:53
Enter ".help" for usage hints.
Connected to a transient in-memory database.
Use ".open FILENAME" to reopen on a persistent database.
sqlite>
```

　SQLiteの対話型シェルから抜けるには、「.exit」を実行してください。

ターミナル　SQLiteの終了
```
sqlite> .exit
```

続いて、gccを使うために **Xcode** をインストールしていきます。次のURLにアクセスし、ポップアップが表示されたら［App Storeを開く］をクリックします。

URL https://apps.apple.com/jp/app/xcode/id497799835?mt=12/

AppStoreが開いたら、［入手］をクリックしましょう。

Xcodeがインストールできたら、Xcodeのコマンドツールをインストールするために、ターミナルで次のコマンドを入力しましょう。入力したら、順番にインストールを進めてください。コマンドラインデベロッパツールのインストールが求められた場合は、［インストール］をクリックしてインストールしましょう。

ターミナル **Xcodeのインストール**
```
awesomeProject jsakai$ xcode-select --install
xcode-select: note: install requested for command line developer tools
```

Xcodeをインストールしたら、次のコマンドを入力して、gccのバージョンを確認します。

ターミナル **gccの確認**
```
awesomeProject jsakai$ gcc --version
Apple clang version 15.0.0 (clang-1500.1.0.2.5)
Target: arm64-apple-darwin22.6.0
Thread model: posix
InstalledDir: /Applications/Xcode.app/Contents/Developer/Toolchains/XcodeDefault.xctoolchain/usr/bin
```

最後に、「go get github.com/mattn/go-sqlite3」を実行して、go-sqlite3パッケージをインストールします。

```
awesomeProject jsakai$ go get github.com/mattn/go-sqlite3
go: downloading github.com/mattn/go-sqlite3 v1.14.22
go: added github.com/mattn/go-sqlite3 v1.14.22
```

これで、MacでSQLiteを使用する準備が完了しました。

WindowsでSQLiteを利用する準備をしよう

Windowsの場合、まずは次のURLにアクセスし、SQLiteをダウンロードします。ページを下にスクロールすると、Windows用のダウンロードリンクがあります。

URL https://www.sqlite.org/download.html

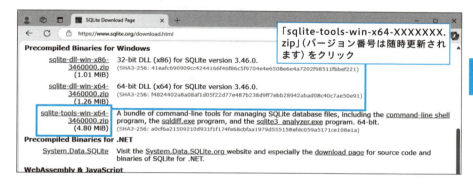

続いて、ダウンロードしたファイルを展開します。展開したフォルダ名を「sqlite」に変更したら、「ローカル ディスク (C:)」(Cドライブ) の下へとフォルダを移動します。

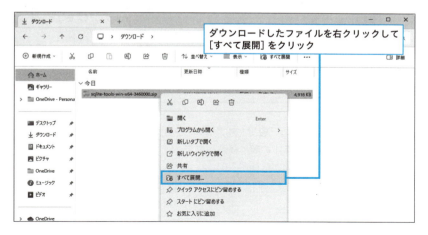

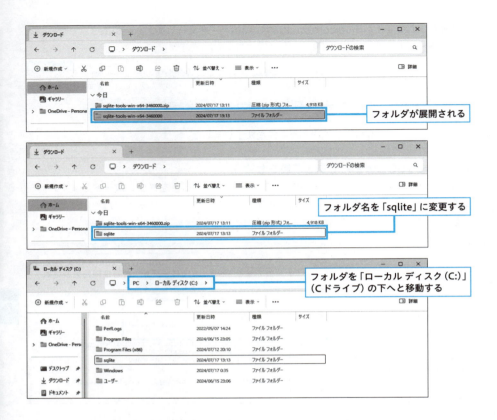

その後、「sqlite」フォルダに移動し、フォルダのパス（「C:¥sqlite」）をコピーします。

このパスを環境変数に追加します。「設定」アプリケーションを開き、［システム］→［バージョン情報］→［システムの詳細設定］の順に移動します。

Lesson 7 Webアプリケーションの作成　　Section 3 データベースを利用しよう

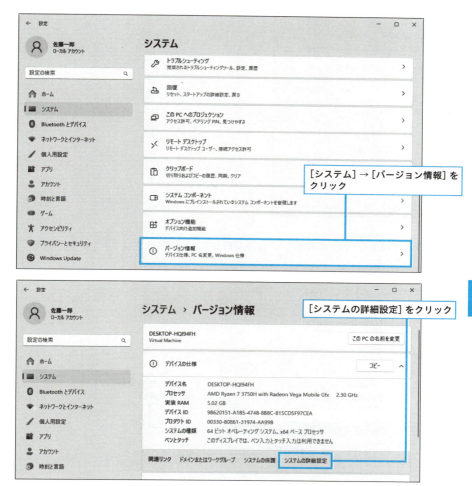

［システムのプロパティ］画面を開いたら、［環境変数］をクリックします。

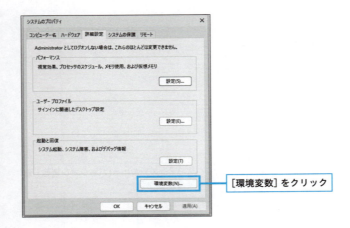

[システム環境変数]の中にある「Path」を選択して、[編集]をクリックします。

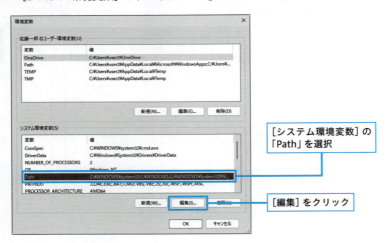

[新規]をクリックして、先ほどコピーしたSQLiteのフォルダパス(「C:¥sqlite」)をペーストします。その後、順次[OK]をクリックして画面を閉じます。

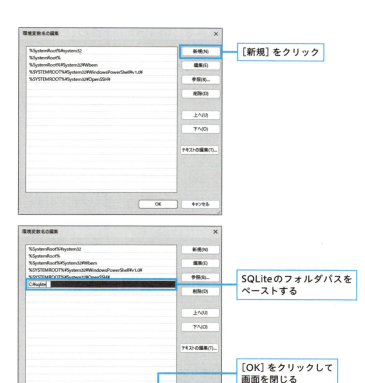

その後、VSCodeを再起動して設定したパスを読み込みます。SQLiteのインストールと環境変数の設定が終わったら、コマンドプロンプトからSQLiteが起動できるかどうかを確認します。「sqlite3」と入力して実行し、「sqlite>」と表示されたら、SQLiteがインストールされています。

ターミナル **SQLiteの確認**

```
C:\Users\sakai>sqlite3
SQLite version 3.46.0 2024-05-23 13:25:27 (UTF-16 console I/O)
Enter ".help" for usage hints.
Connected to a transient in-memory database.
Use ".open FILENAME" to reopen on a persistent database.
sqlite>
```

SQLiteの対話型シェルから抜けるには、「.exit」を実行してください。

ターミナル **SQLiteの終了**

```
sqlite> .exit

C:\Users\sakai>
```

続いて、gccのインストールを進めます。次のURLから、「tdm-gcc-webdl.exe」をクリックしてダウンロードします。

URL https://jmeubank.github.io/tdm-gcc/download/

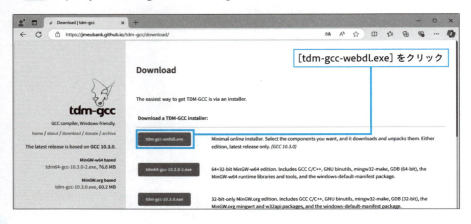

ダウンロードしたファイルを開き、インストールを進めます。

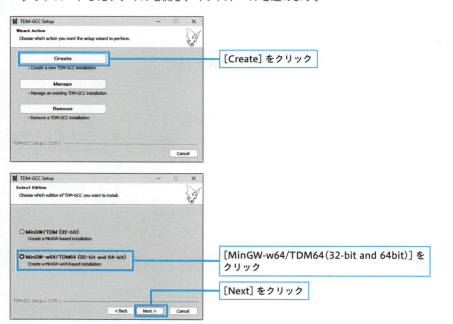

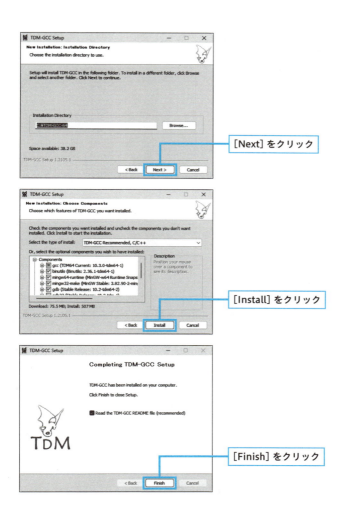

最後に、「go get github.com/mattn/go-sqlite3」を実行して、go-sqlite3パッケージをインストールします。

ターミナル go-sqlite3
```
C:\Users\sakai>go get github.com/mattn/go-sqlite3
```

これで、WindowsでSQLiteを使用する準備ができました！

データベースを操作しよう

SQLiteを使用する準備が整ったら、データベースを操作するコードを作成していきます。操作は、カラム（列）とレコード（行）を持つ表形式の**テーブル**に対して、**SQL**という言

語で記述した文（SQL文）を実行することで行います。主なSQL文には次のような種類があります。

SQL文	操作
CREATE 文	テーブルを作る
INSERT 文	レコードを追加する
SELECT 文	レコードを取得する
UPDATE 文	レコードを更新する
DELETE 文	レコードを削除する

SQLでデータベースを操作するには、**database/sql**パッケージを使用します。データベースを操作する大まかな流れは、次の通りです。

① **sql.Open 関数**でデータベースを開く
② SQL文を作る
③ SQL文を実行する
④ **Close メソッド**でデータベースを閉じる

それでは、実際にSQLを使ってデータベース（SQLite）を操作するコードを書いていきましょう。

まず、インストールしたgithub.com/mattn/go-sqlite3を、_を使ってインポートします。これは、sqlite3はコードの中で使いませんが、ビルド時に必要なためです。また、「var DbConnection *sql.DB」とグローバルで宣言し、データベースを利用する準備をします。

続いて、**sql.Open 関数**でデータベースを開きます。引数には「sqlite3」というデータベースのドライバ名と、「./example.sql」というファイル名を指定して、返り値を変数DbConnectionに代入します。この変数DbConnectionを使って、データベースを操作していきます。また、最後にはデータベースを閉じる必要があるので、**Close メソッド**を使用してdeferで「DbConnection.Close()」を実行します。

次に、テーブルを作成するSQL文である**CREATE文**を作成します。CREATE文は次のように書きます。

参考：CREATE 文

```
CREATE TABLE テーブル名 ( カラム名 型 , ～ )
```

また、テーブルが存在しない場合のみ作成したい場合は次のように書きます。

参考：CREATE 文

```
CREATE TABLE IF NOT EXISTS テーブル名 ( カラム名 型 , ～ )
```

ここでは、「person」という名前のテーブルがデータベース内に存在しなければ「person」テーブルを作成し、string型のnameとint型のageというカラムを作ります。`で囲むことで、改行しながらSQL文を書けます。

SQL文を変数cmdに代入したら、**Execメソッド**を使って「DbConnection.Exec(cmd)」のように実行します。CREATE文のときは、返り値は使用しないので、エラーのみ受け取ってエラーハンドリングを行います。

コード:c7_3_1(抜粋) **CREATE 文**

```go
import (
    "database/sql"
    "log"

    _ "github.com/mattn/go-sqlite3"     ← _を使ってインポート
)

var DbConnection *sql.DB                ← *sql.DB の変数を宣言

func main() {
    DbConnection, _ := sql.Open("sqlite3", "./example.sql")
    defer DbConnection.Close()
    cmd := `CREATE TABLE IF NOT EXISTS person(    ← CREATE 文を作成
        name STRING,
        age INT
    )`
    _, err := DbConnection.Exec(cmd)
    if err != nil {
        log.Fatalln(err)
    }
}
```

上記のコードを実行すると、ディレクトリ内に「example.sql」というファイルが作成されます。

ターミナルから「sqlite3 example.sql」を実行して、対話型シェルを表示しましょう。「.table」というコマンドを実行すると、「person」というテーブルが作られていることが確認できます。

ターミナル **テーブルの確認**

```
awesomeProject jsakai$ sqlite3 example.sql
SQLite version 3.39.5 2022-10-14 20:58:05
Enter ".help" for usage hints.
sqlite> .table         ← 「.table」コマンドを実行
person                 ← 「person」というテーブルが表示される
```

INSERT文でレコードを挿入しよう

personテーブルに対して、レコードを挿入するSQL文である**INSERT文**を実行します。INSERT文は次のように書きます。

参考：INSERT 文

```
INSERT INTO テーブル名 ( カラム名 , ～ ) VALUES ( 追加する値 , ～ )
```

このとき、追加する値を「?」とすると、Execメソッドの実行時に値を渡すことができます。この「?」のことを**プレースホルダ**といいます。SQL文への値の代入は、Sprintf関数を使うとセキュリティの問題（P.272で説明）がありますが、「?」を使って書くことでその対策が可能です。

先ほどと同様にエラーハンドリングをして、次のコードを実行します。

コード:c7_3_2(抜粋) / INSERT 文

```go
func main() {
    DbConnection, _ := sql.Open("sqlite3", "./example.sql")
    defer DbConnection.Close()
    cmd := `CREATE TABLE IF NOT EXISTS person(
        name STRING
        age INT
    )`
    _, err := DbConnection.Exec(cmd)
    if err != nil {
        log.Fatalln(err)
    }

    cmd = "INSERT INTO person (name, age) VALUES (?, ?)"   ── INSERT 文を作成
    _, err = DbConnection.Exec(cmd, "Nancy", 20)           ──「Nancy」「20」を指定してINSERT
                                                             文を実行
    if err != nil {
        log.Fatalln(err)
    }
}
```

ターミナルでSQL文を実行することもできます。ここでは、レコードを取得する**SELECT文**で、personテーブルのレコードを確認してみましょう。SELECT文は次のように書きます。

参考:SELECT 文

```
SELECT カラム名, 〜 FROM テーブル名
```

なお、すべてのカラムを取得する場合は、次のように書きます。

参考:SELECT 文

```
SELECT * FROM テーブル名
```

ここでは、personテーブルのすべてのカラムを取得するSQL文をコマンドで実行します。「select * from person;」と入力してコマンドを実行してみましょう。

ターミナル / レコードの確認

```
sqlite> select * from person;
Nancy|20
```

「Nancy」「20」のレコードが挿入されていることが確認できました。続いて、コードを書き換えて「Mike」「24」のレコードも追加してみましょう。

```go
cmd = "INSERT INTO person (name, age) VALUES (?, ?)"
_, err = DbConnection.Exec(cmd, "Mike", 24)  ← 「Mike」「24」を指定して
                                                INSERT文を実行
if err != nil {
    log.Fatalln(err)
}
```
コード：c7_3_3（抜粋） **INSERT文**

ターミナルから再度personテーブルを確認すると、レコードが追加されていることがわかります。

ターミナル **レコードの確認**
```
sqlite> select * from person;
Nancy|20
Mike|24
```

UPDATE文でレコードを更新しよう

次は、レコードを更新するSQL文である**UPDATE文**（アップデート）を実行してみましょう。INSERT文と同様に「?」を使い、Execメソッドで値を指定して実行します。ここでは、nameカラムの値が「Mike」であるレコードを対象として、「age」カラムの値を25に更新します。

コード：c7_3_4（抜粋） **UPDATE文**
```go
func main() {
    DbConnection, _ := sql.Open("sqlite3", "./example.sql")
    defer DbConnection.Close()
    cmd := `CREATE TABLE IF NOT EXISTS person(
                name STRING,
                age INT)`
    _, err := DbConnection.Exec(cmd)
    if err != nil {
        log.Fatalln(err)
    }

    cmd = "UPDATE person SET age = ? WHERE name = ?"  ← UPDATE文を作成
    _, err = DbConnection.Exec(cmd, 25, "Mike")        ← 条件と更新値を指定して
                                                          UPDATE文を実行
    if err != nil {
        log.Fatalln(err)
    }
}
```

ターミナルからコマンドを実行すると、nameカラムの値が「Mike」であるレコードの、ageカラムの値が「25」になっていることが確認できます。

ターミナル **レコードの確認**
```
sqlite> select * from person;
Nancy|20
Mike|25
```

SELECT文で複数のレコードを取得しよう

INSERT文をもう一度実行し、「Nancy」「20」のレコードをもう1件挿入します。

コード：c7_3_5（抜粋） レコードの追加

```
func main() {
    DbConnection, _ := sql.Open("sqlite3", "./example.sql")
    defer DbConnection.Close()
    cmd := `CREATE TABLE IF NOT EXISTS person(
                name STRING,
                age INT)`
    _, err := DbConnection.Exec(cmd)
    if err != nil {
        log.Fatalln(err)
    }

    cmd = "INSERT INTO person (name, age) VALUES (?, ?)"
    _, err = DbConnection.Exec(cmd, "Nancy", 20)
    if err != nil {
        log.Fatalln(err)
    }
}
```

ターミナルから再度コマンドでレコードが追加されていることを確認しましょう。

ターミナル レコードの確認

```
sqlite> select * from person;
Nancy|20
Mike|25
Nancy|20
```

　この状態で、「personテーブルのすべてのレコードを取得する」というSELECT文を作って実行してみましょう。
　SELECT文で取得したレコードを得るためには、**Queryメソッド**（クエリ）を使います。なお、ここではエラーハンドリングはしていません。また、Queryメソッドの返り値を代入した変数rowsは、deferで「rows.Close()」を実行する必要があります。
　次に、読み込んだレコードのデータを格納するための構造体Personを作成し、NameとAgeのフィールドを作ります。「var pp []Person」と構造体Personのスライスを作り、ここにPersonテーブルのレコードを1件ずつ格納します。
　変数rowsで**Nextメソッド**（ネクスト）を使い、forループで1件ずつレコードを取り出していきます。ループの中で変数pを宣言したあと、**Scanメソッド**（スキャン）で「rows.Scan(&p.Name, &p.Age)」として変数pのフィールドに値を入れて、変数ppのスライスにappend関数で追加します。
　その後、rangeで変数ppから1つずつ値を取り出してNameとAgeを表示してみましょう。次のコードを実行すると、personテーブルのすべてのレコードが出力されました。

コード:c7_3_6(抜粋) **SELECT文**

```go
type Person struct {          // 構造体 Person を作成
    Name string
    Age  int
}

func main() {
    DbConnection, _ := sql.Open("sqlite3", "./example.sql")
    defer DbConnection.Close()
    cmd := `CREATE TABLE IF NOT EXISTS person(
                name STRING,
                age INT)`
    _, err := DbConnection.Exec(cmd)
    if err != nil {
        log.Fatalln(err)
    }

    cmd = "SELECT * FROM person"                    // SELECT文を作成
    rows, _ := DbConnection.Query(cmd)              // SELECT文を実行して変数 rows に格納
    defer rows.Close()
    var pp []Person
    for rows.Next() {
        var p Person
        err := rows.Scan(&p.Name, &p.Age)           // 変数 p に値を入れる
        if err != nil {
            log.Println(err)
        }
        pp = append(pp, p)
    }
    for _, p := range pp {
        fmt.Println(p.Name, p.Age)
    }
}
```

実行結果

```
Nancy 20
Mike 25
Nancy 20
```

なお、上記のコードでは、Scanメソッドの実行時に1回ずつエラーハンドリングをしていますが、Errメソッドで次のようにまとめてエラーハンドリングをする方法もあります。

コード:c7_3_7(抜粋) **Errメソッド**

```go
    for rows.Next() {
        var p Person
        err := rows.Scan(&p.Name, &p.Age)
        if err != nil {
            log.Println(err)
        }
```

```
        pp = append(pp, p)
    }
    err = rows.Err()         ── Err メソッドでエラーハンドリングをする
    if err != nil {
        log.Fatalln(err)
    }
```

SELECT文で1件のレコードを取得しよう

　SELECT文で条件を指定する場合は、**WHERE句**(ウェア)のあとに条件を書きます。「SELECT * FROM person where age = ?」とした場合、personテーブルからageカラムの値が「?」で指定した値と等しいレコードのみを取得できます。

　レコードを1件だけ取得したいときは、**QueryRowメソッド**(クエリロウ)を使用します。取得したレコードは、Scanメソッドで変数pに値を格納します。

　QueryRowメソッドではエラーハンドリングを少し変更します。エラーを格納した変数errが**sql.ErrNoRows**(エラーノーロウズ)（当てはまるレコードがないときに起きるエラー）の場合は「log.Println("No row")」を実行し、そうでない場合は「log.Println(err)」を実行します。

　次のコードを実行すると、ageカラムの値が「20」のレコードが取得されます。personテーブルには、ageカラムの値が「20」のレコードが2件存在しますが、QueryRowメソッドはレコードを1件のみ取得します。

コード:c7_3_8（抜粋）　**QueryRow メソッド**

```go
func main() {
    DbConnection, _ := sql.Open("sqlite3", "./example.sql")
    defer DbConnection.Close()
    cmd := `CREATE TABLE IF NOT EXISTS person(
                name STRING,
                age INT)`
    _, err := DbConnection.Exec(cmd)
    if err != nil {
        log.Fatalln(err)
    }

    cmd = "SELECT * FROM person where age = ?"
    row := DbConnection.QueryRow(cmd, 20)       ── QueryRow メソッドを実行
    var p Person
    err = row.Scan(&p.Name, &p.Age)
    if err != nil {
        if err == sql.ErrNoRows {
            log.Println("No row")
        } else {
            log.Println(err)
        }
    }
    fmt.Println(p.Name, p.Age)
}
```

```
Nancy 20
```
実行結果

ここで、WHERE句の条件に「1000」を指定して、当てはまるデータが存在しないようなSELECT文を実行してみます。

コード:c7_3_9(抜粋) QueryRow メソッド

```
cmd = "SELECT * FROM person where age = ?"
row := DbConnection.QueryRow(cmd, 1000)        条件に「1000」を指定
var p Person
err = row.Scan(&p.Name, &p.Age)
if err != nil {
    if err == sql.ErrNoRows {
        log.Println("No row")
    } else {
        log.Println(err)
    }
}
fmt.Println(p.Name, p.Age)
```

実行結果
```
2024/05/02 17:32:22 No row
 0
```

当てはまるレコードがpersonテーブルに存在しないため、「No row」のログが出力されています。また、最後の「fmt.Println(p.Name, p.Age)」の処理では、変数pに値が入っていないため、それぞれNameとAgeのデフォルト値(空文字列と0)が表示されています。

DELETE文でレコードを削除しよう

レコードを削除する**DELETE文**を実行してみましょう。ここでは、「DELETE FROM person WHERE name = ?」として、personテーブルからnameカラムの値が「?」で指定した値と等しいレコードを削除します。Execメソッドで、「?」に「Nancy」を指定してSQL文を実行します。

コード:c7_3_10(抜粋) DELETE文

```
func main() {
    DbConnection, _ := sql.Open("sqlite3", "./example.sql")
    defer DbConnection.Close()
    cmd := `CREATE TABLE IF NOT EXISTS person(
              name STRING,
              age INT)`
    _, err := DbConnection.Exec(cmd)
    if err != nil {
        log.Fatalln(err)
    }

    cmd = "DELETE FROM person WHERE name = ?"
```

```go
    _, err = DbConnection.Exec(cmd, "Nancy")
    if err != nil {
        log.Fatalln(err)
    }
}
```

コードを実行したあと、ターミナルから再度確認すると、nameカラムの値が「Nancy」のレコードが消えていることがわかります。

ターミナル レコードの確認
```
sqlite> select * from person;
Mike|25
```

SQLインジェクションの例を確認しよう

　データベースは、悪意のある第三者から攻撃を受ける可能性があります。場合によっては、レコードを変更されたり、テーブルそのものを削除されたりしてしまうこともあります。その攻撃手法を理解し、防ぐ方法を学んでいきましょう。

　SQL文に使用するテーブル名を、あとで変更しやすいように変数を使って指定してみましょう。テーブル名を指定する際には、「?」で指定することができないので、fmt.Sprintf関数を使います。

　P.269で実行した「SELECT * FROM person」というSQL文で、personテーブルをfmt.Sprintf関数で指定してみましょう。変数tablenameにテーブル名を代入し、「fmt.Sprintf("SELECT * FROM %s", tableName)」とSQL文を作成します。

　実行すると、personテーブルのレコードが表示されます。

コード:c7_3_11(抜粋) fmt.Sprintf関数でSQL文を作成
```go
func main() {
    DbConnection, _ := sql.Open("sqlite3", "./example.sql")
    defer DbConnection.Close()
    cmd := `CREATE TABLE IF NOT EXISTS person(
            name STRING,
            age INT)`
    _, err := DbConnection.Exec(cmd)
    if err != nil {
        log.Fatalln(err)
    }

    tableName := "person"
    cmd = fmt.Sprintf("SELECT * FROM %s", tableName)  // テーブル名を指定する
    rows, _ := DbConnection.Query(cmd)
    defer rows.Close()
    var pp []Person
    for rows.Next() {
```

```go
        var p Person
        err := rows.Scan(&p.Name, &p.Age)
        if err != nil {
            log.Println(err)
        }
        pp = append(pp, p)
    }
    err = rows.Err()
    if err != nil {
        log.Fatalln(err)
    }
    for _, p := range pp {
        fmt.Println(p.Name, p.Age)
    }
}
```

実行結果
```
Mike 25
```

　ここで、変数tableNameの値を、ユーザーの入力から自由に受け付けるという処理を想定してみます。悪意のあるユーザーが、変数tablenameに代入する値として「person; INSERT INTO person (name, age) VALUES ('Mr.X', 100);」と入力したとしましょう。この文字列は、テーブル名のpersonに続いて、「;」でSQL文を区切り、その後にINSERT文を書いています。

　fmt.Sprintf関数でSQL文を作成すると、「SELECT * FROM person; INSERT INTO person (name, age) VALUES ('Mr.X', 100);」という2つのSQL文になります。SELECT文を実行したあと、INSERT文でレコードを挿入しています。

　このコードを実行すると、実行結果には何も表示されません。

コード:c7_3_12(抜粋) / SQLインジェクション
```go
func main() {
    DbConnection, _ := sql.Open("sqlite3", "./example.sql")
    defer DbConnection.Close()
    cmd := `CREATE TABLE IF NOT EXISTS person(
                name STRING,
                age INT)`
    _, err := DbConnection.Exec(cmd)
    if err != nil {
        log.Fatalln(err)
    }

    tableName := "person; INSERT INTO person (name, age) VALUES ('Mr.X', 100);"
    cmd = fmt.Sprintf("SELECT * FROM %s", tableName)
    rows, _ := DbConnection.Query(cmd)
    defer rows.Close()
    var pp []Person
```

```go
    for rows.Next() {
        var p Person
        err := rows.Scan(&p.Name, &p.Age)
        if err != nil {
            log.Println(err)
        }
        pp = append(pp, p)
    }
    err = rows.Err()
    if err != nil {
        log.Fatalln(err)
    }
    for _, p := range pp {
        fmt.Println(p.Name, p.Age)
    }
}
```

　ターミナルからデータベースを確認してみると、「Mr.X」のレコードが追加されていることがわかります。

ターミナル **レコードの確認**

```
sqlite> select * from person;
Mike|25
Mr.X|100
```

　このように、意図しないSQLを実行されてしまうことが、**SQLインジェクション**です。

　P.266のように「?」を使うと、SQLインジェクションになるような文字列を自動でエスケープ（無効化）してくれます。ただし、テーブル名を指定するときには「?」を使うことができないので、エスケープする関数を自分で作るなどの必要があります（PostgreSQLや他のデータベースでは、テーブル名のエスケープに対応可能な場合もあります）。

　テーブル名をユーザーの入力から持ってくるというケースはほぼないのですが、アプリケーション開発においてテーブル名を動的に変更したい場合があるので、その際にはSQLインジェクションについても意識しておきましょう。

7-4 Webアプリケーションを作成しよう

パソコンやスマホのブラウザから利用するWebページで動作しているWebアプリケーションは、これまでに説明してきたHTTPやJSON、データベースなどの処理を組み合わせて構成されています。ここでは、シンプルにテキストファイルのデータを読み込み、GETリクエストとPOSTリクエストを処理するWebアプリケーションを例にして、基本的なWebアプリケーションのコードについて説明していきます。

テキストを編集して表示するアプリケーションを作ろう

GoでWebアプリケーションを作っていきましょう。ここでは、Goの公式ページで紹介されているアプリケーションを例に説明していきます。

URL https://go.dev/doc/articles/wiki/

Webページ上にテキストを表示して編集する簡単なアプリケーションを作っていきます。GoのコードでPC上にWebサーバーを立ち上げ、Webブラウザからアクセスして操作します。

テキストを表示するページ　　　　　**テキストを編集するページ**

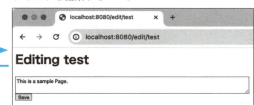

他のプログラミング言語でWeb系のアプリケーションを作るには、Webのフレームワークを使って構築する場合が多いのですが、Goには標準でWebアプリケーションが作りやすいパッケージが提供されています。そのため、サードパーティのWebフレームワークを使わなくても、ある程度のWebアプリケーションであれば、Goの標準パッケージで作ることができます。

osパッケージでテキストファイルの読み書きをしよう

最初に、Goの標準パッケージであるos（オーエス）パッケージを使い、テキストファイルに対して読み書きを行う処理を作っていきましょう。

今回は、データベースの代わりにテキストファイルを使用し、データを読み込んでWebページとして表示したり、Webページで入力した内容をテキストファイルに書き込んだりするWebアプリケーションを作成していきます。

os.WriteFile関数でファイルにデータを書き込もう

まず、Webページを管理する構造体Pageを作ります。フィールドには、string型のTitleと、byte配列のBodyを定義します。

コード：c7_4_1（抜粋） **構造体 Page の定義**
```
type Page struct {
    Title string
    Body  []byte
}
```

この構造体Pageに、saveというメソッドを作ります。ページの情報をデータベース（ここではテキストファイル）に保存するイメージです。

まず、変数filenameに、構造体PageのTitleに「.txt」を足した値を入れて初期化します。**os.WriteFile関数**を実行し、変数filenameのファイルに構造体PageのBodyを入れて、「0600」というPermission（権限）で保存します。「0600」という権限は、「Webサーバーを立ち上げたユーザーがそのファイルを読み書きできる」という権限です。

コード：c7_4_1（抜粋） **save メソッドの処理**
```
func (p *Page) save() error {
    filename := p.Title + ".txt"
    return os.WriteFile(filename, p.Body, 0600)
}
```

続いて、main関数で、変数p1に構造体Pageを代入して初期化します。Titleには「test」、Bodyにはbyte配列で「This is a sample Page.」を代入します。

saveメソッドを呼び出してコードを実行すると、「test.txt」という名前のファイルが作成され、「This is a sample Page.」と書き込まれています。

コード：c7_4_1（抜粋） **main 関数の処理**
```
func main() {
    p1 := &Page{Title: "test", Body: []byte("This is a sample Page.")}
    p1.save()
}
```

実行結果（test.txt）
```
This is a sample Page.
```

os.ReadFile関数でファイルからデータを読み込もう

続いて、loadPage関数を作成します。この関数は、データベースからページの情報を読み込む処理を行うイメージです。

loadPage関数の引数はstring型のtitleとし、返り値は*Pageとerrorを返します。

変数filenameに、引数titleに「.txt」を加えてファイル名を代入し、**os.ReadFile関数**で読み込んだ内容を変数bodyに代入します。エラーハンドリングをしたあと、TitleとBodyに値を代入した構造体Pageのアドレスと、エラーがないのでnilを返り値として返します。

コード:c7_4_2（抜粋） **os.ReadFile関数**

```go
func loadPage(title string) (*Page, error) {
    filename := title + ".txt"
    body, err := os.ReadFile(filename)
    if err != nil {
        return nil, err
    }
    return &Page{Title: title, Body: body}, nil
}
```

main関数では、「p1.Title」の値で指定したタイトルのファイルをloadPage関数で読み込みます。読み込んだ内容は変数p2に代入し、「p2.Body」のbyte配列の内容をstring型にして表示しましょう。

コードを実行すると、test.txtの内容が読み込まれて表示されました。

コード:c7_4_2（抜粋） **main 関数の処理**

```go
func main() {
    p1 := &Page{Title: "test", Body: []byte("This is a sample Page.")}
    p1.save()

    p2, _ := loadPage(p1.Title)
    fmt.Println(string(p2.Body))
}
```

実行結果

```
This is a sample Page.
```

Webサーバーを立ち上げよう

httpパッケージを使い、Webサーバーの処理を作成していきましょう。まずは、**http.ListenAndServe関数**でWebサーバーを立ち上げていきます。

第1引数には、「:8080」とWebサーバーを立ち上げるポート番号を指定します。「:8080」のように、「:」の前に何も書かない場合は、「localhost:8080」のようにlocalhostを指定してWebページにアクセスします。

第2引数は**ハンドラー**（HTTPリクエストに対して応答するためのインターフェース）を指定します。今回はデフォルトを指定したいため、nilと書きます。デフォルトのハンドラーにより、「localhost:8080」でアクセスしたときに、「404 page not found」を返します。

ListenAndServe関数は、サーバーで問題が発生した場合にエラーを返すので、log.Fatal関数の引数に指定して、サーバーの実行中にエラーが起きたら出力するようにします。

また、このWebサーバーを立ち上げる前に**http.HandleFunc関数**でURLを登録します。

第1引数に「/view/」を指定し、このURLにアクセスが来たときに、第2引数のハンドラーで処理を行います。ここではviewHandlerという名前でハンドラーの関数を指定します。

コード：c7_4_3（抜粋） **Webサーバーの立ち上げ**
```
func main() {
    http.HandleFunc("/view/", viewHandler)      ── URLを登録
    log.Fatal(http.ListenAndServe(":8080", nil)) ── Webサーバーを立ち上げる
}
```

続いて、viewHandler関数のコードを書いていきます。引数は(w http.ResponseWriter, r *http.Request)のように指定します。

引数の「w http.ResponseWriter」は、HTTPレスポンスを作成する役割を持つインターフェースです。「r *http.Request」には、Webページに対するリクエストの内容が格納されています。この引数rに対して、「r.URL.Path」のように書くと、**URLのパス**の情報が取得できます。たとえば、「localhost:8080/view/test」というURLの場合、「/view/test」の部分が取得できます。

ここでは、「r.URL.Path」で「/view/test」を取得したあと、さらに「test」の部分の文字列を取り出すために、「r.URL.Path[len("/view/"):]」と書いて、「/view/」の文字列の長さの数より後ろの文字列を取得して変数titleに格納します。

続いて、loadPage関数でテキストファイルの情報を読み込みます。その後、**fmt.Fprintf関数**で、第2引数以降で指定したフォーマットの文字列を、http.ResponseWriterの変数wに書き込み、HTTPレスポンスとしてWebページに表示するHTMLを作ります。ここでは、loadPage関数で読み込んだページのTitleとBodyの情報を渡して表示させます。

コード：c7_4_3（抜粋） **ハンドラーの定義**
```
func viewHandler(w http.ResponseWriter, r *http.Request) {
    // /view/test
    title := r.URL.Path[len("/view/"):]      ──「/view/」より後ろの部分を取り出す
    p, _ := loadPage(title)
    fmt.Fprintf(w, "<h1>%s</h1><div>%s</div>", p.Title, p.Body)
}
```

このコードを実行すると、Webサーバーが立ち上がります。Webブラウザのアドレスバーに「localhost:8080」を入力して遷移すると、デフォルトのハンドラーによって「404 page not found」と表示されます。

「localhost:8080/view/test」のページに移動すると、URLが「/view/」ではじまるため、viewHandler関数の処理が実行されます。「/view/test」から「test」を取り出して、loadPage関数でtest.txtの内容を読み込みます。その後、h1要素で表示されるタイトルが「test」、本文がtest.txtから読み込んだ「This is a sample Page.」となっているページが表示されます。

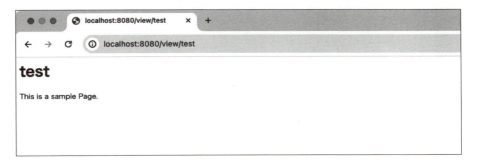

> **Point** HandleFunc関数
>
> HandleFunc関数の定義を見てみると、第1引数にはstring型でURLのパターンを、第2引数にはハンドラーとして関数を渡す必要があります。そのため、先ほどのコードでは、第1引数に「/view/」というURLのパターン、第2引数にResponseWriterと*Requestを引数に持つviewHandler関数を渡しています。
>
> 参考：HandleFunc 関数
> ```
> func HandleFunc(pattern string, handler func(ResponseWriter, *Request)) {
>     if use121 {
>         DefaultServeMux.mux121.handleFunc(pattern, handler)
>     } else {
>         DefaultServeMux.register(pattern, HandlerFunc(handler))
>     }
> }
> ```

viewHandler関数にブレークポイントを設定してからデバッグで実行し、「localhost:8080/view/test」にアクセスして確認してみると、変数rには、HostやRequestURIといった、HTTPリクエストの情報が格納されていることがわかります。

HTMLのテンプレートを利用しよう

　先ほどのコードでは、viewHandler関数の中でfmt.Fprintf関数を使い、直接HTMLを書いていましたが、もっとHTMLが長くなった場合、別のファイルに書くことが現実的です。そこで、テンプレートとなるHTMLファイルを作り、**text/template**（テキスト/テンプレート）パッケージを使って読み込んでいきましょう。ここでは、先ほど作成した「/view/」のURLで表示されるviewページと、「/edit/」のURLでviewページの本文の内容を編集できるeditページの2つについて、テンプレートを使って表示してみます。

viewページを作成しよう

　まず、同じディレクトリに「view.html」というHTMLファイルを作ります。
　続いて、viewHandler関数の処理を変更します。fmt.Fprintf関数でHTMLを作成するのではなく、renderTemplateという独自の関数を作成し、変数wと文字列「view」、変数pを渡してHTTPレスポンスを作成するようにしましょう。

コード:c7_4_4(抜粋) / viewHandler関数の変更

```go
func viewHandler(w http.ResponseWriter, r *http.Request) {
    // /view/test
    title := r.URL.Path[len("/view/"):]
```

```
    p, _ := loadPage(title)
    renderTemplate(w, "view", p) ——— renderTemplate 関数を呼び出す処理に変更
}
```

renderTemplate関数では、**template.ParseFiles関数**でテンプレートとなるHTMLファイルを作成し、テンプレートを読み込みます。読み込んだテンプレートを代入した変数tで**Executeメソッド**を実行し、変数pに格納されたWebページの情報をhttp.ResponseWriterに書き込みます。

コード：c7_4_4（抜粋） **renderTemplate 関数の処理**
```
func renderTemplate(w http.ResponseWriter, tmpl string, p *Page) {
    t, _ := template.ParseFiles(tmpl + ".html")
    t.Execute(w, p)
}
```

次に、view.htmlを書いていきます。「<h1>{{.Title}}</h1>」と書くと、Executeメソッドに渡した変数pのTitleをh1要素に入れることができます。

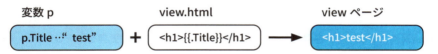

続いて、後ほど作成するeditページへのリンク（**a要素**）を作成します。「<p>[<a href="/edit/{{.Title}}">Edit</a>]</p>」と書くと、Titleの文字列を含めた「/edit/{{.Title}}」というURLへのリンクを作成できます。Titleの値が「test」であれば、「/edit/test」というページへのリンクが作れます。

byte配列であるBodyの内容を表示するには、「<div>{{printf "%s" .Body}}</div>」と書いて文字列に変換します。

コード：c7_4_4 **view.html**
```
<h1>{{.Title}}</h1>

<p>[<a href="/edit/{{.Title}}">Edit</a>]</p>

<div>{{printf "%s" .Body}}</div>
```

editページを作成しよう

続いて、editのページの処理を作成しましょう。main関数で、http.HandleFunc関数の処理を追加し、「/edit/」のURLでeditHandler関数を呼び出すようにします。

コード：c7_4_4（抜粋） **URL の登録**
```
func main() {
    http.HandleFunc("/view/", viewHandler)
    http.HandleFunc("/edit/", editHandler) ——— 「/edit/」の URL を登録
```

```
        log.Fatal(http.ListenAndServe(":8080", nil))
}
```

次に、editHandler関数を作成していきます。loadPage関数の処理でエラーハンドリングを行い、ページが読み込めなかった場合は、新しくPage構造体を作成して変数pに代入します。

コード：c7_4_4（抜粋） **editHandler関数の処理**

```
func editHandler(w http.ResponseWriter, r *http.Request) {
    // /edit/test
    title := r.URL.Path[len("/edit/"):]
    p, err := loadPage(title)
    if err != nil {
        p = &Page{Title: title}       ページが読み込めなかった場合、新たに作成
    }
    renderTemplate(w, "edit", p)
}
```

edit.htmlを作成していきます。h1要素は「Editing {{.Title}}」を書いておきましょう。
続いて、編集した内容を送信するための**form要素**、Webページ上で入力可能な枠を作る**textarea要素**、そして入力内容を送信するためのボタンとして**input要素**を作成します。

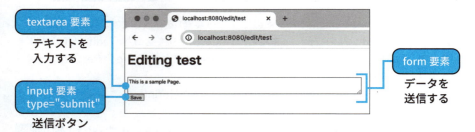

まずはform要素を作ります。actionは「/save/{{.Title}}」、methodは「Post」とします。これはつまり、form要素の処理を送信するときに、「/save/{{.Title}}」のURLに対してPOSTリクエストを送信するという意味です。このPOSTリクエストの処理はP.284で作成していきます。

textarea要素には、loadPage関数で読み込んだ変数pのBodyの内容を「{{printf "%s" .Body}}」で表示します。このとき、name属性（P.284の処理で使用）は「body」とし、「rws="20"」と「cols="80"」でtextarea要素の大きさを指定します。
最後にinput要素を、「type="submit"」と「value="Save"」を指定して作成します。

コード：c7_4_4 **edit.html**

```html
<h1>Editing {{.Title}}</h1>

<form action="/save/{{.Title}}" method="Post">
```

```
    <div>
        <textarea name="body" rws="20" cols="80">{{printf "%s" .Body}}</textarea>
    </div>
    <div>
        <input type="submit" value="Save">
    </div>
</form>
```

　この状態でコードを実行し、「localhost:8080/view/test」にアクセスしてみると、test.txtの内容を読み込んで、view.htmlのテンプレートを基にページを表示しています。

　「[Edit]」のリンクをクリックすると、「http://localhost:8080/edit/test」に遷移します。タイトルに「Editing test」、テキストエリアにはtest.txtから読み込んだ「This is a sample Page.」が表示されています。また、テキストエリアの下には「Save」のボタンがあります。

Webページからの入力内容をファイルに保存しよう

　editページで「Save」のボタンを押したときの処理として、save関数を作っていきます。main関数でhttp.HandleFunc関数の処理を追加し、「/save/」のURLでsaveHandler関数を呼び出すようにします。

コード:c7_4_5(抜粋) **URLの登録**

```
func main() {
    http.HandleFunc("/view/", viewHandler)
    http.HandleFunc("/edit/", editHandler)
```

```
    http.HandleFunc("/save/", saveHandler)          ──── 「/save/」のURLを登録
    log.Fatal(http.ListenAndServe(":8080", nil))
}
```

続いて、saveHandler関数の処理を作成します。

edit.htmlで入力したform要素の内容は、typeがsubmitのinput要素であるボタンが押されたときに送信され、引数の「r *http.Request」に格納されています。textarea要素のname属性に「body」と指定しているため、textarea要素の内容は**FormValueメソッド**（フォームバリュー）を使って「r.FormValue("body")」で取得できます。取得した情報を変数bodyに格納したら、Page構造体のフィールドに値を入れて変数pに代入します。

このPageの情報を、P.276で作成したsaveメソッドでファイルに保存します。エラーハンドリングを行い、もしエラーが発生した場合は**http.Error関数**（エラー）を実行します。このとき、**http.StatusInternalServerError**を指定することで、HTTPステータスコードの500を返します。

エラーがなければ、**http.Redirect関数**（リダイレクト）で「"/view/"+title」のURLに遷移させます。HTTPステータスコードは**http.StatusFound**で302を返します。

コード：c7_4_5（抜粋）　saveHandler関数の処理

```
func saveHandler(w http.ResponseWriter, r *http.Request) {
    // /save/test
    title := r.URL.Path[len("/save/"):]
    body := r.FormValue("body")
    p := &Page{Title: title, Body: []byte(body)}
    err := p.save()
    if err != nil {
        http.Error(w, err.Error(), http.StatusInternalServerError)
        return
    }
    http.Redirect(w, r, "/view/"+title, http.StatusFound)
}
```

> **Point　InternalServerError**
>
> http.StatusInternalServerErrorの定義を確認すると、次のようにRFCで定められたステータスコード「500」が書かれています。
>
> 参考：ステータスコード
> ```
> StatusInternalServerError        = 500 // RFC 9110, 15.6.1
> ```

また、viewHandler関数でもエラーハンドリングを追加します。エラーが発生した、つまり該当するviewページがない（loadpage関数で読み込むテキストファイルが存在しない）場合、http.Redirect関数で「"/edit/"+title」のURLに遷移するようにします。

コード:c7_4_5(抜粋) **viewHandler 関数の処理**

```go
func viewHandler(w http.ResponseWriter, r *http.Request) {
    // /view/test
    title := r.URL.Path[len("/view/"):]
    p, err := loadPage(title)         エラーハンドリングを追加
    if err != nil{
        http.Redirect(w, r, "/edit/"+title, http.StatusFound)
        return
    }
    renderTemplate(w, "view", p)
}
```

　これはつまり、**読み込むデータ（テキストファイル）が存在しなければ、editページで新規に作成できる**ような処理にしています。たとえば、「view/test3」というページにアクセスしようとして、テキストファイルが存在しなかったとします。その際に、一旦editページに遷移し、入力した内容をsave関数によってテキストファイルとして保存できるような処理になっています。

　これらのコードを実行して、「localhost:8080/edit/test」にアクセスします。テキストエリアに「This is a sample Page.1」「This is a sample Page.2」「This is a sample Page.3」を入力して、「Save」ボタンを押しましょう。

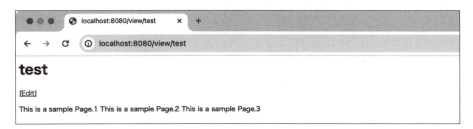

　すると、次のように「localhost:8080/view/test」に遷移して、テキストエリアに入力した内容が表示されています。

　「Edit」をクリックして再び「localhost:8080/edit/test」に遷移します。editのページでは、入力した改行も含めて表示されます。

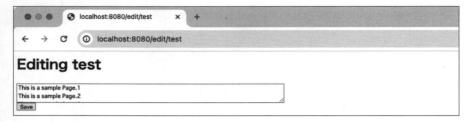

同様に、「This is a sample Page.4」を書き加えて再び「Save」ボタンを押してみます。「localhost:8080/view/test」では、入力した内容が改行されずに表示されます。

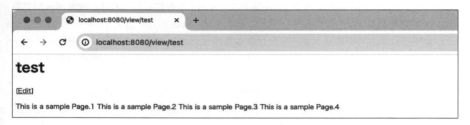

ここで、URLを「localhost:8080/view/test2」にして遷移してみましょう。すると、該当するデータのテキストファイル（test2.txt）は存在しないため、viewHandler関数のエラーハンドリングに従って「localhost:8080/edit/test2」に遷移しました。タイトルも「Editing test2」となっています。

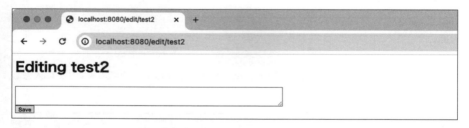

テキストエリアに「test2 test2」と書いて「Save」ボタンを押してみましょう。すると、「localhost:8080/view/test2」に遷移し、入力した内容が表示されました。

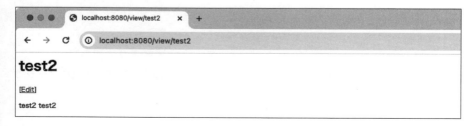

また、コードのあるディレクトリを確認すると、「test2.txt」が作成されていることが確認できます。

Webアプリケーションのコードを効率化しよう

P.281で作成したrenderTemplate関数は、viewHandler関数やeditHandler関数が実行されるたびに、ParseFilesメソッドが呼び出されています。

コード:c7_4_4(抜粋) **renderTemplate 関数の処理**
```
func renderTemplate(w http.ResponseWriter, tmpl string, p *Page) {
    t, _ := template.ParseFiles(tmpl + ".html")
    t.Execute(w, p)
}
```

これを、毎回実行するのではなく、一度作成したテンプレートを繰り返し使用(キャッシング)するようにしましょう。まず、template.Must関数で、template.ParseFiles関数の引数に「edit.html」と「view.html」を指定して実行し、宣言した変数templatesに代入します。

この変数templatesをrenderTemplate関数の処理で使用していきます。
ExecuteTemplate メソッド(エグゼキュートテンプレート)でページの内容をテンプレートに反映し、もしエラーがあればhttp.StatusInternalServerErrorを返します。

こうすることで、ParseFilesメソッドを毎回呼び出す必要がなくなり、コードが効率的になります。

コード:c7_4_6(抜粋) **ExecuteTemplate 関数**
```
var templates = template.Must(template.ParseFiles("edit.html", "view.html"))

func renderTemplate(w http.ResponseWriter, tmpl string, p *Page) {
    err := templates.ExecuteTemplate(w, tmpl+".html", p)
    if err != nil {
        http.Error(w, err.Error(), http.StatusInternalServerError)
    }
}
```

Handlerで共通の処理をまとめる

viewHandler関数、editHandler関数、saveHandler関数の中の処理では、それぞれ「title := r.URL.Path[len("/view/"):]」のような、URLのパスから変数titleに値を代入する処理を行っています。

この処理を1つの関数にまとめてみましょう。まず、それぞれの関数の引数に「title string」を加え、変数titleを初期化する処理を削除します。

コード:c7_4_7(抜粋) **Handler の処理の変更**
```
func viewHandler(w http.ResponseWriter, r *http.Request, title string) {
    // /view/test
```

```
    p, _ := loadPage(title)
    renderTemplate(w, "view", p)
}

func editHandler(w http.ResponseWriter, r *http.Request, title string) {
    // /edit/test
    p, err := loadPage(title)
    if err != nil {
        p = &Page{Title: title}
    }
    renderTemplate(w, "edit", p)
}

func saveHandler(w http.ResponseWriter, r *http.Request, title string) {
    // /save/test
    body := r.FormValue("body")
    p := &Page{Title: title, Body: []byte(body)}
    err := p.save()
    if err != nil {
        http.Error(w, err.Error(), http.StatusInternalServerError)
        return
    }
    http.Redirect(w, r, "/view/"+title, http.StatusFound)
}
```

すると、引数を変更したため、main関数でviewHandler関数やeditHandler関数、saveHandler関数を呼び出していた部分がエラーになっています。ここでは、新しくmakeHandlerという関数を呼び出して、その引数にそれぞれの関数を指定するようにしてみましょう。

___コード:c7_4_7(抜粋)___ **main 関数の処理の変更**

```
func main() {
    http.HandleFunc("/view/", makeHandler(viewHandler))
    http.HandleFunc("/edit/", makeHandler(editHandler))
    http.HandleFunc("/save/", makeHandler(saveHandler))
    log.Fatal(http.ListenAndServe(":8080", nil))
}
```

続いて、makeHandler関数を作っていきます。makeHandler関数の引数と返り値は、「func makeHandler(fn func(http.ResponseWriter, *http.Request, string)) http.HandlerFunc」のように定義します。

引数は、「http.ResponseWriter」「*http.Request」「string」の3つの型を引数に取る関数（たとえば、viewHandler関数やeditHandler関数、saveHandler関数のような関数）を、makeHandler関数に渡すという意味です。

返り値の型には、**http.HandlerFunc**（ハンドラーファンク）という型を指定します。この型は、httpパッケー

ジで定義されている、ResponseWriterと*Requestを引数に持つ型です。これは、変更前のviewHandler関数やeditHandler関数、saveHandler関数と同じ型です。そのため、main関数でmakeHandler関数を呼び出すように変更してもエラーにはなりません。

　makeHandler関数の中で、返り値となる関数を定義していきます。まず「return func(w http.ResponseWriter, r *http.Request)」として、http.HandlerFuncの型と同じ引数を持つ関数を定義します。

　この中に、返り値となる関数のコードを書いていきましょう。ここでは、P.230でも使用したregexp.MustCompile関数で正規表現を用いるための変数validPathを作成し、r.URL.PathのURLから文字列を抽出します。もし正規表現に当てはまる文字列がなければ、**http.NotFound関数**(ノットファウンド)で、404エラーを返します。

　最後に、引数として受け取った変数fn（ここではviewHandler関数やeditHandler関数、saveHandler関数）に、http.ResponseWriterの変数wと、*http.Requestの変数r、そして変数titleに該当する文字列（「m[2]」で抽出した文字列）を渡しましょう。

コード：c7_4_7（抜粋） **makeHandler関数の処理**

```
var validPath = regexp.MustCompile("^/(edit|save|view)/([a-zA-Z0-9]+)$")

func makeHandler(fn func(http.ResponseWriter, *http.Request, string)) http.HandlerFunc {
    return func(w http.ResponseWriter, r *http.Request) {
        m := validPath.FindStringSubmatch(r.URL.Path)
        if m == nil {
            http.NotFound(w, r)
            return
        }
        fn(w, r, m[2])
    }
}
```

　これで、makeHandler関数は、変数titleの文字列を指定した状態で、viewHandler関数やeditHandler関数、saveHandler関数を返すことができます。

　このコードを実行し、「localhost:8080/view/test」などのURLにアクセスしてみると、P.285のコードと同様に問題なく動作することが確認できます。

　以上、Webアプリケーションについて説明してきました。もし復習したい場合は、P.275で紹介したURLのドキュメントを参照しながら、試行錯誤しつつコードを書き換え、実行やデバッグをすることで理解が深まるでしょう。

Column

エンジニアのキャリア戦略②
生成AIの台頭で、エンジニアは不要ってホント？

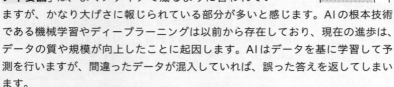

　ChatGPTをはじめとする生成AIに対する「**エンジニア不要論**」は、よくメディアで煽るように言われていますが、かなり大げさに報じられている部分が多いと感じます。AIの根本技術である機械学習やディープラーニングは以前から存在しており、現在の進歩は、データの質や規模が向上したことに起因します。AIはデータを基に学習して予測を行いますが、間違ったデータが混入していれば、誤った答えを返してしまいます。

　現状、AIは簡単なコードやルーチン作業を自動化することができますが、たとえばFacebookのような**大規模かつ複雑なシステムを作成することはまだできません**。つまり、エンジニアは引き続き重要な役割を担っており、AI自体を開発・維持するのもエンジニアです。もしエンジニアがいなければ、生成AIは存在すらできませんよね。

　将来的には「ユートピア」のような、すべての労働が自動化される社会が訪れる可能性があるかもしれません。しかし、そのような未来においても、**最後まで残る職業はエンジニア**でしょう。食料生産や住宅建設が自動化される時代でも、それらを制御するプログラムを作成・維持するのはエンジニアの役割ですから。

　現実として、AIはエンジニアの仕事を効率化し、単純作業を代行することで、**エンジニアがより創造的で高度な問題に集中できる**ようになります。エンジニア不要論に不安を感じる人こそ、生成AIを使ってみて、その限界と可能性を理解すべきです。AIは補助的なツールであり、人間の創造力や複雑な問題解決能力を代替するものではありません。もちろん、技術の進化に伴ってエンジニアの役割は変化しますが、その重要性はますます増していくと思います。

　また、逆にChatGPTを活用するのに過度な抵抗感を抱いているエンジニアもいるかもしれませんが、個人的には**どんどん使うべき**だと思います。もちろん、自動生成されたコードをコピー＆ペーストして、理論が分からないまま次のステップに進んでしまうのはスキルが身につかないのでNGです。しかし、**1行1行きちんと意味を理解**し、自分の知識へとインプットしていけば、むしろ上達スピードは上がっていくことでしょう。

Lesson 8 応用編

MVCモデル

ここまでのLessonで、Goの基本的な使い方を説明してきました。ここからは応用編として、実際のコードを使ってアプリケーションの作り方を解説していきます。ここでは、アプリケーションの構造（アーキテクチャ）のうち、MVCモデルを例にとって説明していきます。

8-1	MVCモデルとは	292
8-2	アプリケーション作成の準備をしよう	295
8-3	モデルを実装しよう	313
8-4	コントローラを実装しよう	326
8-5	ビューを実装しよう	331

8-1 MVCモデルとは

MVCモデルは、Webアプリケーションの開発によく使われるアーキテクチャです。コードをModel（モデル）、View（ビュー）、Controller（コントローラ）の3つに分けて、アプリケーションを作ります。まずはMVCモデルの概要を説明しましょう。

アーキテクチャとは

　ここからは、実際のアプリケーションの作り方について説明していきます。アプリケーションの規模が大きくなればなるほど、コードの量は増え、プロジェクトは複雑になっていきます。そのため、どのような**アーキテクチャ（Architecture）**を用いてコードを開発していくのかが重要になります。

　アーキテクチャは「構造」という意味があり、アプリケーション開発では、アプリケーション（コードやハードウェア）の構造や設計思想を指す言葉です。アプリケーションの代表的なアーキテクチャには、**MVCモデル**、**オニオンアーキテクチャ**、**ヘキサゴナルアーキテクチャ**、**クリーンアーキテクチャ**などがあります。

　アプリケーションのコードのうち、業務内容に直接影響する処理（アプリケーションのコア部分の処理）を**ビジネスロジック**といいます。MVCモデルなどのアーキテクチャは、ビジネスロジックとそれ以外の処理を分けることで、外部デバイスやサービスなどに対する依存性を低減することを目的としています。

MVCモデルとは

　MVCモデルとは、処理（コード）を**Model**（モデル）、**View**（ビュー）、**Controller**（コントローラ）の3つに分ける考え方です。**アプリケーション内部のデータを、ユーザーが直接参照・編集する情報から分離できる**ことが特徴です。

　モデルは、データの管理とビジネスロジックを担当します。データの変更をビューに伝えるのもモデルの役割です。

　ビューは、コントローラを通してモデルのデータを取り出し、ユーザーが見るのに適した形で渡します。Webアプリケーションでは、動的にHTML文書を生成してデータを表示するといったUIのコードなどにあたります。

　コントローラは、ユーザーからの入力をモデルへと伝える要素です。すなわち、UIからの入力を担当します。コントローラは、モデルに変更を引き起こす場合もありますが、直接

描画を行ったり、モデルの内部データを直接操作したりはしません。

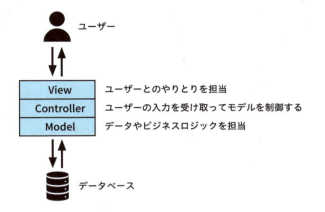

MVCモデルのメリットとデメリット

MVCモデルのメリットには、次のような点が挙げられます。

・各部分が独立しているため、作業の分担や再利用がしやすい
・UIの変更や機能の追加が他の部分に影響を与えにくい
・テストやデバッグが容易

一方、デメリットとして、次のような点が挙げられます。

・設計や実装が複雑になり、コード量が増える場合がある
・小規模な開発には不向きな場合がある
・処理速度が遅くなる場合がある

> **Point** MVCモデルの例
>
> MVCモデルは、もともと1980年代にSmalltalkというオブジェクト指向のプログラミング言語で考案されたもので、その後Webシステム開発に広く用いられるようになりました。現在では、Ruby on RailsやCakePHPなどといったWebアプリケーションを構築するためのフレームワークがMVCモデルを採用しています。

アルバムを操作するアプリケーション

今回は、楽曲のアルバム情報をデータベースに保存し、データの作成や取得、変更、削除などの管理を行うWebアプリケーションを作ります。HTMLは作成せず、直接APIを呼び出す形で、Webアプリとやりとりします。

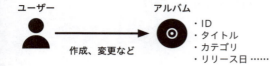

ここでは、**REST API**（HTTPメソッドを通してやりとりをする仕組み）を利用してユーザーからHTTPリクエストを受け取り、MVCモデルで構築したWebアプリケーションからHTTPレスポンスを返すことを想定して、コードを作成していきます。

作成するAPIのアプリケーションをMVCモデルの図で表すと、次のようになります。

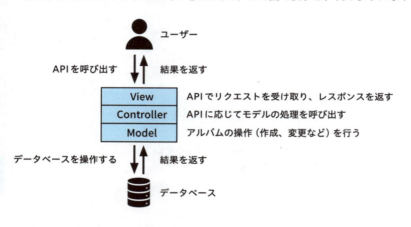

プロジェクトのフォルダ構成は、次のようになります。

```
go-api-arch-mvc-template（プロジェクトフォルダ）
├── api：APIに関する設定やコード
├── app：モデルとコントローラのコード
│   ├── controllers：コントローラのコード
│   └── models：モデルのコード
├── configs：設定に関するコード
├── external-apps：外部のアプリケーション
│   └── db：データベースの設定ファイル
├── integration：インテグレーションテスト（Lesson9で説明）
└── pkg：アプリケーション内で汎用的に使うコード
    ├── logger：ログに関するコード
    └── tester：テストで使用するコード（Lesson9で説明）
```

8-2 アプリケーション作成の準備をしよう

MVCモデルでアプリケーションを実装していく前に、まずは準備をしていきましょう。必要なコードを自動生成したり、ロギングや環境変数の設定をしたり、データベースを作成したりなど、準備の手順について1つずつ解説していきます。

APIのコードを自動生成しよう

まずは、アルバムを操作（データの作成や取得、変更、削除）するためのAPIに関するコードを作成していきましょう。なお、コードは重要な部分を説明していますが、すべて説明していない場合もあるため、サンプルコードを参考にしながら作ってみてください。

Goのツールである **oapi-codegen** を使用し、APIの定義ファイルを基にしてコードを生成していきます。また、APIは、**OpenAPI**（オープンエーピーアイ）というWebアプリケーションにおける一般的なAPIの仕様に従って、HTTPリクエストやHTTPレスポンスの定義をしていきます。

ここでは、プロジェクトフォルダに「api」というフォルダを作成し、次のような構成で設定ファイルなどを作ります。

```
api
├── api.gen.go：oapi-codegenで自動生成するAPIのコード（P.302で作成）
├── config.yaml：oapi-codegenの設定ファイル（P.302で作成）
└── openapi.yaml：自動生成するAPIの設定ファイル（P.296で作成）
```

まず、openapi.yamlというファイルを作成します。このファイルには **YAML**（ヤムル）という設定ファイルなどによく使われる形式で、アルバムを操作するAPIの仕様を書いていきます。oapi-codegenでopenapi.yamlの記述に従って、Goのコードを自動生成します。

openapi.yaml → oapi-codegen → Goのコード

ここでは、openapi.yamlに4つのAPIを定義します。「/album」というエンドポイント（API呼び出し先のURL）に対してPOSTメソッドのAPIを、「/album/{id}」というエンドポイントに対してGETメソッド、PATCHメソッド、DELETEメソッドのAPIを定義しま

す。{id}には指定されたアルバムのIDが埋め込まれ、HTTPリクエストとして受け取ります。なお、このようなURLのパスに含めるパラメータのことを**パスパラメータ**といいます。

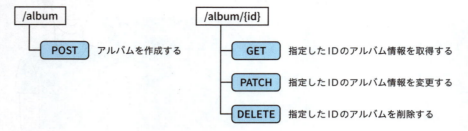

openapi.yamlでは、次の情報を書いていきます。

項目名	内容
openapi	OpenAPIのバージョン
info	APIの情報
servers	APIが利用可能なサーバーのURL
paths	APIの設定（エンドポイントやメソッドなど）
components	APIで使用するスキーマ（データの構造や形式などの情報）の定義

APIの基本情報

最初にAPIの基本情報として、「openapi」「info」「servers」を次のように書きます。

コード：c8_2_1（抜粋） **openapi.yaml**

```
openapi: 3.0.3          ── OpenAPIのバージョン
info:
  title: Go API Template   ── 作成するAPIのタイトル
  version: 1.0.0           ── 作成するAPIのバージョン
servers:                    APIが利用可能なサーバーのURL
  - url: http://0.0.0.0:8080/api/v1
  - url: http://localhost:8080/api/v1
  - url: http://127.0.0.1:8080/api/v1
```

POSTメソッドの定義

続いて、「paths」の中にAPIの設定を書いていきます。

まず、「/album」というエンドポイントに対して、POSTメソッドでAPIを定義します。このAPIでは、新しいアルバムを作成します。

「requestBody」の中では、リクエストボディのJSONのスキーマ（データの構造や形式などの情報）などを定義します。また、「responses」の中には、ステータスコードごとのレスポンスボディのJSONのスキーマなどを定義します。

「$ref」はYAML内の別の部分を参照しています。ここでは、「AlbumCreateRequest」「AlbumResponse」「ErrorResponse」のスキーマ（構造）をあとで定義しており、その定義を参照しています。

```yaml
# コード：c8_2_1（抜粋）  openapi.yaml
paths:
  /album:
    post:                          # POSTメソッドの定義
      summary: Create a new album
      operationId: createAlbum
      requestBody:                 # リクエストボディの定義
        content:
          application/json:
            schema:
              $ref: '#/components/schemas/AlbumCreateRequest'   # 別の定義を参照
        required: true
      responses:                   # レスポンスの定義
        '201':                     # 成功時のレスポンス
          description: Created
          content:
            application/json:
              schema:
                $ref: '#/components/schemas/AlbumResponse'      # 別の定義を参照
        '400':                     # 失敗時のレスポンス
          description: Bad Request
          content:
            application/json:
              schema:
                $ref: '#/components/schemas/ErrorResponse'      # 別の定義を参照
```

GETメソッドの定義

続いて、「/album/{id}」というエンドポイントに対するGETメソッドでのAPIを定義します。パラメータの定義は「parameters」の中に書いていきます。ここでは、「id」という名前で整数型の値をパスに含める必要があります。

「responses」の中には、ステータスコードごとのレスポンスを定義します。ステータスコードが200（正常）の場合は「AlbumResponse」、もしパラメータが不正だった場合（ステータスコード400）や指定したIDのアルバムが存在しなかった場合（ステータスコード404）は、「ErrorResponse」というスキーマでそれぞれJSONデータを返します。

```yaml
# コード：c8_2_1（抜粋）  openapi.yaml
  /album/{id}:
    get:                           # GETメソッドの定義
      summary: Find album by ID
      operationId: getAlbumById
      parameters:                  # パラメータの定義
        - name: id                 # パラメータの名前を指定
          in: path                 # パラメータの場所を指定
          required: true
          schema:
            type: integer          # 整数型を指定
      responses:
```

```yaml
      '200':                      ── 成功時のレスポンス
        description: OK
        content:
          application/json:
            schema:
              $ref: '#/components/schemas/AlbumResponse'      ── 別の定義を参照
      '400':                      ── 失敗時（400エラー）のレスポンス
        description: Bad Request
        content:
          application/json:
            schema:
              $ref: '#/components/schemas/ErrorResponse'      ── 別の定義を参照
      '404':                      ── 失敗時（404エラー）のレスポンス
        description: Not Found
        content:
          application/json:
            schema:
              $ref: '#/components/schemas/ErrorResponse'      ── 別の定義を参照
```

PATCHメソッドの定義

`/album/{id}` に対してPATCHメソッドでリクエストが来た場合は、指定したIDのアルバムを更新できるようにします。

定義はGETメソッドのときとほとんど同じですが、リクエストボディのスキーマの定義を「AlbumUpdateRequest」とします。

── コード:c8_2_1(抜粋) openapi.yaml

```yaml
  /album/{id}:
...
    patch:                       ── PATCHメソッドの定義
      summary: Update a album by ID
      operationId: updateAlbumById
      parameters:
        - name: id
          in: path
          required: true
          schema:
            type: integer
      requestBody:                ── リクエストボディの定義
        content:
          application/json:
            schema:
              $ref: '#/components/schemas/AlbumUpdateRequest'  ── 別の定義を参照
        required: true
      responses:
        '200':                    ── 成功時のレスポンス
          description: Updated
```

```yaml
          content:
            application/json:
              schema:
                $ref: '#/components/schemas/AlbumResponse'    ── 別の定義を参照
        '400':    ── 失敗時（400エラー）のレスポンス
          description: Bad Request
          content:
            application/json:
              schema:
                $ref: '#/components/schemas/ErrorResponse'    ── 別の定義を参照
        '404':    ── 失敗時（404エラー）のレスポンス
          description: Not Found
          content:
            application/json:
              schema:
                $ref: '#/components/schemas/ErrorResponse'    ── 別の定義を参照
```

DELETEメソッドの定義

「/album/{id}」にDELETEメソッドでリクエストがきた場合は、指定したIDのアルバムを削除できるようにします。

こちらも定義はGETメソッドのときとほとんど同じですが、アルバムの削除が成功した場合は、204ステータスコードを返すようにします。

コード：c8_2_1（抜粋） **openapi.yaml**

```yaml
  /album/{id}:
    ...
    delete:    ── DELETEメソッドの定義
      summary: Delete a album by ID
      operationId: deleteAlbumById
      parameters:
        - name: id
          in: path
          required: true
          schema:
            type: integer
      responses:
        '204':    ── 成功時（ステータスコード204）の定義
          description: No Content
        '400':    ── 失敗時（400エラー）のレスポンス
          description: Bad Request
          content:
            application/json:
              schema:
                $ref: '#/components/schemas/ErrorResponse'    ── 別の定義を参照
        '404':    ── 失敗時（404エラー）のレスポンス
          description: Not Found
```

```
      content:
        application/json:
          schema:
            $ref: '#/components/schemas/ErrorResponse'      ──── 別の定義を参照
```

スキーマの定義

　最後に、「components」の中に、上記のYAMLで使用したスキーマの定義を書いていきましょう。レスポンスボディの「AlbumResponse」「ErrorResponse」、リクエストボディの「AlbumUpdateRequest」「AlbumCreateRequest」のスキーマを定義しています。それぞれのスキーマがどのような値を持つかについて、キーや型を書いていきます。複数のキーが存在する場合は「properties」の中に書きます。

　また、それぞれのスキーマで共通して使用しているデータ構造は、「Category」「ReleaseDate」「Anniversary」として作成し、それぞれから参照しています。

コード:c8_2_1（抜粋） openapi.yaml

```
components:
  schemas:
    Category:                ──── Category スキーマの定義
      type: object
      properties:
        id:
          type: integer
        name:
          type: string
          enum:
            - food
            - music
            - sports
      required:
        - name
    ReleaseDate:             ──── ReleaseDate スキーマの定義
      type: string
      format: date
    Anniversary:             ──── Anniversary スキーマの定義
      type: integer
    AlbumResponse:           ──── AlbumResponse スキーマの定義
      type: object
      properties:
        id:
          type: integer
        title:
          type: string
        category:
          $ref: '#/components/schemas/Category'      ──── Category スキーマを参照
        anniversary:
```

```
          $ref: '#/components/schemas/Anniversary'      ── Anniversary スキーマを参照
        releaseDate:
          $ref: '#/components/schemas/ReleaseDate'      ── ReleaseDate スキーマを参照
      required:
        - id
        - title
        - category
        - anniversary
        - releaseDate
    AlbumUpdateRequest:          ── AlbumUpdateRequest スキーマの定義
      type: object
      properties:
        title:
          type: string
        category:
          $ref: '#/components/schemas/Category'         ── Category スキーマを参照
    AlbumCreateRequest:          ── AlbumCreateRequest スキーマの定義
      type: object
      properties:
        title:
          type: string
        category:
          $ref: '#/components/schemas/Category'         ── Category スキーマを参照
        releaseDate:
          $ref: '#/components/schemas/ReleaseDate'      ── ReleaseDate スキーマを参照
      required:
        - title
        - category
        - releaseDate
    ErrorResponse:               ── ErrorResponse スキーマの定義
      type: object
      properties:
        message:
          type: string
      required:
        - message
```

oapi-codegenの実行

yamlファイルを作成したら、oapi-codegenでコードを自動生成していきます。まずは、次のコマンドを実行してインストールします。

```
go-api-arch-mvc-template jsakai$ go install github.com/oapi-codegen/oapi-codegen/v2/cmd/oapi-codegen@latest
```

続いて、「api」フォルダに「config.yaml」を作成し、oapi-codegen で使用する設定ファイルを次のように記述します。

```
                                            コード：c8_2_1  config.yaml
package: api
generate:
  models: true
  gin-server: true
  client: true
  embedded-spec: true
output: api/api.gen.go
```

「openapi.yaml」「config.yaml」の2つのyamlファイルが「api」フォルダに作成できたら、次のコマンドを実行してください。

                                            ターミナル コードの自動生成
```
go-api-arch-mvc-template jsakai$ oapi-codegen --config=./api/config.yaml ./api/openapi.yaml
```

コマンドを実行すると、「api」フォルダの中に「api.gen.go」というファイルが自動作成されます。このファイルには、APIを呼び出すクライアント側のコードや、サーバー側のコードなど、APIを使用するのに必要なコードが含まれています。

ロギングの設定を作成しよう

続いて、ロギングの設定を作成していきます。ここではプロジェクトフォルダに「pkg」フォルダを作成し、その中にさらに「logger」フォルダを作って、「logger.go」というフォルダにコードを書いていきます。

このコードは、**zap**(ザップ)という高速で構造化されたロギングパッケージを使います。最初に、コードで使用する変数を宣言します。Zapパッケージには、ログの出力やレベルの設定などに使用できる**zap.Logger**(ロガー)と**zap.SugaredLogger**(シュガードロガー)という2つの型が用意されており、SugaredLoggerはLoggerよりも簡単にログを書くことができます。ここでは、コードの最初で両方の変数を宣言しておきます。

                                            コード：c8_2_2（抜粋） logger.go
```go
package logger

import (
    "go.uber.org/zap"
    "os"
)

var (
    ZapLogger       *zap.Logger          // zap.Logger型の変数を宣言
    zapSugaredLogger *zap.SugaredLogger  // zap.SugaredLogger型の変数を宣言
)
```

init関数の定義

続いて、init関数（P.39）を定義しましょう。ここでは、変数ZapLoggerと変数zapSugaredLoggerをそれぞれ初期化します。

まず、**zap.NewProductionConfig関数**で、プロダクション環境（本番環境）用の設定を構築し、変数cfgに代入します。この設定では、ログのフォーマットはJSON、ログレベルはInfo以上、出力先は標準エラー出力となっています。

次に、**os.Getenv関数**で環境変数APP_LOG_FILEの値を取得して、変数logFileに代入します。もし環境変数の値があれば、変数cfgのフィールドOutputPathsに「[]string{"stderr", logFile}」を代入して、ログの出力先を設定します。ここでは、「stderr」（標準エラー出力）と変数logFileの2つを指定しています。これで、ログは標準エラー出力と環境変数で指定されたファイルの両方に出力されます。

続いて、変数cfgの**Buildメソッド**でロガーを作成して変数ZapLoggerに代入します。Buildメソッドは、問題が発生した場合はエラーを返しますが、エラーハンドリングをする代わりに**zap.Must関数**の引数に指定することで、エラー発生時にはパニック（P.108）を起こしてプログラムが停止するようにしています。

再度os.Getenv関数を使用して、環境変数APP_ENVの値が「development」（開発環境）と等しいかどうかを判定します。もし開発環境の場合は、**zap.NewDevelopment関数**で開発環境用のロガーを変数ZapLoggerに代入します。このロガーの設定では、ログレベルはDEBUG以上、出力先は標準エラー出力になっています。また、ログにはソースコードのファイル名や行番号などの情報も追加で出力されます。

最後に、変数ZapLoggerの**Sugarメソッド**で、変数zapSugaredLoggerにSugaredLogger型のロガーを代入します。

コード：c8_2_2（抜粋） **logger.go**

```
func init() {
    cfg := zap.NewProductionConfig()              ── プロダクション環境用の設定を作成
    logFile := os.Getenv("APP_LOG_FILE")          ── 環境変数を取得
    if logFile != "" {
        cfg.OutputPaths = []string{"stderr", logFile}  ── ログ出力先を設定
    }

    ZapLogger = zap.Must(cfg.Build())             ── ロガーを作成（失敗したらパニック）
    if os.Getenv("APP_ENV") == "development" {    ── 開発環境かどうか確認
        ZapLogger = zap.Must(zap.NewDevelopment()) ── 開発環境用のロガーを作成
    }
    zapSugaredLogger = ZapLogger.Sugar()
}
```

Sync関数の定義

続いて、Sync関数を定義します。この関数は、変数zapSugaredLoggerの**Syncメソッド**を実行することで、メモリ内のバッファに残っているログをファイルに出力します。

```
                                                             コード:c8_2_2(抜粋)  logger.go
func Sync() {
    err := zapSugaredLogger.Sync()
    if err != nil {
        zap.Error(err)
    }
}
```

各ログレベルの関数の定義

最後に、変数zapSugaredLoggerで各ログレベルのログ出力を行う関数を定義します。

```
                                                             コード:c8_2_2(抜粋)  logger.go
func Info(msg string, keysAndValues ...interface{}) {
    zapSugaredLogger.Infow(msg, keysAndValues...)
}

func Debug(msg string, keysAndValues ...interface{}) {
    zapSugaredLogger.Debugw(msg, keysAndValues...)
}

func Warn(msg string, keysAndValues ...interface{}) {
    zapSugaredLogger.Warnw(msg, keysAndValues...)
}

func Error(msg string, keysAndValues ...interface{}) {
    zapSugaredLogger.Errorw(msg, keysAndValues...)
}

func Fatal(msg string, keysAndValues ...interface{}) {
    zapSugaredLogger.Fatalw(msg, keysAndValues...)
}

func Panic(msg string, keysAndValues ...interface{}) {
    zapSugaredLogger.Panicw(msg, keysAndValues...)
}
```

> **Point** ログレベル
>
> ログレベルとは、ログの重要性を段階として表したものです。多くのロギング用のパッケージではログレベルを設定することで、重要度の高いログのみを表示するなど、ログをどの程度出力するかを設定できます。Zapパッケージには、重要性の高い順に、Fatal、Panic、DPanic、Error、Warn、Info、Debugの7段階のログレベルがあります。

Point　Logger型とSugaredLogger型

SugaredLogger型は、Logger型よりも簡単にログを書くことができます。Logger型は、ログのメッセージとフィールドを別々に指定する必要がありますが、SugaredLogger型は、ログのメッセージに埋め込み式を使って、フィールドを指定することが可能です。たとえば、Logger型は次のようにロギングの処理を書きます。

参考 Logger型
```
logger.Info("Failed to fetch URL.", zap.String("url", url), zap.Int("attempt", 3), zap.Duration("backoff", time.Second))
```

一方、SugaredLogger型では、次のInfofメソッドのように、フォーマット文字列を使って書きます。

参考 SugaredLogger型
```
sugaredLogger.Infof("Failed to fetch URL: %s", url, zap.Int("attempt", 3), zap.Duration("backoff", time.Second))
```

このように、SugaredLogger型は、Logger型よりも簡潔にログを書くことができますが、その分パフォーマンスや型安全性（間違った型が使われることを防ぐこと）が低くなります。

アプリケーションの設定を作成しよう

Goの環境変数などの設定を読み取るためのコードを作成します。プロジェクトフォルダに「configs」フォルダを作り、その中にconfig.goというファイルを作成してコードを書いていきます。

まず、環境変数の値を取得するGetEnvDefault関数を作成します。引数として、環境変数のキーと、キーが存在しない場合のデフォルト値を、それぞれstring型のkeyとdefValとして受け取り、環境変数の値またはデフォルト値を返します。

この関数では、**os.LookupEnv関数**（ルックアップエンブ）で環境変数の値と存在確認を行い、環境変数が存在すればその値を、存在しない場合はデフォルト値を返します。

コード：c8_2_3（抜粋）　**config.go**
```go
package configs

import (
    "os"
    "strconv"

    "go.uber.org/zap"

    "go-api-arch-mvc-template/pkg/logger"
)

func GetEnvDefault(key, defVal string) string {
    val, err := os.LookupEnv(key)  // 環境変数を取得する
    if !err {
```

```
        return defVal  ──── 環境変数がなければ引数 defVal を返す
    }
    return val  ──── 環境変数があれば取得した値を返す
}
```

続いて、環境変数の設定を保持する構造体ConfigListを作成します。この構造体には、環境名、データベースのホスト、ポート、ドライバー、名前、ユーザー、パスワード、APIのCORS許可オリジンなどのフィールドを定義します。

構造体ConfigListのIsDevelopmentメソッドは、構造体のフィールドEnvの値が「development」かどうか（つまり、開発環境かどうか）を判定してbool値を返します。

また、環境変数の設定を格納するため、ConfigList型の変数Configを宣言します。

──── コード:c8_2_3（抜粋） **config.go**

```
type ConfigList struct {
    Env                 string
    DBHost              string
    DBPort              int
    DBDriver            string
    DBName              string
    DBUser              string
    DBPassword          string
    APICorsAllowOrigins []string
}

func (c *ConfigList) IsDevelopment() bool {
    return c.Env == "development"  ──── Env の値が「development」かどうか確認する
}

var Config ConfigList
```

LoadEnv関数（ロードエンブ）は、環境変数の設定を読み込んで、変数Configに代入する関数です。この関数では、先ほど作成したGetEnvDefault関数で環境変数の値を取得していきます。

まず、環境変数「MYSQL_PORT」の値を取得し、strconv.Atoi関数（P.57）で文字列を整数に変換して変数DBPortに代入します。この時点でエラーが発生した場合は、エラーを返して関数を終了します。その後、変数ConfigにConfigList型の構造体リテラルで環境変数を代入します。

──── コード:c8_2_3（抜粋） **config.go**

```
func LoadEnv() error {
    DBPort, err := strconv.Atoi(GetEnvDefault("MYSQL_PORT", "3306"))
    if err != nil {
        return err
    }

    Config = ConfigList{
```

```
        Env:              GetEnvDefault("APP_ENV", "development"),
        DBDriver:          GetEnvDefault("DB_DRIVER", "mysql"),
        DBHost:            GetEnvDefault("DB_HOST", "0.0.0.0"),
        DBPort:            DBPort,
        DBUser:            GetEnvDefault("DB_USER", "app"),
        DBPassword:        GetEnvDefault("DB_PASSWORD", "password"),
        DBName:            GetEnvDefault("DB_NAME", "api_database"),
        APICorsAllowOrigins: []string{"http://0.0.0.0:8001"},
    }
    return nil
}
```

init関数でLoadEnv関数を呼び出し、環境変数の設定を読み込みます。エラーが発生した場合は、P.304で作成したloggerパッケージのError関数でログを出力し、panicでプログラムを終了します。

コード：c8_2_3（抜粋） **config.go**

```
func init() {
    if err := LoadEnv(); err != nil {
        logger.Error("Failed to load env: ", zap.Error(err))
        panic(err)
    }
}
```

configs/config.goのテストを作ろう

「configs」フォルダにconfig_test.goを作成し、testingパッケージ（P.211）を使ってテストコードを作成してみましょう。また、もう1つテスト用のパッケージとして、「github.com/stretchr/testify/assert」を利用しています。これは、テストに便利な**アサーション（条件判定）**を提供するパッケージです。

ここでは、LoadEnv関数についてのテストとして、TestInitEnv関数を作成します。まず、LoadEnv関数を呼び出して、返り値を変数errに代入します。次に、**assert.Nil関数**（ニル）で変数errがnilであることのアサーションを行い、もしアサーションに失敗した場合（変数errがnilではなく、LoadEnv関数がエラーを返してきた場合）、このテストは失敗します。

続いて、**assert.Equal関数**（イコール）で、読み込んだ環境変数の値がそれぞれ想定した値になっているかどうかを確認します。たとえば、「assert.Equal(t, "development", Config.Env)」の場合、エクスポートされた変数ConfigのフィールドEnvの値が「development」であるかどうかを確認します。もし想定と異なる値だった場合は、テストは失敗します。

コード：c8_2_3 **config_test.go**

```
package configs

import (
    "testing"
```

```go
    "github.com/stretchr/testify/assert"
)

func TestInitEnv(t *testing.T) {
    err := LoadEnv()
    assert.Nil(t, err)

    assert.Equal(t, "development", Config.Env)
    assert.Equal(t, "0.0.0.0", Config.DBHost)
    assert.Equal(t, 3306, Config.DBPort)
    assert.Equal(t, "mysql", Config.DBDriver)
    assert.Equal(t, "api_database", Config.DBName)
    assert.Equal(t, "app", Config.DBUser)
    assert.Equal(t, "password", Config.DBPassword)
    assert.Equal(t, true, Config.IsDevelopment())
}
```

このテストを実行してみましょう。「go test ./configs/...」のコマンドを実行することで、「configs」フォルダの中にあるすべてのテストファイルを実行しています。

ターミナル テストの実行
```
go-api-arch-mvc-template jsakai$ go test ./configs/...
```

実行結果
```
ok      go-api-arch-mvc-template/configs    0.289s
```

データベースの設定をしよう

続いて、データベースを設定していきます。今回のアプリケーションでは、**MySQL**（マイエスキューエル）というデータベースを使用してデータを保存していきます。

init.sqlの作成

まず、APIで扱うalbumsとcategoriesの2つのテーブルについて、スキーマ（構造）を定義していきます。プロジェクトフォルダに「external-apps」フォルダを作成し、その中の「db」フォルダに「init.sql」というファイルを作り、データベースとテーブルを作成するSQL文を書いていきます。

まず、「api_database」という名前のデータベースが存在しない場合、CREATE文でapi_databaseデータベースを作成します。続いて、USE文で使用するデータベースを選択することで、以降のSQL文はapi_databaseデータベース内で実行されます。

その後、CREATE文でテーブルを作成していきます。まずはalbumsテーブルを作成しましょう。INT型のidカラム、DATE（日付）型のrelease_dateカラム、INT型のcategory_idカラム、VARCHAR型（文字列型、最大255文字）のtitleカラムを作成します。また、作成時と更新時の日時の情報として、TIMESTAMP型のcreated_atカラムとupdated_atカラムを作成します。

categoriesテーブルでは、INT型のid、VARCHAR型（文字列型、最大10文字）のname、TIMESTAMP型のcreated_atという3つのカラムを作成します。

コード：c8_2_4 init.sql

```sql
CREATE DATABASE IF NOT EXISTS api_database;    ── api_databaseデータベースを作成

USE api_database;    ── 使用するデータベースをapi_databaseに指定

CREATE TABLE albums (    ── albumsテーブルを作成
    id INT PRIMARY KEY AUTO_INCREMENT,
    release_date DATE,
    category_id INT,
    title VARCHAR(255),
    created_at TIMESTAMP DEFAULT CURRENT_TIMESTAMP,
    updated_at TIMESTAMP DEFAULT CURRENT_TIMESTAMP ON UPDATE CURRENT_TIMESTAMP
);

CREATE TABLE categories (    ── categoriesテーブルを作成
    id INT PRIMARY KEY AUTO_INCREMENT,
    name VARCHAR(10),
    created_at TIMESTAMP DEFAULT CURRENT_TIMESTAMP
);
```

> **Point** テーブル作成時のカラムの設定
>
> INT型のidカラムは、**PRIMAERY KEY**（プライマリーキー）と設定されています。これは、**主キー**といって、データベースのテーブルにおいて各レコードを一意に識別するための値を意味しています。また、**AUTO_INCREMENT**（オートインクリメント）で自動で数字が連番になるように設定されます。
> また、TIMESTAMP型のcreated_atカラムとupdated_atカラムは、**DEFAULT CURRENT_TIMESTAMP**（デフォルトカレントタイムスタンプ）と設定されているため、デフォルトで現在時刻が入ります。updated_atカラムはさらに**ON UPDATE CURRENT_TIMESTAMP**（オンアップデートカレントタイムスタンプ）の設定があるので、レコードが更新されるたびに現在時刻の値で更新されます。

MySQLの立ち上げ

続いて、**Docker**（ドッカー）を使用してMySQLを立ち上げていきます。Dockerを使うと、**コンテナ**と呼ばれる仮想環境でアプリケーションを動作させることができます。また、**Docker Compose**（ドッカーコンポーズ）というツールで、複数のコンテナを一括で起動および管理も可能です。

Dockerは下記URLより、自身の環境に合ったものをインストールしてください。

URL https://docs.docker.com/engine/install/

Dockerコンテナは、使用したい**Dockerイメージ**（仮想環境の基になる設定）を指定して作成します。ここでは、MySQLのイメージを利用し、MySQLのデータベース「mysql」と、MySQLを利用するクライアントである「mysql-cli」という2つのサービス（アプリケーション）を実行します。

プロジェクトフォルダに「docker-compose.yaml」ファイルを作成し、Dockerコンテナを起動するための設定を書きます。

コード：c8_2_4 **docker-compose.yaml**

```yaml
version: '3.9'                          # docker compose のバージョン
services:                               # 使用するサービス（mysql と mysql-cli）
  # Please see for mysql docker settings here.   https://hub.docker.com/_/mysql
  mysql:                                # mysql の定義
    image: mysql:8.0                    # 使用する Docker イメージ
    container_name: mysql               # コンテナの名前
    ports:                              # コンテナのポート番号
      - 3306:3306                       # コンテナの3306ポートをホストマシンの3306ポートにマッピングする
    environment:                        # 環境変数
      MYSQL_USER: app
      MYSQL_PASSWORD: password
      MYSQL_DATABASE: api_database
      MYSQL_ALLOW_EMPTY_PASSWORD: yes
    healthcheck:                        # ヘルスチェック（正常動作の確認）の設定
      test: ["CMD", "mysqladmin" ,"ping", "-h", "mysql"]
      interval: 3s
      timeout: 5s
      retries: 5
      start_period: 5s
    restart: always                     # 再起動の設定
    volumes:                            # コンテナが使用するボリュームの場所の設定
      - ./external-apps/db/:/docker-entrypoint-initdb.d
    networks:                           # コンテナが参加するネットワークの名前の設定
      - api-network

  mysql-cli:                            # mysql-cli の定義
    image: mysql:8.0
    command: mysql -hmysql -uapp -ppassword api_database   # データベースに接続するコマンド
    depends_on:                         # mysql サービスが正常になるまで待機する設定
      mysql:
        condition: service_healthy
    networks:                           # コンテナが参加するネットワークの名前の設定
      - api-network

networks:                               # ネットワークの設定
  api-network:
    driver: bridge                      # デフォルトのドライバー（コンテナ間の通信を可能にする）
```

> **Point** ボリューム
>
> ボリュームとは、コンテナのデータが失われないようにするための機能です。上記のyamlでは、ホストマシンの「./external-apps/db/」フォルダを、コンテナの「/docker-entrypoint-initdb.d」フォルダにマウント（接続）して、コンテナが消えてもデータが消えないようにしています。

docker-compose.yamlを作成したら、「docker-compose up -d」のコマンドを実行し、MySQLを立ち上げてください。

ターミナル docker-compose up の実行

```
go-api-arch-mvc-template jsakai$ docker-compose up -d
```

実行結果

```
[+] Building 0.0s (0/0)
docker:desktop-linux
[+] Running 3/3
 ✓ Network go-api-arch-mvc-template_api-network      Created
0.1s
 ✓ Container mysql                                   Healthy
0.1s
 ✓ Container go-api-arch-mvc-template-mysql-cli-1    Started
```

MySQLの起動後、「docker-compose run mysql-cli」を実行してmysql-cliを使用し、「mysql>」のプロンプトが表示されたらMySQLへの接続は成功です。

ターミナル docker-compose run の実行

```
go-api-arch-mvc-template jsakai$ docker-compose run mysql-cli
```

実行結果

```
[+] Building 0.0s (0/0)
docker:desktop-linux
[+] Creating 1/0
 ✓ Container mysql  Running
0.0s
[+] Building 0.0s (0/0)
docker:desktop-linux
mysql: [Warning] Using a password on the command line interface can be insecure.
Reading table information for completion of table and column names
You can turn off this feature to get a quicker startup with -A

Welcome to the MySQL monitor.  Commands end with ; or \g.
Your MySQL connection id is 25
Server version: 8.0.35 MySQL Community Server - GPL

Copyright (c) 2000, 2023, Oracle and/or its affiliates.

Oracle is a registered trademark of Oracle Corporation and/or its
affiliates. Other names may be trademarks of their respective
```

```
owners.

Type 'help;' or '\h' for help. Type '\c' to clear the current input statement.

mysql>
```

「show databases;」「show tables;」のコマンドを実行し、データベースとテーブルが作成されているのを確認してください。

ターミナル **MySQLの操作**
```
mysql> show databases;
+--------------------+
| Database           |
+--------------------+
| api_database       |
| information_schema |
| performance_schema |
+--------------------+
3 rows in set (0.01 sec)

mysql> show tables;
+------------------------+
| Tables_in_api_database |
+------------------------+
| albums                 |
| categories             |
+------------------------+
2 rows in set (0.00 sec)
```

MySQLから抜けるには、「exit」のコマンドを実行します。

ターミナル **MySQLの終了**
```
mysql> exit
Bye
```

立ち上げたMySQLを終了するには、「docker-compose down」のコマンドを実行します。

ターミナル **docker-compose downの実行**
```
go-api-arch-mvc-template jsakai$ docker-compose down
```

8-3 モデルを実装しよう

いよいよMVCモデルの実装に入ります。まずは、ビジネスロジックを担当するモデルのコードを書いていきます。今回は、アルバム情報を操作するコードを作成します。また、モデルでの処理の結果をデータベースに接続するためのコードもあわせて書いていきましょう。

データベースに接続しよう

まずは、モデルとして、ビジネスロジックのコードを作成します。今回は、音楽アルバムを操作するアプリケーションなので、アルバム情報の操作（作成や取得、変更、削除）を行う処理を書いていきます。プロジェクトフォルダに「app」フォルダを作成し、その中に「models」フォルダを作ってモデルのコードを書きます。

```
app
└── models
    ├── db.go：データベースに接続するコード（P.314で作成）
    ├── album.go：Albumモデルのコード（P.321で作成）
    └── category.go：Categoryモデルのコード（P.316で作成）
```

アルバム情報の操作結果は、データベースに記録する必要があります。そのため、アルバム操作のコードを書く前に、まずはデータベースに接続するためのコードを作成していきます。

今回、実際の運用ではMySQLを使用すると仮定してAPIを実装します。ただし、ユニットテストでは軽量のDBであるSQLiteで高速にテストを行うため、**MySQLとSQLiteの両方が扱える**ようにコードを実装していきます。

ここでは、**GORM**（ゴーム）という **ORM（Object-Relational Mapping：オブジェクト関係マッピング）ライブラリ**を使い、MySQLやSQLiteなどのデータベースに接続していきます。

db.goのファイルを作成し、コードを書いていきます。まずは、必要なパッケージをインポートしていきます。また、constで定数を定義していますが、このとき **iota** というGoの機能を使うことで、複数の定数に0から順番に数字を代入することができます。ここでは、定数InstanceSqlLiteに0、定数InstanceMySQLに1が代入されています。SQLiteとMySQLのどちらを使うのか判断するために使用します。

また、データベースに接続するための変数として、データベースの接続や操作を行う

gorm.DB型の変数DB、そしてデータベースのインスタンスが不正であるときのエラーとして変数errInvalidSQLDatabaseInstanceを定義します。

コード：c8_3_1（抜粋） db.go

```go
package models

import (
    "errors"
    "fmt"

    "gorm.io/driver/mysql"
    "gorm.io/driver/sqlite"
    "gorm.io/gorm"

    "go-api-arch-mvc-template/configs"
)

const (
    InstanceSqlLite int = iota
    InstanceMySQL
)

var (
    DB                            *gorm.DB
    errInvalidSQLDatabaseInstance = errors.New("invalid sql db instance")
)
```

GetModels関数の処理

P.316とP.321で定義するモデルの一覧をデータベースから返す**GetModels関数**を作成します。この関数は、Album型とCategory型の構造体のポインタを返します。Album型とCategory型は、このパッケージで定義する構造体で、データベースのテーブルと対応しています。

コード：c8_3_1（抜粋） db.go

```go
func GetModels() []interface{} {
    return []interface{}{&Album{}, &Category{}}
}
```

NewDatabaseSQLFactory関数の処理

NewDatabaseSQLFactory関数は、引数で指定されたデータベースのインスタンスに応じて、データベースに接続するための*gorm.DB型の値を作成します。この関数では、switch文で**引数instanceの値に応じて処理を分岐させます**。

引数instanceが定数InstanceMySQLと等しい（つまり1）の場合、MySQLに接続する処理を行います。GoからMySQLを操作するためには、**データソース名（DSN）** と呼ばれるデータベースの接続情報が必要です。fmt.Sprintf関数で、configsパッケージで読み込んだ環境変数を使ってMySQLに接続するためのDSNを作成して変数dsnに代入していま

す。

gorm.Open関数はデータベースに接続するための関数です。第1引数には、**mysql.Open関数**に変数dsnを渡して作成したMySQL接続用のドライバーを、第2引数には「&gorm.Config{}」でgormのデフォルトの設定を指定し、*gorm.DB型の値を作成して変数dbに代入しています。

引数instanceが定数InstanceSqlLiteと等しい（つまり0）の場合、SQLiteに接続する処理を行います。この場合も、gorm.Open関数を呼び出し、第1引数には**sqlite.Open関数**に環境変数DBNameを渡して作成したSQLite接続用のドライバーを、第2引数にはgormのデフォルトの設定を指定し、*gorm.DB型の値を作成して変数dbに代入します。

defaultの場合、つまり引数instanceがどのcaseにも一致しない場合は、nilとともに変数errInvalidSQLDatabaseInstanceでデータベースのインスタンスの指定が不正であるエラーを返します。

最後に、returnで変数dbと変数errを返し、NewDatabaseSQLFactory関数を終了します。

コード：c8_3_1（抜粋） db.go

```
func NewDatabaseSQLFactory(instance int) (db *gorm.DB, err error) {
    switch instance {
    case InstanceMySQL:
        dsn := fmt.Sprintf(                          ── DSNを作成
            "%s:%s@tcp(%s:%d)/%s?charset=utf8mb4&parseTime=True",
            configs.Config.DBUser,
            configs.Config.DBPassword,
            configs.Config.DBHost,
            configs.Config.DBPort,
            configs.Config.DBName)
        db, err = gorm.Open(mysql.Open(dsn), &gorm.Config{})  ── MySQLに接続
    case InstanceSqlLite:
        db, err = gorm.Open(sqlite.Open(configs.Config.DBName),
&gorm.Config{})          ── SQLiteに接続
    default:
        return nil, errInvalidSQLDatabaseInstance
    }
    return db, err
}
```

SetDatabase関数の処理

SetDatabase関数は、引数instanceをNewDatabaseSQLFactory関数に渡して呼び出し、グローバルに宣言した変数DBに代入しています。

```go
                                            コード:c8_3_1（抜粋） db.go
func SetDatabase(instance int) (err error) {
    db, err := NewDatabaseSQLFactory(instance)
    if err != nil {
        return err
    }
    DB = db
    return err
}
```

Categoryモデルを作成しよう

　データの処理やビジネスロジックの実装を行うコードを書いていきます。ここでは、APIでデータ操作を行うモデルとして、AlbumとCategoryの2つの構造体を作成していきます。
　まずは、categoriesテーブルに対応したCategoryモデルを作成しましょう。「db.go」と同じ「app/models」フォルダの中にcategory.goを作り、コードを書いていきます。
　構造体Categoryは、int型のIDとstring型のNameという2つのフィールドを持ちます。それぞれ、カテゴリーのIDと名前を表します。

```go
                                            コード:c8_3_2（抜粋） category.go
package models

type Category struct {
    ID   int
    Name string
}
```

　また、カテゴリーを取得または作成するGetOrCreateCategory関数も定義します。この関数は、引数としてカテゴリー名を受け取り、取得または作成したカテゴリーを返します。
　まず、Category型の変数categoryを宣言します。続いて、db.goで定義したグローバル変数DBの**FirstOrCreate**メソッド（ファーストオアクリエイト）を実行します。これは、データベースでレコードを検索し、存在しなければレコードを作成するメソッドです。
　ここでは、第1引数に検索または作成したレコードの格納先である変数categoryのポインタを、第2引数にはレコードを検索または作成する条件として引数nameを渡したCategory型の構造体リテラルを渡します。これにより、データベースから名前が一致するカテゴリーを検索し、存在しなければそのカテゴリー名のレコードを作成します。
　FirstOrCreateメソッドの実行結果は変数txに代入し、もし変数txのフィールドErrorがnilでない（つまり、エラーが発生した）場合は、nilとtx.Errorを返します。エラーが発生しなければ、&categoryとnilを返します。

```
func GetOrCreateCategory(name string) (*Category, error) {
    var category Category
    tx := DB.FirstOrCreate(&category, Category{Name: name})
    if tx.Error != nil {
        return nil, tx.Error
    }
    return &category, nil
}
```

コード：c8_3_2（抜粋） **category.go**

時間に関する処理を作成しよう

アルバムのデータには日時に関する情報が含まれるので、時間に関する処理を作ります。汎用的な処理なので、プロジェクトフォルダ直下の「pkg」フォルダに「times.go」を作成していきます。

うるう年を考慮してアルバムのリリース日を考える

times.goでは、時刻を取得するClockインターフェースとRealClock構造体、うるう年かどうかを判定するisLeap関数、そしてアルバムリリース日の年内の経過日数を現在の年に合わせて調整するGetAdjustedReleaseDay関数を作成します。

このうち、GetAdjustedReleaseDay関数は、アルバムリリースからの経過年数を計算する処理（P.322で作成するAnniversaryメソッド）で必要になります。調整が必要になるのは、**リリースの年もしくは現在がうるう年である場合**です。

アルバムリリースからの経過年数は「現在の年 − リリースの年」で算出します。なお、現在の日付がリリースの日付よりも前の場合は、「現在の年 − リリースの年」からさらに1を引いて算出します。たとえば、現在が2023年3月1日、リリースが2021年3月2日の場合、「現在の年 − リリースの年」の結果は「2」ですが、現在の日付（3月1日）がリリースの日付（3月2日）よりも前であり、丸2年は経過していません。そのため、1を引いて算出するので、リリースからの経過年数は「1年」となります。

現在の日付がリリースの日付よりも前かどうかは、time.Time型のメソッドである**YearDayメソッド**を使って計算します。YearDayメソッドは、1月1日を1として、その日付の年内の経過日数を返すメソッドです。2023年3月1日であれば60日目、2021年3月2日であれば61日目です。この日数の大小を比較することで、現在の日付がリリースの日付よりも前かどうかを判定します。

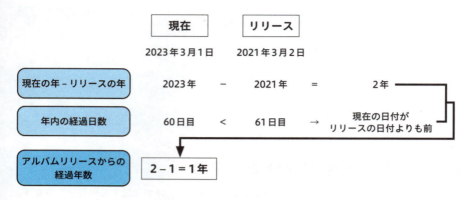

ただし、**現在もしくはリリース日のどちらか一方がうるう年の場合、日付の計算を調整する必要があります。**

たとえば、現在が2022年3月1日、リリースが2020年3月1日の場合を考えてみます。それぞれの日付に対してYearDayメソッドで年内の経過日数を算出すると、2022年3月1日は60日目ですが、2020年3月1日の場合、うるう年で2月29日が存在するため、61日目になります。単純にYearDayメソッドの結果を比較してしまうと、実際には同じ日付にもかかわらず、現在の日付がリリースの日付よりも前になってしまいます。そのため、**現在がうるう年ではなく、リリース日がうるう年で3月1日以降の場合は、リリース日の年内の経過日数から1を引いて比較する必要があります。**

また、現在が2024年3月1日、リリースが2022年3月2日の場合、それぞれの年内の経過日数は、2024年3月1日はうるう年のため61日目、2022年3月2日も61日目です。実際には現在の日付がリリースの日付より前であるにもかかわらず、同じ日付として扱われてしまいます。そのため、**リリース日がうるう年ではなく、現在がうるう年で3月1日以降の場合は、リリース日の年内の経過日数に1を足して比較する必要があります。**なお、GetAdjustedReleaseDay関数はリリース日の年内の経過日数を調整する関数であるため、現在の日付ではなくリリース日を調整しています。

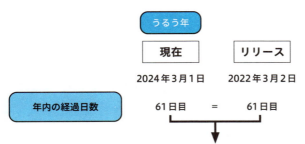

違う日付なのに、現在の年内の経過日数が1多くなり、リリース日の年内の経過日数と等しくなる
→リリース日の年内の経過日数に1を足して比較する必要がある

時刻を取得するClockインターフェースと構造体RealClockを定義する

それでは、times.goのコードを書いていきます。まず、時刻を取得するためのインターフェースとして、Clockを定義します。Clockインターフェースはtime.Time型で現在時刻を返すNowというメソッドを実装するようにします。

続いて、空の構造体RealClockを定義し、Nowメソッドを作成してClockインターフェースを実装します。**RealClock.Nowメソッド**では、標準パッケージであるtimeのNow関数を呼び出し、現在の時刻を返します。

このClockインターフェースは、のちにテストコードを作成するときに使います（P.349）。

コード:c8_3_3（抜粋） times.go

```go
package pkg

import "time"

type Clock interface {
    Now() time.Time
}

type RealClock struct{}

func (RealClock) Now() time.Time {
    return time.Now()
}
```

うるう年かどうかを判定するisLeap関数

次に、日付がうるう年かどうかを判定する**isLeap関数**を作ります。time.Time型の引数dateを受け取り、bool型でうるう年ならtrue、そうでなければfalseを返します。ここでは、一般的なグレゴリオ暦に従い、次のようなルールで判定していきます。

- 4の倍数はうるう年
- 4の倍数でも、100の倍数であればうるう年ではない
- 100の倍数でも、400の倍数であればうるう年

　Year**メソッド**で引数dateの西暦を取得して、変数yearに代入します。if文で変数yearの値を確認し、次のような条件で結果を返します。

- 400で割り切れたら、うるう年なのでtrueを返す
- 400で割り切れず100で割り切れたら、うるう年ではないのでfalseを返す
- 400でも100でも割り切れず、4で割り切れたら、うるう年なのでtrueを返す
- どの条件にも当てはまらなかった場合、うるう年ではないのでfalseを返す

コード：c8_3_3（抜粋） times.go

```go
func isLeap(date time.Time) bool {
    year := date.Year()          // 西暦を取得
    if year%400 == 0 {
        return true              // 400で割り切れたらうるう年
    } else if year%100 == 0 {
        return false             // 100で割り切れたらうるう年ではない
    } else if year%4 == 0 {
        return true              // 4で割り切れたらうるう年
    }
    return false                 // それ以外はうるう年ではない
}
```

リリース日の年内の経過日数を調整するGetAdjustedReleaseDay関数

　続いて、うるう年を考慮してアルバムのリリース日の年内の経過日数を調整するGetAdjustedReleaseDay関数を作成します。アルバムのリリース日と現在の時刻を引数で受け取り、リリース日の年内の経過日数を調整して返します。

　まず、変数releaseDayに、引数releaseDateのYearDayメソッドの結果としてアルバムのリリース日の年内の経過日数を代入します。同様に、変数currentDayに引数nowのYearDayメソッドの結果として現在の年内の経過日数を代入します。

　続いて、isLeap関数を使い、条件によって変数releaseDayの値を調整します。

　次の3つの条件を満たす場合、変数releaseDayから1を引いた値をreturnで返します。

- リリース年がうるう年
- 現在がうるう年ではない
- リリース日が年内で60日以上経っている（つまり、2月29日以降である）

　また、次の3つの条件を満たす場合、変数releaseDayに1を足した値を返します。

- 現在がうるう年
- リリース日がうるう年ではない
- 現在の日付が年内で60日以上経っている（つまり、2月29日以降である）

どちらの条件にも当てはまらない場合は、そのまま変数releaseDayの値を返します。

コード：c8_3_3（抜粋） times.go
```go
func GetAdjustedReleaseDay(releaseDate time.Time, now time.Time) int {
    releaseDay := releaseDate.YearDay()
    currentDay := now.YearDay()
    if isLeap(releaseDate) && !isLeap(now) && releaseDay >= 60 {
        return releaseDay - 1
    }
    if isLeap(now) && !isLeap(releaseDate) && currentDay >= 60 {
        return releaseDay + 1
    }
    return releaseDay
}
```

Albumモデルを作成しよう

続いて「app/models/」に「album.go」を作成し、albumsテーブルに対応するコードを作成していきましょう。

アルバムの情報を保持する構造体Albumは、次のような5つのフィールドを持ちます。

フィールド	型	説明
ID	int型	アルバムのID
Title	string型	アルバムのタイトル
ReleaseDate	time.Time型	アルバムのリリース日
CategoryID	int型	アルバムのカテゴリーID
Category	*Category型	アルバムのカテゴリー

CategoryIDフィールドは、構造体CategoryのIDフィールドと関連付けられることを想定しています。また、*Category型は構造体Categoryへのポインタ型で、CategoryIDフィールドと同じ値を持つ構造体Categoryのインスタンスを参照します。

コード：c8_3_4（抜粋） album.go
```go
package models

import (
    "encoding/json"
    "time"

    "go-api-arch-mvc-template/api"
    "go-api-arch-mvc-template/pkg"
)
```

```go
type Album struct {
    ID          int
    Title       string
    ReleaseDate time.Time
    CategoryID  int
    Category    *Category
}
```

経過年数を表すAnniversaryメソッド

　Anniversaryメソッドは、アルバムのリリースからの経過年数を返します。引数のclockは「times.go」で定義した、時刻を取得するためのClockインターフェースです。

　まず、引数clockのNowメソッドで、現在の時刻を取得し、変数nowに代入します。

　次に、変数nowと構造体Albumが持つReleaseDateフィールドでそれぞれYearメソッドを使用し、現在の年とアルバムのリリース年の差を計算して変数yearsに代入します。

　その後、GetAdjustedReleaseDay関数にReleaseDateフィールドと変数nowを渡し、うるう年の影響を考慮して調整した経過日数を変数releaseDayに代入します。

　変数nowのYearDayメソッドの返り値（現在の日付が年内で何日経過しているか）と変数releaseDayを比較し、現在の日付がアルバムのリリース日より前かどうかを判定します。もし前なら、変数yearsの経過年数を1減らします。

　処理が終わったら、変数years（経過年数）を返します。

コード：c8_3_4（抜粋） album.go

```go
func (a *Album) Anniversary(clock pkg.Clock) int {
    now := clock.Now()
    years := now.Year() - a.ReleaseDate.Year()
    releaseDay := pkg.GetAdjustedReleaseDay(a.ReleaseDate, now)
    if now.YearDay() < releaseDay {
        years -= 1
    }
    return years
}
```

構造体をJSONに変換するMarshalJSONメソッド

　MarshalJSONメソッドは、P.251で説明したように、実装することで構造体をJSONに変換する際の処理をカスタマイズできます。

　ここでは、アルバムの情報をP.302で自動生成したapi.AlbumResponse型の構造体に詰め替えて、json.Marshal関数でJSONに変換して返します。

　Anniversary（アルバムのリリースからの経過年数）には、先ほど作成したAnniversaryメソッドに、P.319で定義したpkg.RealClock構造体を渡して代入します。

　ReleaseDate（アルバムのリリース日）には、api.ReleaseDate型の構造体を代入します。Timeフィールドにはa.ReleaseDateの値を代入します。

Category（アルバムのカテゴリー）には、api.Category型の構造体を代入します。Category型のIdフィールドにはアルバムが持つ構造体CategoryのカテゴリーID、Nameフィールドにはapi.CategoryName型（P.130で説明したような、組み込み型のstringに独自の名前をつけた型）に構造体CategoryのNameを入れたものを代入します。

コード：c8_3_4（抜粋） **album.go**
```
func (a *Album) MarshalJSON() ([]byte, error) {
    return json.Marshal(&api.AlbumResponse{
        Id:           a.ID,
        Title:        a.Title,
        Anniversary:  a.Anniversary(pkg.RealClock{}),
        ReleaseDate:  api.ReleaseDate{Time: a.ReleaseDate},
        Category: api.Category{
            Id:   &a.Category.ID,
            Name: api.CategoryName(a.Category.Name),
        },
    })
}
```

アルバムを作成するCreateAlbum関数

album.goには、アルバムを作成、取得、変更、削除するための関数とメソッドがあります。

CreateAlbum関数は、アルバムを作成する関数です。引数は、title（アルバムのタイトル）とreleaseDate（アルバムのリリース日）、categoryName（アルバムのカテゴリー名）を受け取ります。返り値は、*Album型（作成したアルバム）とerror型です。

まず、GetOrCreateCategory関数で、データベースからカテゴリーを取得（なければ作成）し、エラーハンドリングをします。

続いて、変数albumに、引数で受け取った値やデータベースから取得したカテゴリー名でAlbum型の構造体を作成して代入します。

その後、*gorm.DB型の**Create**メソッド（クリエイト）でデータベースにアルバムの内容を保存します。もしエラーが発生したらエラーを返し、成功したら作成したアルバムを返します。

コード：c8_3_4（抜粋） **album.go**
```
func CreateAlbum(title string, releaseDate time.Time, categoryName string) (*Album,
error) {
    category, err := GetOrCreateCategory(categoryName)
    if err != nil {
        return nil, err
    }

    album := &Album{
        ReleaseDate: releaseDate,
        Title:       title,
        Category:    category,
        CategoryID:  category.ID,
```

```
    }
    if err := DB.Create(album).Error; err != nil {
        return nil, err
    }
    return album, nil
}
```

アルバムの情報を取得するGetAlbum関数

　GetAlbum関数は、指定したIDのアルバムを取得する関数です。

　まず、変数albumにAlbum型の空の構造体を代入します。続いて、*gorm.DB型の**Preload**メソッドでカテゴリーの情報を取得しておき、**First**メソッドで引数に指定したIDで検索して最初のレコードを取得し、変数albumに代入します。その後、エラーハンドリングを行い、取得したアルバムを返します。

コード：c8_3_4（抜粋） album.go
```
func GetAlbum(ID int) (*Album, error) {
    var album = Album{}
    if err := DB.Preload("Category").First(&album, ID).Error; err != nil {
        return nil, err
    }
    return &album, nil
}
```

アルバムを保存するSaveメソッド

　Saveメソッドは、アルバムを保存するメソッドです。

　まず、GetOrCreateCategory関数でアルバムのカテゴリー名に対応するカテゴリーを取得または作成して変数categoryに代入し、エラーがあれば返します。

　続いて、アルバムのフィールドとIDを、変数categoryの内容で更新します。更新したアルバムの内容を*gorm.DB型の**Save**メソッドでデータベースを更新し、もしエラーがあれば返します。

コード：c8_3_4（抜粋） album.go
```
func (a *Album) Save() error {
    category, err := GetOrCreateCategory(a.Category.Name)
    if err != nil {
        return err
    }
    a.Category = category
    a.CategoryID = category.ID

    if err := DB.Save(&a).Error; err != nil {
        return err
    }
    return nil
}
```

アルバムを削除するDeleteメソッド

Deleteメソッドは、データベースからアルバムを削除するメソッドです。
*gorm.DB型の**Whereメソッド**で、引数に指定したIDで一致するレコードを検索し、**Deleteメソッド**で、該当するアルバムのレコードを削除します。もしエラーがあれば返します。

コード：c8_3_4（抜粋） album.go
```go
func (a *Album) Delete() error {
    if err := DB.Where("id = ?", &a.ID).Delete(&a).Error; err != nil {
        return err
    }
    return nil
}
```

8-4 コントローラを実装しよう

コントローラは、ビューから送られてきたデータをモデルに渡し、モデルから返ってきた処理の結果をビューに返す役割です。今回は、ビューにあたるAPIからデータを受け取ってモデルへと渡し、結果をビューへと返していきます。ここでも、実際にコードを作成しながら解説していきます。

Albumコントローラを作成しよう

　モデルのコードの実装が終わったら、続いてモデルとビューの間のやりとりを担当するコントローラのコードを実装していきます。コントローラの処理とは、ビューから受け取ったHTTPリクエストの内容をモデルに渡して処理を実行し、結果をHTTPレスポンスとしてビューに返すことです。今回は、APIのコードがビューにあたるので、ユーザーがAPIを通して送信してきたHTTPリクエストをモデルに渡し、モデルから返ってきた結果をHTTPレスポンスとして再びAPIへと返します。

View　APIでユーザーとやりとりをする

Controller　AlbumHandler型のメソッドでモデルを呼び出す

Model　Albumモデルで操作を行う

　ここでは、プロジェクトフォルダに「controllers」というフォルダを作り、album.goにコードを書いていきます。
　まず、空の構造体としてAlbumHandler型を定義します。AlbumHandler型は、**ハンドラー**といって、HTTPリクエストを受け取ってレスポンスを返す処理を担当します。このAlbumHandler型に、モデルの処理（アルバムの作成、取得、更新、削除）を呼び出すメソッドを実装していきます。

コード：c8_4_1（抜粋）　album.go

```
package controllers

import (
```

```
    "net/http"

    "github.com/gin-gonic/gin"

    "go-api-arch-mvc-template/api"
    "go-api-arch-mvc-template/app/models"
    "go-api-arch-mvc-template/pkg/logger"
)

type AlbumHandler struct{}
```

CreateAlbumメソッド

　CreateAlbumメソッドは、アルバムを作成するリクエストがあったときに呼び出されるメソッドです。受け取ったデータをモデルに渡すことで、モデルがアルバムの情報をデータベースに保存します。ここでは、リクエストやレスポンスなどの情報を保持する *gin.Context型の引数cを受け取ります。gin.Context型は、github.com/gin-gonic/ginパッケージに含まれるデータ型です。

　まず、P.302で自動生成したapi.CreateAlbumJSONRequestBody型（アルバムを作成するためのリクエストボディの型）の変数requestBodyを宣言します。

　gin.Context型の**ShouldBindJSONメソッド**を実行します。このメソッドは、JSON形式のリクエストボディを指定したオブジェクトにマッピングするメソッドで、ここでは引数cの内容を変数requestBodyに格納します。

　もしエラーが発生した場合、P.304で作成したlogger.Warn関数でエラーの内容を警告レベルのログとして出力します。その後、変数cの**JSONメソッド**でBadRequestエラー（ステータスコード400）をJSON形式にしてHTTPレスポンスに書き込み、メソッドを終了します。

　続いて、モデルの処理を呼び出します。P.323で作成したmodels.CreateAlbum関数で、アルバムを作成します。引数にはタイトルやリリース日、カテゴリー名を指定し、返り値はそれぞれ変数createdAlbumと変数errに代入します。

　もしエラーが発生した場合、P.304で作成したlogger.Error関数でエラーレベルのログを出力し、変数cのJSONメソッドでInternalServerErrorエラー（ステータスコード500）をJSON形式にしてHTTPレスポンスに書き込んでメソッドを終了します。

　エラーがなければ、ステータスコード201と変数createdAlbumをJSON形式にしてHTTPレスポンスに書き込みます。

コード：c8_4_1（抜粋） **album.go**
```
func (a *AlbumHandler) CreateAlbum(c *gin.Context) {
    var requestBody api.CreateAlbumJSONRequestBody
    if err := c.ShouldBindJSON(&requestBody); err != nil {
        logger.Warn(err.Error())
        c.JSON(http.StatusBadRequest, api.ErrorResponse{Message: err.Error()})
        return
```

```go
    }

    createdAlbum, err := models.CreateAlbum(        ──── アルバムを作成
        requestBody.Title,
        requestBody.ReleaseDate.Time,
        string(requestBody.Category.Name))
    if err != nil {
        logger.Error(err.Error())
        c.JSON(http.StatusInternalServerError, api.ErrorResponse{Message: err.Error()})
        return
    }

    c.JSON(http.StatusCreated, createdAlbum)
}
```

GetAlbumByIdメソッド

　GetAlbumByIdメソッドは、指定したIDのアルバム情報を取得するリクエストがあったときに呼び出されるメソッドです。受け取ったIDをモデルに渡し、モデルがアルバムの情報をデータベースから取得します。*gin.Context型の引数cと、int型のID（アルバムのID）を引数に受け取ります。

　まず、P.324で作成したGetAlbum関数で、指定したIDのアルバムの情報を取得して変数albumに代入します。もしエラーが発生したら、logger.Error関数でエラーレベルのログを出力し、変数cのJSONメソッドでInternalServerErrorエラー（ステータスコード500）をJSON形式にしてHTTPレスポンスに書き込んでメソッドを終了します。

　エラーがなければ、ステータスコード200と変数albumをJSON形式にしてHTTPレスポンスに書き込みます。

コード：c8_4_1（抜粋） **album.go**
```go
func (a *AlbumHandler) GetAlbumById(c *gin.Context, ID int) {
    album, err := models.GetAlbum(ID)        ──── アルバムの情報を取得
    if err != nil {
        logger.Error(err.Error())
        c.JSON(http.StatusInternalServerError, api.ErrorResponse{Message: err.Error()})
        return
    }

    c.JSON(http.StatusOK, album)
}
```

UpdateAlbumByIdメソッド

　UpdateAlbumByIdメソッドは、指定したIDのアルバムを更新するリクエストがあったときに呼び出されるメソッドです。受け取ったデータをモデルに渡すことで、モデルがデータベースのアルバムの情報を更新します。*gin.Context型の引数cと、int型のID（アルバ

ムのID）を引数に受け取ります。

まず、P.302で自動生成したapi.UpdateAlbumByIdJSONRequestBody型（アルバムを更新するリクエストボディの型）の変数requestBodyを宣言します。

続いて、gin.Context型のShouldBindJSONメソッドで、引数cの内容を変数requestBodyに格納します。もしエラーが発生した場合、logger.Warn関数で警告レベルのログを出力し、変数cのJSONメソッドでBadRequestエラー（ステータスコード400）をJSON形式にしてHTTPレスポンスに書き込んでメソッドを終了します。

次に、GetAlbum関数で指定したIDのアルバムの情報を取得して変数albumに代入します。もしエラーが発生したら、logger.Error関数でエラーレベルのログを出力し、変数cのJSONメソッドでInternalServerErrorエラー（ステータスコード500）をJSON形式にしてHTTPレスポンスに書き込んでメソッドを終了します。

その後、カテゴリー名やタイトルの更新を変数albumに反映します。変数requestBodyのCategoryフィールドがnilではない場合、変数albumのフィールドに代入します。Titleフィールドも同様にnilでなければ変数albumのフィールドに代入します。

更新した変数albumの内容で、Saveメソッドを呼び出してデータベースを更新します。もしエラーがあればログに出力し、InternalServerErrorエラー（ステータスコード500）をJSON形式にしてHTTPレスポンスに書き込みます。

エラーがなければ、ステータスコード200と変数albumをJSON形式にしてHTTPレスポンスに書き込みます。

コード：c8_4_1（抜粋） album.go

```go
func (a *AlbumHandler) UpdateAlbumById(c *gin.Context, ID int) {
    var requestBody api.UpdateAlbumByIdJSONRequestBody
    if err := c.ShouldBindJSON(&requestBody); err != nil {
        logger.Warn(err.Error())
        c.JSON(http.StatusBadRequest, api.ErrorResponse{Message: err.Error()})
        return
    }

    album, err := models.GetAlbum(ID)       ── アルバムの情報を取得
    if err != nil {
        logger.Error(err.Error())
        c.JSON(http.StatusInternalServerError, api.ErrorResponse{Message: err.Error()})
        return
    }

    if requestBody.Category != nil {                         カテゴリー名の情報を更新
        album.Category.Name = string(requestBody.Category.Name)
    }
    if requestBody.Title != nil {
        album.Title = *requestBody.Title    ── タイトルの情報を更新
    }
```

```
    if err := album.Save(); err != nil {          ← アルバムを保存
        logger.Error(err.Error())
        c.JSON(http.StatusInternalServerError, api.ErrorResponse{Message: err.Error()})
        return
    }

    c.JSON(http.StatusOK, album)
}
```

DeleteAlbumById メソッド

　DeleteAlbumByIdメソッドは、指定したIDでアルバムを削除するリクエストがあったときに呼び出されるメソッドです。受け取ったIDをモデルに渡し、モデルがアルバムの情報をデータベースから削除します。*gin.Context型の引数cと、int型のID（アルバムのID）を引数に受け取ります。

　まず、models.Album構造体のフィールドIDに引数のIDを指定し、変数albumに代入します。

　続いて、Album型のDeleteメソッドでアルバムをデータベースから削除します。もしエラーがあればログに出力し、InternalServerErrorエラー（ステータスコード500）をJSON形式にしてHTTPレスポンスに書き込みます。

　エラーがなければ、ステータスコード204をJSON形式にしてHTTPレスポンスに書き込みます。

コード：c8_4_1（抜粋） **album.go**
```
func (a *AlbumHandler) DeleteAlbumById(c *gin.Context, ID int) {
    album := models.Album{ID: ID}

    if err := album.Delete(); err != nil {         ← アルバムを削除
        logger.Error(err.Error())
        c.JSON(http.StatusInternalServerError, api.ErrorResponse{Message: err.Error()})
        return
    }

    c.JSON(http.StatusNoContent, nil)
}
```

8-5 ビューを実装しよう

ユーザーからの入力を受け取り、結果をユーザーに返す役割であるビューを実装します。Webアプリケーションでは、処理の結果をHTMLなどに反映して画面に表示する処理を担います。ここでは、APIのサーバーを起動し、Swaggerというツールの画面とターミナルでのcurlコマンドでユーザーとやりとりをする処理を作っていきましょう。

APIサーバーを起動しよう

最後に、ユーザーとのやりとりを担当するビューを実装していきます。今回はAPIでの実装なので、ユーザーのAPIのリクエストを受け取ってコントローラを呼び出す処理がビューのコードにあたります。

プロジェクトフォルダにmain.goを作成し、サーバーの起動処理とあわせてビューのコードを書いていきます。まず、必要なインポートは次の通りです。

コード：c8_5_1（抜粋） **main.go**

```go
package main

import (
    "context"
    "encoding/json"
    "errors"
    "fmt"
    "go-api-arch-mvc-template/pkg/logger"
    "log"
    "net/http"
    "os"
    "os/signal"
    "syscall"
    "time"

    "github.com/gin-gonic/gin"
    middleware "github.com/oapi-codegen/gin-middleware"
    swaggerfiles "github.com/swaggo/files"
    ginSwagger "github.com/swaggo/gin-swagger"
    "github.com/swaggo/swag"

    "go-api-arch-mvc-template/api"
    "go-api-arch-mvc-template/app/controllers"
    "go-api-arch-mvc-template/app/models"
```

```
    "go-api-arch-mvc-template/configs"
)
```

続いて、main関数の処理を書いていきます。まずは、サーバー起動時の処理として、データベースに接続します。P.315で作成したSetDatabase関数で、MySQLに接続します。もしエラーの場合は、P.304で作成したlogger.Fatal関数を実行します。

コード:c8_5_1（抜粋） **main.go**
```
func main() {
    if err := models.SetDatabase(models.InstanceMySQL); err != nil {
        logger.Fatal(err.Error())
    }
```

次に、**github.com/gin-gonic/ginパッケージ**を利用します。ginパッケージは、**Webフレームワーク**と呼ばれるWebアプリケーションを作成するためのパッケージです。まず、**gin.Default関数**でHTTPリクエストを振り分けるための**ルーター**を作成し、変数routerに代入します。

コード:c8_5_1（抜粋） **main.go**
```
    router := gin.Default()
```

Swaggerの準備

続いて、P.302で自動生成したapi.GetSwagger関数で**Swagger**の仕様を取得します。Swaggerとは、REST APIのドキュメントを生成するためのツールで、WebページからAPIの確認や実行ができます。

コード:c8_5_1（抜粋） **main.go**
```
    swagger, err := api.GetSwagger()
    if err != nil {
        panic(err)
    }
```

P.306で作成したconfigsパッケージのConfig.IsDevelopmentメソッドで、開発モードかどうかを判定します。開発モードの場合は、Swaggerのドキュメントを「/swagger/*any」というパスで確認できるようにしています。

コード:c8_5_1（抜粋） **main.go**
```
    if configs.Config.IsDevelopment() {
        swaggerJson, _ := json.Marshal(swagger)
        var SwaggerInfo = &swag.Spec{
            InfoInstanceName: "swagger",
            SwaggerTemplate:  string(swaggerJson),
        }
        swag.Register(SwaggerInfo.InstanceName(), SwaggerInfo)
        router.GET("/swagger/*any", ginSwagger.WrapHandler(swaggerfiles.Handler))
    }
```

APIのルーティング（振り分け）

続いて、APIのルーティングを設定します。

まず、ルーターの**Group メソッド**（グループ）で「/api」ではじまるURLをグループ化し、さらにその中で「/api/v1」ではじまるAPIのサブグループを作成します。

次に、「/api/v1」ではじまるAPIに対して、gin-middlewareパッケージの**OapiRequestValidator関数**によって、変数swaggerのAPI仕様に基づく**バリデーション**（リクエストの形式チェック）を行います。

その後、P.326で作成したcontrollers.AlbumHandlerをルーターに登録します。これにより、「/api/v1/albums」のパスに対するGETやPOSTなどのリクエストを処理できるようになります。

コード：c8_5_1（抜粋） **main.go**

```
apiGroup := router.Group("/api")
{
    v1 := apiGroup.Group("/v1")
    {
        v1.Use(middleware.OapiRequestValidator(swagger))
        albumHandler := &controllers.AlbumHandler{}
        api.RegisterHandlers(v1, albumHandler)
    }
}
```

サーバーの起動処理

HTTPサーバーの設定をします。Addrフィールドにサーバーのアドレス、Handlerフィールドにサーバーがリクエストを処理するためのルーターを指定します。

その後、無名関数をゴルーチンとして実行します。**ListenAndServe メソッド**（リッスンアンドサーブ）でサーバーを起動し、リクエストを待ち受けます。もしエラーが発生したら、logger.Fatal関数でエラーを出力し、プログラムを終了します。

コード：c8_5_1（抜粋） **main.go**

```
srv := &http.Server{
    Addr:    "0.0.0.0:8080",
    Handler: router,
}

go func() {
    if err := srv.ListenAndServe(); err != nil && !errors.Is(err, http.ErrServerClosed) {
        logger.Fatal(err.Error())
    }
}()
```

サーバーの終了処理

　os.Signal型（オペレーティングシステムのシグナル）を受け取るためのチャネルを作成し、変数quitに代入します。

　続いて、**os/signalパッケージ**の**signal.Notify**関数で、**SIGINT**（control + C で中断させるときなど）と**SIGTERM**（killコマンドでプロセスを終了させるときなど）のシグナルがあれば、quitチャネルに送信するようにします。これらのシグナルは、プログラムを終了させるためにユーザーが入力するものです。

　その後、quitチャネルからシグナルを受け取るまでブロック（処理を待機）します。シグナルを受け取ったら、「Shutdown Server ...」とログを出力します。また、deferで、P.304で定義したlogger.Sync関数を実行し、プログラム終了前にログのバッファをフラッシュするようにします。

コード:c8_5_1(抜粋) main.go
```
quit := make(chan os.Signal, 1)
signal.Notify(quit, syscall.SIGINT, syscall.SIGTERM)
<-quit
log.Println("Shutdown Server ...")
defer logger.Sync()
```

　context.WithTimeout関数で2秒のタイムアウトを持つ**コンテキスト**（複数のゴールーチン間でキャンセルやタイムアウトなどのシグナルを伝えるためのもの）と、コンテキストをキャンセルするためのcancel関数を作成します。cancel関数はdeferで実行し、プログラムが終了する前に、コンテキストをキャンセルするようにします。

　if err := srv.Shutdown(ctx); err != nil {...} で、コンテキストを渡してサーバーをシャットダウンします。もしエラーが発生したら、logger.Error(fmt.Sprintf("Server Shutdown: %s", err.Error())) で、エラーメッセージをログに出力します。

　コンテキストのDoneメソッドでコンテキストが完了するまでブロックし、完了したらログに「Shutdown」と出力します。

コード:c8_5_1(抜粋) main.go
```
ctx, cancel := context.WithTimeout(context.Background(), 2*time.Second)
defer cancel()
if err := srv.Shutdown(ctx); err != nil {
    logger.Error(fmt.Sprintf("Server Shutdown: %s", err.Error()))
}
<-ctx.Done()
logger.Info("Shutdown")
}
```

APIサーバーの起動

　APIの動作を確認しましょう。ターミナルで「docker-compose up -d」コマンド（P.311）を実行してMySQLを立ち上げ、「go mod tidy」コマンドを実行したあと、「go run main.go」でサーバーを起動してください。

```
go-api-arch-mvc-template jsakai$ go mod tidy
go-api-arch-mvc-template jsakai$ go run main.go
```

Webブラウザから「http://0.0.0.0:8080/swagger/index.html」にアクセスし、SwaggerからAPIを確認しましょう。

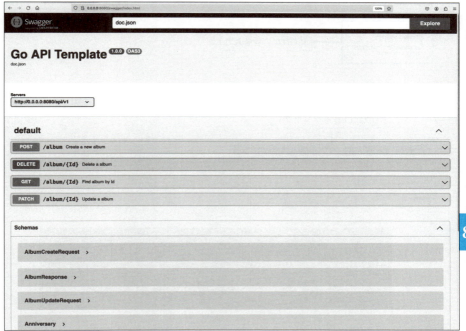

WebからAPIの実行を試すことができます。POSTリクエストであれば、「POST」のタブをクリックして「Try it out」のボタンをクリックしたあと、次のようにリクエストボディのJSONを入力し、[Execute]をクリックして実行すると、下部に結果のレスポンスが表示されます。

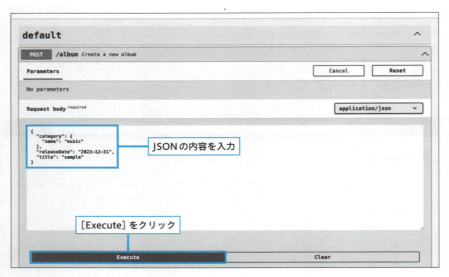

Point　curlコマンドでAPIを呼び出す

curlコマンドでターミナルからAPIを呼び出すこともできます。たとえば、POSTリクエストの場合は、次のように実行可能です。

ターミナル　curlコマンドの実行

```
go-api-arch-mvc-template jsakai$ curl -X 'POST' \
  'http://0.0.0.0:8080/api/v1/album' \
  -H 'accept: application/json' \
  -H 'Content-Type: application/json' \
  -d '{
  "category": {
    "name": "food"
  },
  "releaseDate": "2023-12-31",
  "title": "string"
}'
```

APIの状態を確認する

APIが正常かどうかを確認するための**ヘルスチェック**の処理を追加します。サーバーが立ち上がっているかなどを確認するためにも、追加しておくとよいでしょう。app/controllersフォルダにhealth.goを作成し、コードを書いていきます。

続いて、**Health関数**を定義します。Health関数は、ハンドラー関数というHTTPリクエストを受け取ってレスポンスを返す関数です。引数には*gin.Context型の引数を受け取ります。gin.Context型は、Ginのパッケージで定義された構造体で、リクエストとレスポンスの情報やミドルウェアなどを保持するオブジェクトです。

JSONメソッドで、レスポンスをJSON形式で返しています。指定したステータスコードとオブジェクトを、JSONにエンコードしてレスポンスに書き込むメソッドです。ここでは、http.StatusOK（ステータスコード200）を指定しています。また、gin.H型でキーと値のペアを表す型で、"status": "ok"というペアとして、ヘルスチェックの結果を表すレスポンスを作っています。

コード：c8_5_2 / health.go
```
package controllers

import (
    "net/http"

    "github.com/gin-gonic/gin"
)

func Health(c *gin.Context) {
    c.JSON(http.StatusOK, gin.H{
        "status": "ok",
    })
}
```

また、main.goのmain関数で、変数routerにHealth関数を登録します。

コード：c8_5_2（抜粋） / main.go
```
router.GET("/health", controllers.Health)
```

実際にAPIの呼び出しも確認してみましょう。まず、MySQLを「docker-compose up -d」コマンド（P.311）で立ち上げ、「go run main.go」コマンドでサーバーを実行したあと、別のターミナルからcurlコマンドを実行してstatus okが返ってくることを確認してください。

ターミナル　APIの呼び出し
```
go-api-arch-mvc-template jsakai$ curl http://0.0.0.0:8080/health
{"status":"ok"}
```

ミドルウェアを追加しよう

HTTPリクエストを受け取ってからHTTPリクエストを返すまでの間に挟み込まれる処理のことを、**ミドルウェア**といいます。ここでは、ginパッケージで使われるミドルウェアを追加し、アプリケーションに機能を足していきましょう。

CORSを設定するミドルウェア

github.com/gin-contrib/corsは、**CORS（Cross-Origin Resource Sharing）**という異なるオリジン（ドメインやポートなど）からのリクエストを許可するための仕組みをサポートするパッケージです。

main.goに次のようなコードを記述します。corsMiddleware関数は、CORSというオリジン間リソース共有を許可するための関数です。

コード：c8_5_3（抜粋） main.go
```go
func corsMiddleware(allowOrigins []string) gin.HandlerFunc {
    config := cors.DefaultConfig()
    config.AllowOrigins = allowOrigins
    return cors.New(config)
}
```

その後、main関数で次のようなコードを追加します。ここでは、ConfigのAPICorsAllowOriginsという引数で、許可するオリジンのリストを渡しています。

コード：c8_5_3（抜粋） main.go
```go
router.Use(corsMiddleware(configs.Config.APICorsAllowOrigins))
```

タイムアウトを設定するミドルウェア

github.com/gin-contrib/timeoutは、ハンドラーの処理が指定した時間内に終了しなかった場合に、処理を中断（**タイムアウト**）するためのパッケージです。

main.goにtimeoutMiddleware関数を定義します。これは、引数として受け取った時間内に処理が完了しなかった場合、タイムアウトしてhttp.StatusRequestTimeout（ステータスコード408）とエラーを返します。

コード：c8_5_3（抜粋） main.go
```go
func timeoutMiddleware(duration time.Duration) gin.HandlerFunc {
    return timeout.New(
        timeout.WithTimeout(duration),
        timeout.WithHandler(func(c *gin.Context) {
            c.Next()
        }),
        timeout.WithResponse(func(c *gin.Context) {
            c.JSON(
                http.StatusRequestTimeout,
                api.ErrorResponse{Message: "timeout"},
```

```
            )
            c.Abort()
        }),
    )
}
```

その後、main関数で次のコードを追加します。ここでは、2秒以内に処理が完了しなかった場合はタイムアウトとして設定しています。

コード:c8_5_3（抜粋） main.go
```
    apiGroup := router.Group("/api")
    {
        apiGroup.Use(timeoutMiddleware(2 * time.Second))
        v1 := apiGroup.Group("/v1")         タイムアウトの処理を追加
        {
            v1.Use(middleware.OapiRequestValidator(swagger))
            albumHandler := &controllers.AlbumHandler{}
            api.RegisterHandlers(v1, albumHandler)
        }
    }
```

ロギングのためのミドルウェア

github.com/gin-contrib/zapは、zapという高速で構造化されたロギングライブラリを使って、リクエストやレスポンス、パニックなどの情報をログに出力するためのパッケージです。

Useメソッドを使い、ルーターに次の設定を追加していきます。

ginzap.Ginzap関数は、リクエストやレスポンスの情報をログに出力するための関数です。ここでは、logger.ZapLoggerというロガーを渡しています。また、time.RFC3339という引数でログのタイムスタンプのフォーマットを指定しています。最後の引数では、タイムスタンプをUTCタイムゾーンで出力するかどうかを指定しています。

ginzap.RecoveryWithZap関数は、パニックが発生した場合に、ログにエラーとスタックトレースを記録するための関数です。ここでは引数に、logger.ZapLoggerと、スタックトレースを出力するかどうかを指定しています。

コード:c8_5_3（抜粋） main.go
```
    router.Use(ginzap.Ginzap(logger.ZapLogger, time.RFC3339, true))
    router.Use(ginzap.RecoveryWithZap(logger.ZapLogger, true))
```

Column

エンジニアのキャリア戦略③
どういうときにエンジニアのスキルは伸びる？

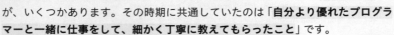

　ぼくはかれこれエンジニアとして20年以上働いてきましたが、その中でスキルが大きく伸びた時期というのが、いくつかあります。その時期に共通していたのは「**自分より優れたプログラマーと一緒に仕事をして、細かく丁寧に教えてもらったこと**」です。

　ぼくが最初にプログラミングに触れたのは、大学院生のときでした。教科書や入門書を読んでサンプルをつくることはできましたが、実際のアプリ開発となると、何をどうすればいいのか当時は全然わかりませんでした。そのとき、大学院の先輩にたくさん質問して助けてもらい、そこから学びが始まりました。

　新卒で日本の大手通信会社に入社したときも、最初は資料作成や社内調整が主な仕事でした。アプリ開発などは業務委託の方が担当していたのですが、上司に頼んでその方と一緒に仕事をさせてもらい、教えてもらうことで、一気にスキルが身につきました。シリコンバレーに転職してからも、次のステップに進みたいと思っていた時期に、敏腕プログラマーとペアプログラミングをする機会がありました。彼はGAFAのOSセキュリティを担当しているような人物で、そのときも質問攻めにしてたくさん教えてもらいました。やはり、**自分より技術力のあるメンターがいる環境**は、スキルアップにとても効果的だと思います。

　独学で壁にぶつかったときや、何を学べばいいかわからなくなったときは、**誰かと一緒に何かを作る**機会をつくるといいと思います。特に、自分より上のレベルの人と一緒に取り組むことで、自分の成長を加速させることができます。そのような人を見つけたら、ご飯をご馳走するでも、作業のお手伝いをするでもいいので、感謝の気持ちを込めて何かコミュニケーションをとりながら、**良い関係を築くことも大切**です。

　もし、今の職場でスキルが伸びないと感じているなら、思い切って転職し、自分より優れたプログラマーと一緒に仕事をする環境に身を置くのもよいでしょう。特に**若いうちに、スキルの高いコミュニティで働く経験はとても重要**です。自分がトップになれる環境で満足してしまうと、成長の機会を逃してしまいます。「井の中の蛙」にならないよう、常に上を目指して挑戦していきましょう！

Lesson 9 応用編

アプリケーションの テストを実施しよう

実際のアプリケーションでは、データベースなど周辺のアプリケーションが関連することがほとんどです。そのため、テストの際には、テスト用のデータベースなどを用意する必要があります。Lesson9では、モックやDockerコンテナを利用したテストについて説明していきます。

9-1	SQLiteを使ってテストを実行しよう	342
9-2	モックを使ってテストを実行しよう	349
9-3	MySQLを使ってテストを実行しよう	355
9-4	コントローラのテストを実行しよう	359
9-5	インテグレーションテストを実行しよう	370

9-1 SQLiteを使ってテストを実行しよう

Lesson8で一通りMVCモデルに則ったアプリケーションの作成が完了したら、テストコードの実装を進めていきましょう。ここでは、軽量なデータベースであるSQLiteを使ったテストの方法について説明していきます。

SQLiteを使ったモデルのユニットテスト

作成したアプリケーションのテストコードを作成していきます。まず、SQLiteを使用してテストを軽量に実施するコードを書いていきます。

ここでは、モデルのコードについてテストしていきましょう。app/models/album.goとapp/models/category.goを作成し、テストを作成します。

```
app
└── models
    ├── db.go：データベースに接続するコード（P.314で作成）
    ├── album.go：Albumモデルのコード（P.321で作成）
    ├── album_test.go：Albumモデルのテストのコード（P.344で作成）
    ├── category.go：Categoryモデルのコード（P.316で作成）
    └── category_test.go：Categoryモデルのテストコード（P.347で作成）
```

SQLiteによるテストの準備

モデルのテストを作成する前に、まずはSQliteを使ったテストの準備をする必要があります。pkg/tester/配下にsqlite_suite.goを作成し、コードを書いていきます。

```
pkg
└── tester
    └── sqlute_suite.go：SQLiteでのテストで前後に実行する処理のコード
```

必要なパッケージをインポートしたあと、DBSQLiteSuite構造体を定義し、**suite.Suite**構造体を埋め込んでいます。suite.Suite構造体は、**github.com/stretchr/testify/suite**パッケージの機能で、テストの前後に処理を追加できるようにします。

```go
// コード：c9_1_1（抜粋） sqlite_suite.go
package tester

import (
    "os"

    "github.com/stretchr/testify/suite"

    "go-api-arch-mvc-template/app/models"
    "go-api-arch-mvc-template/configs"
)

type DBSQLiteSuite struct {
    suite.Suite  // suite.Suite 構造体を埋め込む
}
```

SetupSuite メソッドは、suiteパッケージの機能により、テスト前に自動で実行されるメソッドです。

configs.Config.DBNameに「unittest.sqlite」と設定したあと、models.SetDatabase関数でSQLiteを指定してデータベースを初期化しています。これで、「unittest.sqlite」という名前のファイルにSQLiteのデータベースが保存されます。

その後、models.GetModels関数でモデルの一覧を取得し、gormパッケージのAutoMigrateメソッドでモデルの構造に対応したテーブルを作成しています。

また、**Assertメソッド**が返す*assert.Assertions型のメソッドを使うことで、値が想定したものかどうかを確かめることができます。値を確かめるメソッドには、次のような種類があります。検証に失敗した場合は、テストがエラーになります。

メソッド	内容
Nil メソッド	nil であることを検証
NotNil メソッド	nil でないことを検証
Equal メソッド	指定した値が等しいことを検証
True メソッド	True であることを検証
JSONEq メソッド	JSON の内容を検証

ここでは、Nilメソッドにより、変数errがnilであること（つまり、エラーがないこと）を確認しています。

```go
// コード：c9_1_1（抜粋） sqlite_suite.go
func (suite *DBSQLiteSuite) SetupSuite() {
    configs.Config.DBName = "unittest.sqlite"
    err := models.SetDatabase(models.InstanceSqlLite)  // データベースを初期化
    suite.Assert().Nil(err)

    for _, model := range models.GetModels() {
        err := models.DB.AutoMigrate(model)  // モデルに応じたテーブルを作成
        suite.Assert().Nil(err)
    }
}
```

TearDownSuite メソッドは、suiteパッケージの機能でテスト後に実行されるメソッドです。os.Remove関数でSQLiteのデータベースファイルを削除し、Assertメソッドでエラーがないことを確認しています。

コード：c9_1_1（抜粋） `sqlite_suite.go`
```go
func (suite *DBSQLiteSuite) TearDownSuite() {
    err := os.Remove(configs.Config.DBName)    ← データベースファイルを削除
    suite.Assert().Nil(err)
}
```

Albumモデルをテストしよう

app/models/album.goをテストするため、同じフォルダにalbum_test.goを作成し、コードを書いていきます。

最初に、パッケージ名とインポートを書いていきます。パッケージ名は、テスト対象のmodelsとは別のmodels_testパッケージになっています。これは、**テスト対象のパッケージの外部からアクセスできるAPIだけをテストするため**です。もし、テスト対象のパッケージの内部の変数や関数にアクセスしたい場合は、パッケージ名を同じmodelsにします。

コード：c9_1_1（抜粋） `album_test.go`
```go
package models_test

import (
    "fmt"
    "strings"
    "testing"
    "time"

    "github.com/stretchr/testify/suite"
    "gorm.io/gorm"

    "go-api-arch-mvc-template/app/models"
    "go-api-arch-mvc-template/pkg/tester"
)
```

続いて、AlbumTestSuite構造体を定義しています。先ほど作成したtester.DBSQLiteSuite構造体と、テスト前のデータベースの状態を保存するためのoriginalDBというフィールドを持っています。

TestAlbumTestSuite関数は、**suite.Run関数**に*testing.T型の引数tと、作成したAlbumTestSuite構造体を渡しています。こうすることで、**対象の構造体にメソッドとして定義されたテストケースを実行することができます**。

```go
                                            コード:c9_1_1(抜粋)  album_test.go
type AlbumTestSuite struct {
    tester.DBSQLiteSuite
    originalDB *gorm.DB
}

func TestAlbumTestSuite(t *testing.T) {
    suite.Run(t, new(AlbumTestSuite))
}
```

　AlbumTestSuite構造体に**SetupSuiteメソッド**(セットアップスイート)を作成します。これは、suiteパッケージの機能で、テストの前に一度だけ実行されるメソッドです。sqlite_suite.goで作成したSetupSuiteメソッドを呼び出して、データベースの初期化を行っています。また、originalDBフィールドにテスト前のデータベースの状態を保存しています。
　AfterTestメソッド(アフターテスト)は、suiteパッケージの機能で各テストケースのあとに実行されるメソッドで、テスト前のデータベースの状態に戻しています。

```go
                                            コード:c9_1_1(抜粋)  album_test.go
func (suite *AlbumTestSuite) SetupSuite() {
    suite.DBSQLiteSuite.SetupSuite()
    suite.originalDB = models.DB
}

func (suite *AlbumTestSuite) AfterTest(suiteName, testName string) {
    models.DB = suite.originalDB
}
```

　Str2time関数は、文字列をtime.Time型に変換するための補助的な関数です。time.Parse関数を使って、指定したフォーマットで日付をパースしています。

```go
                                            コード:c9_1_1(抜粋)  album_test.go
func Str2time(t string) time.Time {
    parsedTime, _ := time.Parse("2006-01-02", t)
    return parsedTime
}
```

　TestAlbumメソッドでアルバムの操作に関するテストケースを作っています。
　ここでは、app/models/album.goの各関数の結果を、Assertメソッドが返す*assert.Assertions型が持つ、期待値と実際の値が一致するかどうかをチェックするメソッドで検証しています。
　models.CreateAlbum関数でアルバムの作成、models.GetAlbum関数でアルバムの取得、Saveメソッドでアルバムの更新、Deleteメソッドでアルバムの削除をそれぞれテストします。

```go
func (suite *AlbumTestSuite) TestAlbum() {
    createdAlbum, err := models.CreateAlbum("Test", time.Now(), "sports")
    suite.Assert().Nil(err)
    suite.Assert().Equal("Test", createdAlbum.Title)
    suite.Assert().NotNil(createdAlbum.ReleaseDate)
    suite.Assert().NotNil(createdAlbum.Category.ID)
    suite.Assert().Equal(createdAlbum.Category.Name, "sports")

    getAlbum, err := models.GetAlbum(createdAlbum.ID)
    suite.Assert().Nil(err)
    suite.Assert().Equal("Test", getAlbum.Title)
    suite.Assert().NotNil(getAlbum.ReleaseDate)
    suite.Assert().NotNil(getAlbum.Category.ID)
    suite.Assert().Equal(getAlbum.Category.Name, "sports")

    getAlbum.Title = "updated"
    err = getAlbum.Save()
    suite.Assert().Nil(err)
    updatedAlbum, err := models.GetAlbum(createdAlbum.ID)
    suite.Assert().Nil(err)
    suite.Assert().Equal("updated", updatedAlbum.Title)
    suite.Assert().NotNil(updatedAlbum.ReleaseDate)
    suite.Assert().NotNil(updatedAlbum.Category.ID)
    suite.Assert().Equal(updatedAlbum.Category.Name, "sports")

    err = updatedAlbum.Delete()
    suite.Assert().Nil(err)
    deletedAlbum, err := models.GetAlbum(updatedAlbum.ID)
    suite.Assert().Nil(deletedAlbum)
    suite.Assert().True(strings.Contains("record not found", err.Error()))
}
```

また、TestAlbumMarshalメソッドでは、JSONへの変換についてのテストケースを作っています。models.Album構造体を作成して変数albumに代入し、MarshalJSONメソッドを呼び出してJSON形式の文字列に変換しています。その結果を、Assertメソッドを使って検証しています。

```go
func (suite *AlbumTestSuite) TestAlbumMarshal() {
    album := models.Album{                            // models.Album 構造体を作成
        Title:       "Test",
        ReleaseDate: Str2time("2023-01-01"),
        Category:    &models.Category{Name: "sports"},
    }
    aniversary := time.Now().Year() - 2023            // 経過年数を計算
    albumJSON, err := album.MarshalJSON()             // MarshalJSON メソッドを実行
    suite.Assert().Nil(err)
```

```
    suite.Assert().JSONEq(fmt.Sprintf(`{        ── JSONの内容を検証
      "anniversary":%d,
      "category":{
          "id":0,"name":"sports"
      },
      "id":0,
      "releaseDate":"2023-01-01",
      "title":"Test"
    }`, aniversary), string(albumJSON))
}
```

カテゴリーのモデルをテストしよう

app/models/category.goをテストするために、同じフォルダにcategory_test.goを作成してコードを書いていきましょう。

app/models/album_test.goと同様、tester.DBSQLiteSuite構造体を埋め込んだCategoryTestSuite構造体を定義します。TestCategoryTestSuite関数では、suite.Run関数にCategoryTestSuite構造体を渡して実行しています。

コード：c9_1_1（抜粋） **category_test.go**
```
package models_test

import (
    "testing"

    "github.com/stretchr/testify/suite"

    "go-api-arch-mvc-template/app/models"
    "go-api-arch-mvc-template/pkg/tester"
)

type CategoryTestSuite struct {
    tester.DBSQLiteSuite
}

func TestCategoryTestSuite(t *testing.T) {
    suite.Run(t, new(CategoryTestSuite))
}
```

　TestCategoryメソッドを定義して、カテゴリーの作成や取得についてのテストを行います。models.GetOrCreateCategory関数を呼び出して、カテゴリーの作成や取得を行っています。その結果を、Assertメソッドで検証します。

コード:c9_1_1(抜粋) **category_test.go**
```go
func (suite *CategoryTestSuite) TestCategory() {
    category, err := models.GetOrCreateCategory("test")
    suite.Assert().Nil(err)
    suite.Assert().NotNil(category.ID)
    suite.Assert().Equal("test", category.Name)

    category2, err := models.GetOrCreateCategory("test")
    suite.Assert().Nil(err)
    suite.Assert().Equal("test", category2.Name)
    suite.Assert().Equal(category.ID, category.ID)
}
```

テストの実行

「go mod tidy」コマンドで必要なパッケージをダウンロードしたあと、「go test」コマンド(P.212)でテストを実行します。「go test ./app/models/...」で、/app/models/配下のすべてのテストを実行できます。結果が「ok」であることを確認しましょう。

ターミナル **テストの実行**
```
go-api-arch-mvc-template jsakai$ go mod tidy
go-api-arch-mvc-template jsakai$ go test ./app/models/...
```

実行結果
```
ok      go-api-arch-mvc-template/app/models    0.249s
```

9-2 モックを使ってテストを実行しよう

実際のデータベースやコードを利用すると、テストが難しい場合があります。たとえば、データベースでエラーが起きた場合や、特定の時間を参照する必要がある場合のテストなどです。そんなケースで活用できる、モックを使用したテストについて説明します。

モックを作成しよう

実際のデータベースを使わずに、テストする方法もあります。そのときに使うのが**モック**です。モックには「模擬」という意味があり、テストなどで模擬的な処理を行いたいときに使用します。

go-sqlmockパッケージを使用すると、実際のデータベースを使わずに、模擬的なデータベースがあるように振る舞うことができます。テストで実際のデータベースを使うと、テスト前の状態に戻す必要があるため、モックを使うと便利です。

また、現在の時間を参照する処理を行う場合、テストを実行する時間によって結果が変わってしまうこともあります。そのようなときには、固定の時間でテストできるようにすると便利です。

ここでは、次のようにpkg/tester配下にmock.goを作成し、db.go（P.314で作成）の変数DBとtimes.go（P.319で作成）のClockインターフェースについてモックを作成します。

```
□ pkg
 └ □ tester
    ├ sqlite_suite.go：SQLiteでのテストで前後に実行する処理のコード
    └ mock.go：モックを作成するコード
```

まず、データベースの操作をモック化するMockDB関数を作成します。go-sqlmockパッケージの**sqlmock.New関数**でモックデータベースとモックオブジェクトを作成し、gorm.Open関数でモックデータベースを扱えるようにしています。

コード：c9_2_1（抜粋） **mock.go**

```
package tester

import (
    "time"
```

```go
    "github.com/DATA-DOG/go-sqlmock"          // go-sqlmock パッケージをインポート
    "gorm.io/driver/mysql"
    "gorm.io/gorm"

    "go-api-arch-mvc-template/pkg/logger"
)

func MockDB() (mock sqlmock.Sqlmock, mockGormDB *gorm.DB) {
    mockDB, mock, err := sqlmock.New(          // モックデータベースの作成
        sqlmock.QueryMatcherOption(sqlmock.QueryMatcherRegexp))
    if err != nil {
        logger.Fatal(err.Error())
    }

    mockGormDB, err = gorm.Open(mysql.New(mysql.Config{     // モックデータベースに接続
        DSN:                    "mock_db",
        DriverName:             "mysql",
        Conn:                   mockDB,
        SkipInitializeWithVersion: true,
    }), &gorm.Config{})
    if err != nil {
        logger.Fatal(err.Error())
    }
    return mock, mockGormDB
}
```

続いて、現在時刻を固定するため、Clockインターフェースのモックを作成します。関数やメソッドによっては、**テストを実行する時刻によって結果が変わってしまうのを防ぐため、モックを使って固定した時刻でテストする必要があります。**

mockClock構造体（モッククロック）は、time.Time型のフィールドtを持つ構造体で、現在時刻を返すNowメソッドを持つことでClockインターフェースを実装しているため、現在時刻の処理の代わりを作成できます。そして、NewMockClock関数は、time.Time型の引数tを受け取り、mockClock構造体のフィールドにセットして返す関数です。

コード：c9_2_1（抜粋） / mock.go

```go
type mockClock struct {         // mockClock 構造体を作成
    t time.Time
}

func NewMockClock(t time.Time) mockClock {
    return mockClock{t}
}

func (m mockClock) Now() time.Time {    // Now メソッドを定義
    return m.t
}
```

モックを使ってアルバムのテストを実行しよう

app/models/album_test.goにモックを使ったテストを追加します。

まずは、モッククロックを使用したテストを追加します。P.322で作成したAnniversaryメソッドをテストするTestAnniversaryメソッドを追加しましょう。

tester.NewMockClock関数でモッククロックを作成し、変数mockedClockに代入します。この変数mockedClockは、「2022-04-01」という時刻をNowメソッドで返します。

続いて、変数albumに、models.Album構造体のReleaseDateフィールドを指定して作成します。その後、Anniversaryメソッドに変数mockedClockを渡して、Equalメソッドで正しい値になっているかをテストしていきます。

その後、変数albumに入れるReleaseDateフィールドの日時を少しずつ変更して、変数mockedClockとの差の計算があっているかを確認しましょう。

コード:c9_2_1(抜粋) album_test.go
```go
func (suite *AlbumTestSuite) TestAnniversary() {
    mockedClock := tester.NewMockClock(Str2time("2022-04-01"))

    album := models.Album{ReleaseDate: Str2time("2022-04-01")}
    suite.Assert().Equal(0, album.Anniversary(mockedClock))     // 差は0
    album = models.Album{ReleaseDate: Str2time("2021-04-02")}
    suite.Assert().Equal(0, album.Anniversary(mockedClock))     // 差は0
    album = models.Album{ReleaseDate: Str2time("2021-04-01")}
    suite.Assert().Equal(1, album.Anniversary(mockedClock))     // 差は1
    album = models.Album{ReleaseDate: Str2time("2020-04-02")}
    suite.Assert().Equal(1, album.Anniversary(mockedClock))     // 差は1
    album = models.Album{ReleaseDate: Str2time("2020-04-01")}
    suite.Assert().Equal(2, album.Anniversary(mockedClock))     // 差は2
}
```

続いて、モックデータベースを使用したテストを追加しましょう。まずは、AlbumTestSuite構造体にMockDBメソッドを追加して、モックデータベースを使えるようにします。

コード:c9_2_1(抜粋) album_test.go
```go
func (suite *AlbumTestSuite) MockDB() sqlmock.Sqlmock {
    mock, mockGormDB := tester.MockDB()
    models.DB = mockGormDB
    return mock
}
```

次に、TestAlbumCreateFailureメソッドを作成し、models.CreateAlbum関数を呼び出した際にエラーが発生するときのテストを実施します。

MockDB関数でモックデータベースを取得し、**ExpectQuery**(エクスペクトクエリ)メソッドと**WillReturnError**(ウィルリターンエラー)メソッドで、**特定のクエリに対して特定のエラーを返す**ように設定しています。ここでは、「SELECT * FROM categories WHERE categories.name = ? ORDER

BY categories.id LIMIT 1」というクエリに対して「create error」というエラーを返すようにしています。このクエリは、models.CreateAlbum関数を実行するときに、カテゴリー名からカテゴリーIDを取得するために発行されるクエリです。

その後、Assertメソッドで、models.CreateAlbum関数の返り値がnilであり、エラーが「create error」であることを検証しています。

コード:c9_2_1（抜粋） **album_test.go**
```go
func (suite *AlbumTestSuite) TestAlbumCreateFailure() {
    mockDB := suite.MockDB()
    mockDB.ExpectQuery(regexp.QuoteMeta("SELECT * FROM `categories` WHERE `categories`.`name` = ? ORDER BY `categories`.`id` LIMIT ?")).WithArgs("sports", 1).WillReturnError(errors.New("create error"))
    createdAlbum, err := models.CreateAlbum("Test", Str2time("2023-01-01"), "sports")
    suite.Assert().Nil(createdAlbum)
    suite.Assert().NotNil(err)
    suite.Assert().Equal("create error", err.Error())
}
```

TestAlbumGetFailureメソッドは、models.GetAlbum関数を呼び出した際にエラーが発生するときのテストをします。

ExpectQueryメソッドとWillReturnErrorメソッドで、同様に期待するクエリとエラーを設定しています。ここでは、「get error」というエラーを返すようにしています。

その後、Assertメソッドで、models.GetAlbum関数の返り値がnilであり、エラーが「get error」であることを検証しています。

コード:c9_2_1（抜粋） **album_test.go**
```go
func (suite *AlbumTestSuite) TestAlbumGetFailure() {
    mockDB := suite.MockDB()
    mockDB.ExpectQuery(regexp.QuoteMeta("SELECT * FROM `albums` WHERE `albums`.`id` = ? ORDER BY `albums`.`id` LIMIT ?")).WithArgs(1, 1).WillReturnError(errors.New("get error"))

    album, err := models.GetAlbum(1)
    suite.Assert().Nil(album)
    suite.Assert().NotNil(err)
    suite.Assert().Equal("get error", err.Error())
}
```

TestAlbumSaveFailureメソッドは、models.Album構造体のSaveメソッドを呼び出した際にエラーが発生するときのテストをします。

今回は「save error」というエラーを返すように設定し、Assertメソッドでエラーが「save error」であることを検証しています。

```go
func (suite *AlbumTestSuite) TestAlbumSaveFailure() {
    mockDB := suite.MockDB()
    mockDB.ExpectQuery(regexp.QuoteMeta("SELECT * FROM `categories` WHERE
`categories`.`name` = ? ORDER BY `categories`.`id` LIMIT ?")).WithArgs("sports",
1).WillReturnError(errors.New("save error"))

    album := models.Album{
        Title:       "updated",
        ReleaseDate: Str2time("2023-01-01"),
        Category:    &models.Category{Name: "sports"},
    }

    err := album.Save()
    suite.Assert().NotNil(err)
    suite.Assert().Equal("save error", err.Error())
}
```

TestAlbumDeleteFailureメソッドは、models.Album構造体のDeleteメソッドを呼び出した際にエラーが発生するときのテストをします。

ここで実行されるのはSELECT文ではなくDELETE文なので、その場合はExpectQueryメソッドではなく**ExpectExecメソッド**を使って期待するクエリとエラーを設定しています。ここでは「delete error」というエラーを返すように設定します。また、**ExpectBeginメソッド**でトランザクションの開始、**ExpectRollbackメソッド**でトランザクションのロールバック、**ExpectCommitメソッド**でトランザクションのコミットが行われることをそれぞれ期待しています。

その後、Assertメソッドでエラーが「delete error」であることを検証しています。

```go
func (suite *AlbumTestSuite) TestAlbumDeleteFailure() {
    mockDB := suite.MockDB()
    mockDB.ExpectBegin()
    mockDB.ExpectExec("DELETE FROM `albums` WHERE id = ?").WithArgs(0).
WillReturnError(errors.New("delete error"))
    mockDB.ExpectRollback()
    mockDB.ExpectCommit()

    album := models.Album{
        Title:       "Test",
        ReleaseDate: Str2time("2023-01-01"),
        Category:    &models.Category{Name: "sports"},
    }

    err := album.Delete()
    suite.Assert().NotNil(err)
    suite.Assert().Equal("delete error", err.Error())
```

```
}
```

　テストの作成が終わったら、実行して確認しましょう。次のコマンドを実行すると、app/models配下のテストがすべて実行されます。

ターミナル テストの実行
```
go-api-arch-mvc-template jsakai$ go mod tidy
go-api-arch-mvc-template jsakai$ go test ./app/models/...
```

実行結果
```
ok      go-api-arch-mvc-template/app/models     0.240s
```

9-3 MySQLを使ってテストを実行しよう

Lesson8で作成した実際のアプリケーションでは、MySQLを使用していました。機能によってはSQLiteではなくMySQLを使用してテストをしたい場合もあるため、ここでは、テスト用にMySQLをDockerコンテナで立ち上げてテストを実行する方法について説明していきます。

MySQLを使用したテストの実行

SQLiteでも十分なテストは可能ですが、SQLiteとは異なる機能を使っている場合には、実際に運用するMySQLでテストを行いたいこともあります。その際には、MySQLでテストできるように、**testcontainers**（テストコンテナーズ）パッケージを利用してテストを行います。testcontainersパッケージを利用することで、テスト中だけ利用できるテスト用のMySQLコンテナを作成し、テストが終了したらコンテナを削除するようにできます。

テスト用のMySQLをDockerコンテナで立ち上げる

pkg/tester/mysql_suite.goに、testcontainersを使用してMySQLを立ち上げるコードを記述します。なお、**testcontainersパッケージを使用するにはDockerが起動している必要があります**。

まず、ポート番号が使用可能かどうかを確認するCheckPort関数を定義します。**net.Dial関数**（ネット・ダイアル）で指定したホストとポート番号に接続し、接続できた場合はポートが使用中なのでFalse、エラーだった場合はポートがまだ使われておらず使用可能なのでTrueを返します。

コード：c9_3_1（抜粋） **mysql_suite.go**

```go
func CheckPort(host string, port int) bool {
    conn, err := net.Dial("tcp", fmt.Sprintf("%s:%d", host, port))
    if conn != nil {              // ポートにつながる（使用ずみ）
        conn.Close()
        return false
    }
    if err != nil {               // ポートにつながらない（使用可能）
        return true
    }
    return false
}
```

次に、ポートが使用可能になるまで待機するWaitForPort関数を定義します。この関数は、指定した時間でCheckPort関数を1秒おきに呼び出し、ポートが利用可能になるまでチェックします。

コード:c9_3_1（抜粋） mysql_suite.go
```go
func WaitForPort(host string, port int, timeout time.Duration) bool {
    deadline := time.Now().Add(timeout)
    for time.Now().Before(deadline) {        // 指定した時間まで繰り返す
        if CheckPort(host, port) {            // CheckPort関数を呼び出す
            return true
        }
        time.Sleep(1 * time.Second)           // 1秒待つ
    }
    return false
}
```

続いて、MySQLに接続するためのDBMySQLSuite構造体を定義します。suite.Suite構造体の埋め込みに加えて、testcontainers.Containerインターフェースとcontext.Contextインターフェースをそれぞれフィールドに定義します。

コード:c9_3_1（抜粋） mysql_suite.go
```go
type DBMySQLSuite struct {
    suite.Suite
    mySQLContainer testcontainers.Container
    ctx            context.Context
}
```

その後、テスト用のMySQLを立ち上げるSetupTestContainersメソッドを定義します。
まず、WaitForPort関数を呼び出して、指定したホストとポートが利用可能になるまで待ちます。ここでは、configs.Configで設定されたホストとポートを渡しています。
続いて、context.Background関数で空のコンテキストを作成したあと、**testcontainers.ContainerRequest構造体**で、テスト用のMySQLコンテナに対する設定（使用するDockerイメージやデータベースのユーザー名、パスワード、ポート番号など）のリクエストを作成しています。また、**WaitingForフィールド**では、コンテナの起動を待つ条件を指定します。ここでは、コンテナのログに指定した文字列が出力されるまで待つようにしています。
testcontainers.GenericContainer関数で、リクエストを元にコンテナを作成しています。また、testcontainers.GenericContainerRequest構造体のStartedフィールドにtrueを指定することで、コンテナを作成と同時に起動するようにしています。

コード:c9_3_1（抜粋） mysql_suite.go
```go
func (suite *DBMySQLSuite) SetupTestContainers() (err error) {
    WaitForPort(configs.Config.DBHost, configs.Config.DBPort, 10*time.Second)
    suite.ctx = context.Background()
    req := testcontainers.ContainerRequest{    // コンテナのリクエストを作成
        Image: "mysql:8",
```

```go
        Env: map[string]string{
            "MYSQL_DATABASE":            configs.Config.DBName,
            "MYSQL_USER":                configs.Config.DBUser,
            "MYSQL_PASSWORD":            configs.Config.DBPassword,
            "MYSQL_ALLOW_EMPTY_PASSWORD": "yes",
        },
        ExposedPorts: []string{fmt.Sprintf("%d:3306/tcp", configs.Config.DBPort)},
        WaitingFor:   wait.ForLog("port: 3306  MySQL Community Server"),
    }

    suite.mySQLContainer, err = testcontainers.GenericContainer(suite.ctx,
testcontainers.GenericContainerRequest{ ─── コンテナを作成
        ContainerRequest: req,
        Started:          true,
    })

    if err != nil {
        log.Fatal(err.Error())
    }
    return nil
}
```

また、sqlite_suite.go(P.343)と同様に、SetupSuiteメソッドとTearDownSuiteメソッドを定義します。

コード:c9_3_1(抜粋) **mysql_suite.go**

```go
func (suite *DBMySQLSuite) SetupSuite() {
    err := suite.SetupTestContainers()
    suite.Assert().Nil(err)

    err = models.SetDatabase(models.InstanceMySQL)
    suite.Assert().Nil(err)

    for _, model := range models.GetModels() {
        err := models.DB.AutoMigrate(model)
        suite.Assert().Nil(err)
    }
}

func (suite *DBMySQLSuite) TearDownSuite() {
    if suite.mySQLContainer == nil {
        return
    }
    err := suite.mySQLContainer.Terminate(suite.ctx)
    suite.Assert().Nil(err)
}
```

MySQLでテストを実行する

　app/models/category_test.goを次のように書き換えてpkg/tester/mysql_suite.goのDBMySQLSuite構造体を呼び出し、SQLiteからMySQLでのテストに変更してみます。

コード：c9_3_1（抜粋）　**category_test.go**
```
type CategoryTestSuite struct {
    tester.DBMySQLSuite     ──── DBMySQLSuite に書き換える
}
```

　その後、-vのオプションをつけてログを詳細に出力しながら、テストを実行してみましょう。testcontainersが起動し、テストが成功することが確認できます。

ターミナル　**テストの実行**
```
go-api-arch-mvc-template jsakai$ go mod tidy
go-api-arch-mvc-template jsakai$ go test -v ./app/models/...
```

実行結果
```
=== RUN   TestAlbumTestSuite
=== RUN   TestAlbumTestSuite/TestAlbum
︙
--- PASS: TestCategoryTestSuite (49.23s)
    --- PASS: TestCategoryTestSuite/TestCategory (0.02s)
PASS
ok      go-api-arch-mvc-template/app/models     49.752s
```

9-4 コントローラのテストを実行しよう

これまではモデルのテストを作成してきましたが、コントローラについてもテストを作成していきましょう。テスト用にHTTPリクエストを作成し、コントローラの処理を呼び出した結果が、想定したHTTPレスポンスであるかどうかをテストするための方法について説明していきます。

ヘルスチェックのコントローラのテストを実行しよう

コントローラのテストを実行するには、**net/http/httptestパッケージ**を使用してHTTPのリクエストとレスポンスを確認します。

まずは、ヘルスチェックについてテストを実施します。app/controllers/health_test.goを作成し、TestHealthHandler関数を定義します。

httptest.NewRecorder関数で、HTTPレスポンスを記録するためのオブジェクトを作成しています。

続いて、http.NewRequest関数で、GETメソッドで「/health」というURLへのHTTPリクエストを作成します。

gin.CreateTestContext関数で、リクエストやレスポンスを管理するgin.Context型の構造体を作成します。その中のRequestフィールドに先ほど作成した変数requestを代入します。

その後、Health関数に変数ginContextを渡して呼び出し、ステータスコードとJSONの内容を確認しています。

コード：c9_4_1　health_test.go

```
package controllers

import (
    "net/http"
    "net/http/httptest"
    "testing"

    "github.com/gin-gonic/gin"
    "github.com/stretchr/testify/assert"
)

func TestHealthHandler(t *testing.T) {
    w := httptest.NewRecorder()            ── レスポンスを記録するオブジェクトを作成
    request, _ := http.NewRequest("GET", "/health", nil)  ── リクエストを作成
```

```go
    ginContext, _ := gin.CreateTestContext(w)          // gin.Context を作成
    ginContext.Request = request                        // リクエストを gin.Context に設定

    Health(ginContext)                                  // Health 関数を呼び出す

    assert.Equal(t, 200, w.Code)
    assert.JSONEq(t, `{"status":"ok"}`, w.Body.String())
}
```

アルバムのコントローラのテストを実行しよう

app/controllers フォルダに album_test.go を作成し、テストを書いていきます。

まずは、app/models/album_test.go と同様に、テストで使用する構造体やテスト開始時および終了時の処理を作成します。AlbumControllersSuite 構造体には、テストで使用する AlbumHandler 型のフィールドを定義し、このフィールドからコントローラのメソッドを呼び出してテストしていきます。

コード：c9_4_2（抜粋） **album_test.go**

```go
type AlbumControllersSuite struct {
    tester.DBSQLiteSuite
    albumHandler AlbumHandler
    originalDB   *gorm.DB
}

func TestAlbumControllersTestSuite(t *testing.T) {
    suite.Run(t, new(AlbumControllersSuite))
}

func (suite *AlbumControllersSuite) SetupSuite() {        // テスト前の処理
    suite.DBSQLiteSuite.SetupSuite()
    suite.albumHandler = AlbumHandler{}
    suite.originalDB = models.DB
}

func (suite *AlbumControllersSuite) MockDB() sqlmock.Sqlmock {   // モックデータベース
    mock, mockGormDB := tester.MockDB()
    models.DB = mockGormDB
    return mock
}

                                                                  // テスト後の処理
func (suite *AlbumControllersSuite) AfterTest(suiteName, testName string) {
    models.DB = suite.originalDB
}
```

アルバム作成時のコントローラのテスト

　TestCreateメソッドでアルバム作成時のテストをします。api.NewCreateAlbumRequest関数でHTTPリクエストを作成し、health_test.go（P.359）と同様にgin.Context型の変数を作成して、テスト対象であるCreateAlbumメソッドに渡します。その後、結果をAssertメソッドで確認していきます。

コード：c9_4_2（抜粋） **album_test.go**

```go
func (suite *AlbumControllersSuite) TestCreate() {
    request, _ := api.NewCreateAlbumRequest("/api/v1",
  api.CreateAlbumJSONRequestBody{          // リクエストを作成
        Title:       "test",
        Category:    api.Category{Name: "sports"},
        ReleaseDate: api.ReleaseDate{Time: time.Now()},
    })
    w := httptest.NewRecorder()              // レスポンスを記録するオブジェクトを作成
    ginContext, _ := gin.CreateTestContext(w)  // gin.Contextを作成
    ginContext.Request = request             // リクエストをgin.Contextに設定

    suite.albumHandler.CreateAlbum(ginContext)  // CreateAlbumメソッドを実行

    suite.Assert().Equal(http.StatusCreated, w.Code)
    bodyBytes, _ := io.ReadAll(w.Body)       // レスポンスボディを読み込む
    var albumGetResponse api.AlbumResponse
    err := json.Unmarshal(bodyBytes, &albumGetResponse)
    suite.Assert().Nil(err)                  // レスポンスボディのJSONを変換
    suite.Assert().Equal(http.StatusCreated, w.Code)
    suite.Assert().Equal("test", albumGetResponse.Title)
    suite.Assert().Equal("sports", string(albumGetResponse.Category.Name))
    suite.Assert().NotNil(albumGetResponse.ReleaseDate)
}
```

　また、TestCreateRequestBodyFailureメソッドでは、リクエストボディがない状態のHTTPリクエストを作成し、CreateAlbumメソッドが失敗することを確認します。

コード：c9_4_2（抜粋） **album_test.go**

```go
func (suite *AlbumControllersSuite) TestCreateRequestBodyFailure() {
    w := httptest.NewRecorder()
    ginContext, _ := gin.CreateTestContext(w)
                                             // ボディがないリクエストを作成
    req, _ := http.NewRequest("POST", "/api/v1/album", nil)
    req.Header.Add("Content-Type", "application/json")
    ginContext.Request = req                 // リクエストをgin.Contextに設定

    suite.albumHandler.CreateAlbum(ginContext)
    suite.Assert().Equal(http.StatusBadRequest, w.Code)
    suite.Assert().JSONEq(`{"message": "invalid request"}`, w.Body.String())
}
```

TestCreateFailureメソッドでは、P.352のTestAlbumCreateFailureメソッドと同様に、モックを使用してアルバムの作成が失敗したときの処理をテストします。

コード:c9_4_2(抜粋) / album_test.go
```go
func (suite *AlbumControllersSuite) TestCreateFailure() {
    mockDB := suite.MockDB()          ─── モックを作成
    mockDB.ExpectQuery(regexp.QuoteMeta("SELECT * FROM `categories` WHERE
`categories`.`name` = ? ORDER BY `categories`.`id` LIMIT ?")).WithArgs("sports",
1).WillReturnError(errors.New("create error"))

    request, _ := api.NewCreateAlbumRequest("/api/v1", api.
CreateAlbumJSONRequestBody{
        Title:       "test",
        Category:    api.Category{Name: "sports"},
        ReleaseDate: api.ReleaseDate{Time: time.Now()},
    })
    w := httptest.NewRecorder()
    ginContext, _ := gin.CreateTestContext(w)
    ginContext.Request = request

    suite.albumHandler.CreateAlbum(ginContext)

    suite.Assert().Equal(http.StatusInternalServerError, w.Code)
    suite.Assert().True(strings.Contains(w.Body.String(), "create error"))
}
```

アルバム取得時のコントローラのテスト

　TestGetメソッドでは、アルバム取得時のテストを定義します。models.CreateAlbum関数でアルバムを作成したあと、GETリクエストでアルバムの情報が正しく取得できるかを確認します。

コード:c9_4_2(抜粋) / album_test.go
```go
func (suite *AlbumControllersSuite) TestGet() {
    createdAlbum, _ := models.CreateAlbum("test", time.Now(), "sports") ─┐
                                                              アルバムを作成
    request, _ := api.NewGetAlbumByIdRequest("/api/v1", createdAlbum.ID) ─┐
                                                              リクエストを作成
    w := httptest.NewRecorder()        ─── レスポンスを記録するオブジェクトを作成
    ginContext, _ := gin.CreateTestContext(w)   ─── gin.Context を作成
    ginContext.Request = request       ─── リクエストを gin.Context に設定
    suite.albumHandler.GetAlbumById(ginContext, createdAlbum.ID) ─┐
                                                GetAlbumById メソッドを実行
    bodyBytes, _ := io.ReadAll(w.Body)  ─── レスポンスボディを読み込む
    var albumGetResponse api.AlbumResponse
    err := json.Unmarshal(bodyBytes, &albumGetResponse) ─┐
                                           レスポンスボディの JSON を変換
    suite.Assert().Nil(err)
    suite.Assert().Equal(http.StatusOK, w.Code)
```

```
    suite.Assert().Equal("test", albumGetResponse.Title)
    suite.Assert().Equal("sports", string(albumGetResponse.Category.Name))
    suite.Assert().NotNil(albumGetResponse.ReleaseDate)
}
```

TestGetNoAlbumFailureメソッドでは、アルバムの情報が取得できないことをmodels.GetAlbum関数で確認したあと、GETリクエストを送信してエラーになることを確認します。

コード:c9_4_2(抜粋) **album_test.go**
```
func (suite *AlbumControllersSuite) TestGetNoAlbumFailure() {
    doesNotExistAlbumID := 1111 ── 存在しないIDを指定
    deletedAlbum, err := models.GetAlbum(doesNotExistAlbumID)
                                     存在しないアルバムを取得
    suite.Assert().NotNil(err) ── エラーであることを確認
    suite.Assert().Nil(deletedAlbum) ── アルバムが取得できていないことを確認

    request, _ := api.NewGetAlbumByIdRequest("/api/v1", doesNotExistAlbumID)
                                                存在しないIDでリクエストを作成
    w := httptest.NewRecorder()
    ginContext, _ := gin.CreateTestContext(w)
    ginContext.Request = request
    suite.albumHandler.GetAlbumById(ginContext, doesNotExistAlbumID)
    bodyBytes, _ := io.ReadAll(w.Body)
    var albumGetResponse api.AlbumResponse
    err = json.Unmarshal(bodyBytes, &albumGetResponse)
    suite.Assert().Nil(err)
    suite.Assert().Equal(http.StatusInternalServerError, w.Code)
}
```

アルバム更新時のコントローラのテスト

TestUpdateメソッドでは、models.CreateAlbum関数で作成したアルバムが更新できるかどうかを確認します。

コード:c9_4_2(抜粋) **album_test.go**
```
func (suite *AlbumControllersSuite) TestUpdate() {
    createdAlbum, _ := models.CreateAlbum("test", time.Now(), "sports")
                                                              アルバムを作成
    title := "updated"
    category := api.Category{
        Name: "food",
    }
    request, _ := api.NewUpdateAlbumByIdRequest("/api/v1", createdAlbum.ID,
        api.UpdateAlbumByIdJSONRequestBody{          リクエストを作成
            Title:    &title,
            Category: &category,
```

```go
        },
    )
    w := httptest.NewRecorder()                    // レスポンスを記録するオブジェクトを作成
    ginContext, _ := gin.CreateTestContext(w)       // gin.Context を作成
    ginContext.Request = request                    // リクエストを gin.Context に設定
    suite.albumHandler.UpdateAlbumById(ginContext, createdAlbum.ID)
                                                    // UpdateAlbumById メソッドを実行
    bodyBytes, _ := io.ReadAll(w.Body)              // レスポンスボディを読み込む
    var albumGetResponse api.AlbumResponse
    err := json.Unmarshal(bodyBytes, &albumGetResponse)
    suite.Assert().Nil(err)                         // レスポンスボディの JSON を変換
    suite.Assert().Equal(http.StatusOK, w.Code)
    suite.Assert().Equal("updated", albumGetResponse.Title)
    suite.Assert().Equal("food", string(albumGetResponse.Category.Name))
    suite.Assert().NotNil(albumGetResponse.ReleaseDate)
}
```

TestUpdateRequestBodyFailureメソッドは、TestCreateRequestBodyFailureメソッドと同様、リクエストボディがない状態のHTTPリクエストが失敗することをテストします。

コード:c9_4_2(抜粋) **album_test.go**
```go
func (suite *AlbumControllersSuite) TestUpdateRequestBodyFailure() {
    w := httptest.NewRecorder()
    ginContext, _ := gin.CreateTestContext(w)
                                                    // ボディがない リクエストを作成
    req, _ := http.NewRequest("PATCH", "/api/v1/album", nil)
    req.Header.Add("Content-Type", "application/json")
    ginContext.Request = req                        // リクエストを gin.Context に設定

    suite.albumHandler.CreateAlbum(ginContext)
    suite.Assert().Equal(http.StatusBadRequest, w.Code)
    suite.Assert().JSONEq(`{"message": "invalid request"}`, w.Body.String())
}
```

また、TestUpdateNoAlbumFailureメソッドは存在しないアルバムを更新したときのエラーをテストしています。

コード:c9_4_2(抜粋) **album_test.go**
```go
func (suite *AlbumControllersSuite) TestUpdateNoAlbumFailure() {
    doesNotExistAlbumID := 1111                     // 存在しない ID を指定
    deletedAlbum, err := models.GetAlbum(doesNotExistAlbumID)
                                                    // 存在しないアルバムを取得
    suite.Assert().NotNil(err)                      // エラーであることを確認
    suite.Assert().Nil(deletedAlbum)                // アルバムが取得できていないことを確認

    title := "updated"
    category := api.Category{
```

```go
        Name: "food",
    }
    request, _ := api.NewUpdateAlbumByIdRequest("/api/v1", doesNotExistAlbumID,  // 存在しないIDでリクエストを作成
        api.UpdateAlbumByIdJSONRequestBody{
            Title:    &title,
            Category: &category,
        },
    )
    w := httptest.NewRecorder()
    ginContext, _ := gin.CreateTestContext(w)
    ginContext.Request = request
    suite.albumHandler.UpdateAlbumById(ginContext, doesNotExistAlbumID)
    bodyBytes, _ := io.ReadAll(w.Body)
    var albumGetResponse api.AlbumResponse
    err = json.Unmarshal(bodyBytes, &albumGetResponse)
    suite.Assert().Nil(err)
    suite.Assert().Equal(http.StatusInternalServerError, w.Code)
}
```

TestUpdateFailureメソッドは、モックデータベースを使用してアルバム更新時のエラーをテストしています。

コード：c9_4_2（抜粋） album_test.go

```go
func (suite *AlbumControllersSuite) TestUpdateFailure() {
    mockDB := suite.MockDB()  // モックを作成

    mockDB.ExpectQuery(regexp.QuoteMeta("SELECT * FROM `albums` WHERE `albums`.`id` = ? ORDER BY `albums`.`id` LIMIT ?")).WithArgs(1, 1).WillReturnError(errors.New("update error"))

    title := "updated"
    category := api.Category{
        Name: "food",
    }
    request, _ := api.NewUpdateAlbumByIdRequest("/api/v1", 1,
        api.UpdateAlbumByIdJSONRequestBody{
            Title:    &title,
            Category: &category,
        },
    )
    w := httptest.NewRecorder()
    ginContext, _ := gin.CreateTestContext(w)
    ginContext.Request = request

    suite.albumHandler.UpdateAlbumById(ginContext, 1)

    suite.Assert().Equal(http.StatusInternalServerError, w.Code)
```

```
suite.Assert().True(strings.Contains(w.Body.String(), "update error"))
}
```

アルバム削除時のコントローラのテスト

TestDeleteメソッドでは、models.CreateAlbum関数で作成したアルバムを削除できるかどうかを確認します。

コード:c9_4_2(抜粋) **album_test.go**
```go
func (suite *AlbumControllersSuite) TestDelete() {
    createdAlbum, _ := models.CreateAlbum("test", time.Now(), "sports")  // アルバムを作成

    request, _ := api.NewDeleteAlbumByIdRequest("/api/v1", createdAlbum.ID)  // リクエストを作成
    w := httptest.NewRecorder()  // レスポンスを記録するオブジェクトを作成
    ginContext, _ := gin.CreateTestContext(w)  // gin.Context を作成
    ginContext.Request = request  // リクエストを gin.Context に設定
    suite.albumHandler.DeleteAlbumById(ginContext, createdAlbum.ID)
    // DeleteAlbumById メソッドを実行
    suite.Assert().Equal(http.StatusNoContent, w.Code)

    deletedAlbum, err := models.GetAlbum(createdAlbum.ID)  // 作成したアルバムを取得
    suite.Assert().NotNil(err)  // エラーであることを確認
    suite.Assert().Nil(deletedAlbum)  // アルバムが取得できていないことを確認
}
```

TestDeleteNoAlbumFailureメソッドは存在しないアルバムを削除しようとしたときのエラーをテストしています。

コード:c9_4_2(抜粋) **album_test.go**
```go
func (suite *AlbumControllersSuite) TestDeleteNoAlbumFailure() {
    doesNotExistAlbumID := 1111  // 存在しない ID を指定
    deletedAlbum, err := models.GetAlbum(doesNotExistAlbumID)
    // 存在しないアルバムを取得
    suite.Assert().NotNil(err)  // エラーであることを確認
    suite.Assert().Nil(deletedAlbum)  // アルバムが取得できていないことを確認
    // 存在しない ID でリクエストを作成
    request, _ := api.NewDeleteAlbumByIdRequest("/api/v1", doesNotExistAlbumID)
    w := httptest.NewRecorder()
    ginContext, _ := gin.CreateTestContext(w)
    ginContext.Request = request
    suite.albumHandler.DeleteAlbumById(ginContext, doesNotExistAlbumID)
    suite.Assert().Equal(http.StatusNoContent, w.Code)
}
```

TestDeleteAlbumFailureメソッドはモックデータベースを使用してアルバム削除時のエラーをそれぞれテストしています。

コード：c9_4_2（抜粋） **album_test.go**
```go
func (suite *AlbumControllersSuite) TestDeleteAlbumFailure() {
    mockDB := suite.MockDB()          ── モックを作成

    mockDB.ExpectBegin()
    mockDB.ExpectExec("DELETE FROM `albums`").WillReturnError(errors.New("delete error"))
    mockDB.ExpectCommit()

    request, _ := api.NewDeleteAlbumByIdRequest("/api/v1", 1)
    w := httptest.NewRecorder()
    ginContext, _ := gin.CreateTestContext(w)
    ginContext.Request = request
    suite.albumHandler.DeleteAlbumById(ginContext, 1)
    suite.Assert().Equal(http.StatusInternalServerError, w.Code)
    suite.Assert().True(strings.Contains(w.Body.String(), "delete error"))
}
```

テストの実装が完了したら、実行して「ok」になることを確認しましょう。

ターミナル **テストの実行**
```
go-api-arch-mvc-template jsakai$ go mod tidy
go-api-arch-mvc-template jsakai$ go test ./app/controllers/...
```

実行結果
```
ok      go-api-arch-mvc-template/app/controllers    0.277s
```

インターフェースを使用してテストを行いやすくする

Goでは、Pythonのように関数やメソッドを直接モック化してダミーの処理に変更することはできません。しかし、このLessonで実装しているMVCモデルでは、各層ごとにインターフェースを使っているため、テストが非常に行いやすいです。

インターフェースを使って関数やメソッドをモック化する手順は次の通りです。

①テスト対象の関数が依存するメソッドを持つ構造体のインターフェースを定義する
②テスト対象の関数にインターフェースを引数として渡す
③テストコードでインターフェースを実装したモック構造体を作成する
④モック構造体のメソッドに任意の処理を定義する
⑤テスト対象の関数にモック構造体を渡してテストする

たとえば、Fooという空の構造体と、「Hello, world!」を返すBarメソッド、そして*Foo型を引数に取り、Barメソッドを呼び出して「!」を加えて返すBaz関数を考えます。このとき、Baz関数はBarメソッドを呼び出す必要があるため、Barメソッドに「**依存**」しているといいます。このBaz関数をテストするコードを書いていきます。

参考：テスト対象の関数

```
type Foo struct {}            ── Foo 構造体（Bar メソッドを持つ）

func (f *Foo) Bar() string {  ── Bar メソッド（string 型を返す）
    return "Hello, world!"
}

func Baz(f *Foo) string {     ── Baz 関数（Bar メソッドに依存）
    return f.Bar() + "!"
}
```

まず、BarメソッドをもつFooerインターフェースを定義し、Baz関数の引数にFooerインターフェースを渡すようにします。

参考：インターフェースで渡す

```
type Fooer interface {        ── Fooer インターフェース
    Bar() string                 （Bar メソッドを持つ）
}

func Baz(f Fooer) string {    ── 引数の型を Fooer インターフェースにする
    return f.Bar() + "!"
}
```

次に、テストコードでインターフェースを実装したモック構造体を作成します。こうすると、**モック構造体のメソッドに任意の振る舞いを定義できるので、テストがやりやすくなります**。ここでは、Baz関数にモック構造体を渡すことで、モックに定義したメソッドを使ってテストをしています。

参考：メソッドをモック化する

```
type MockFoo struct {}          ── モック用の構造体
                                   （Fooer インターフェースを実装）
func (m *MockFoo) Bar() string { ── Bar メソッドを実装する
```

```
    return "Mocked"                ── 任意の処理を定義する
}

func TestBaz(t *testing.T) {       ── Baz 関数のテスト
    mock := &MockFoo{}             ── モックを作成する

    result := Baz(mock)            ── Baz 関数ではモック用の Bar メソッドが呼び出される

    assert.Equal(t, "Mocked!", result)  ── モックとして定義した結果を確認する
}
```

9-5 インテグレーションテストを実行しよう

モデルやコントローラといった個別のテストが終わったら、システム（アプリケーション）全体の動作が問題ないかどうかを確認するインテグレーションテストを作成して実行しましょう。また、アプリケーションの起動やテストの実行を簡単にする方法についても、あわせて説明していきます。

インテグレーションテスト

インテグレーションテスト（結合試験）とは、ソフトウェア開発において、個々のモジュールや機能を組み合わせて、システム全体として正しく動作するかを確認するテストのことです。

インテグレーションテストには、**ビッグバン**、**トップダウン**、**ボトムアップ**、**サンドイッチ**などのアプローチがあります。これらのアプローチは、モジュールや機能をどのような順序や方法で結合するかによって異なります。

インテグレーションテストは、単体テスト（コード単位で個別に正しく動作するか確認するテスト）のあと、システムテスト（システム全体が要求仕様やユーザーのニーズに適合するかを確認するテスト）の前に行われます。

アプリケーションをコンテナで実行するためのDockerfileを作成する

インテグレーションテストを行う環境を、Dockerコンテナで構築しましょう。Dockerコンテナで構築すると、docker composeコマンドでデータベースのコンテナと一緒にアプリケーションのコンテナを実行することができます。

作成したアプリケーションのコンテナを作成するため、**Dockerfile**（ドッカーファイル）というファイルを書いていきます。Dockerfileには、1行ずつ命令を書いていきます。

まず、**FROM**（フロム）でコンテナのベースとなるイメージを指定しています。ここでは、Goのバージョン（自身の環境に応じたバージョンを入力してください）と、Alpine LinuxというLinuxのバージョンを指定しています。

続いて、**RUN**（ラン）でコマンドを実行しています。ここでは、Alpine Linuxのパッケージ管理ツールである**apk**のコマンドを使って、HTTPクライアントツールであるcurlをインストールしています。ここでは、キャッシュを使わない--no-cacheオプションを指定しています。

WORKDIR（ワークディレクトリ）は、コンテナ内の作業ディレクトリを設定します。ここでは、「/go/src/web」というディレクトリを指定しており、ここにGoのソースコードを置いていきます。

COPY（コピー）でファイルやディレクトリをコンテナにコピーします。ここでは、Dockerfileのあ

るディレクトリの親ディレクトリ（..）の内容（Goのソースコードや依存関係のファイルなど）を、WORKDIRで設定したコンテナ内の作業ディレクトリ（.）にコピーしています。

RUNで「go mod download」を実行し、go.modに書かれているソースコードに必要なモジュールをダウンロードします。

ENV（エンブ）で環境変数を設定します。ここでは、「GO111MODULE」という環境変数に「on」という値をセットし、Goのモジュール機能を有効にしています。

RUNで「go build main.go」を実行し、main.goをコンパイルしてmainという名前の実行可能ファイルを生成しています。

ENTRYPOINT（エントリーポイント）で、コンテナ起動時に実行するコマンドを設定しています。ここでは、「./main」を指定し、生成したファイル（main）を実行します。

コード：c9_5_1 **Dockerfile**

```
FROM golang:1.21.4-alpine3.18        ── コンテナイメージを指定

RUN apk --no-cache add curl          ── curlをインストール

WORKDIR /go/src/web                  ── 作業ディレクトリを指定

COPY . .                             ── ファイルをコンテナにコピー

RUN go mod download                  ── モジュールをダウンロード

ENV GO111MODULE=on                   ── 環境変数を設定

RUN go build main.go                 ── コードをコンパイル

ENTRYPOINT ./main                    ── コンテナ起動時に実行するコマンドを設定
```

.dockerignoreでコンテナに不要なファイルを除外する

.dockerignore（ドッカーイグノア）とは、DockerfileのCOPYコマンドでコピーしたくないファイルやディレクトリを指定するファイルのことです。Dockerイメージのビルドに不要なファイルやディレクトリを除外することで、**ビルド時間の短縮やイメージサイズの最適化など**の効果が期待できます。

.dockerignoreファイルは、ビルドするプロジェクトのルートディレクトリに置く必要があります。また、.dockerignoreファイルには、Dockerfileや.dockerignoreファイル自身も記述できます。Dockerfileや.dockerignoreファイルは、ビルド時にDockerデーモン（コンテナを管理するプロセス）に送信されますが、COPYなどでイメージにコピーされません。

「！」ではじめて記述すると、除外対象のファイルやディレクトリを再度含めることを意味します。ただし、！ではじまるパターンがある場合、ディレクトリのスキップ処理が行われず、.dockerignoreファイルのパフォーマンスが低下する可能性があるので注意しましょう。

ここでは、インテグレーションテストのディレクトリである「integration」と.gitignoreを含めないように、.dockerignoreを作成します。

```
integration
.gitignore
```
コード：c9_5_1 / dockerignore

Docker環境の起動

Dockerfileと.dockerignoreファイルを作成したら、コンテナを起動するためのイメージを **docker build** コマンドで作成します。ここでは、コンテナイメージ識別のために「web」というタグをつけ、「.」を指定してカレントディレクトリを基にイメージを作成します。

ターミナル / Dockerイメージの作成
```
go-api-arch-mvc-template jsakai$ docker build --tag web .
```

続いて、P.310で作成したdocker-compose.yamlに、上記で作成したDockerのイメージを起動するための設定を追加します。

「depends_on」という設定で、webサービスのコンテナが依存するサービスを設定し、依存先のサービスが起動してからwebサービスを起動するようにしています。ここでは、mysqlサービスを指定しています。また、「condition: service_healthy」というオプションで、mysqlサービスがdocker-compose.yamlで設定したヘルスチェックに合格してからwebサービスを起動するよう指定しています。

webサービスのヘルスチェックでは、curlコマンドを使用してヘルスチェック用のAPIが成功するかどうかを確認しています。ここでは、失敗しないかどうかを3秒ごとに確認し、5秒以内に応答がなければ失敗とみなし、5回失敗したらヘルスチェック失敗と判断します。また、コンテナの起動後3秒からヘルスチェックを開始するという設定になっています。

コード：c9_5_1（抜粋） / docker-compose.yaml
```
web:                          # コンテナの名前
  image: web:latest           # 先ほど作成したDockerイメージ
  container_name: web         # コンテナの名前
  environment:                # 環境変数
    DB_USER: app
    DB_PASSWORD: password
    DB_DATABASE: api_database
    DB_HOST: mysql
  ports:                      # コンテナのポート番号
    - 8080:8080               # コンテナの8080ポートをホストマシンの8080ポートにマッピングする
  depends_on:                 # 依存するサービスの設定
    mysql:
      condition: service_healthy
  restart: always             # 再起動の設定（常に再起動）
  networks:                   # コンテナが参加するネットワークの名前の設定
    - api-network
  healthcheck:                # ヘルスチェック（正常動作の確認）の設定
    test: ["CMD", "curl", "--fail", "http://0.0.0.0:8080/health"]
    interval: 3s
    timeout: 5s
```

```
    retries: 5
    start_period: 3s
```

その後、次のコマンドでDockerコンテナを起動してください。

ターミナル `docker-compose up`
```
go-api-arch-mvc-template jsakai$ docker-compose up -d --wait
```

実行後、docker psコマンドでサーバーが立ち上がっていることを確認しましょう。

ターミナル `docker ps`
```
go-api-arch-mvc-template jsakai$ docker ps
```

実行結果
```
CONTAINER ID    IMAGE        COMMAND                  CREATED          STATUS                    PORTS
NAMES
7f77ab03f8b6    web:latest   "/bin/sh -c ./main"      16 seconds ago   Up 6 seconds
(healthy)       0.0.0.0:8080->8080/tcp           web
0878ffd74afb    mysql:8.0    "docker-entrypoint.s…"   16 seconds ago   Up 16 seconds
(healthy)       0.0.0.0:3306->3306/tcp, 33060/tcp    mysql
```

インテグレーションテストの実装

インテグレーションのコードを記載していきます。

まずは、pkgフォルダにnetworks.goというファイルを作成し、インテグレーションテストでアクセスするURLを作成するGetEndpoint関数を記載します。

url.Parse関数とResolveReferenceメソッドを使って、引数として受け取ったpathを相対URLとして解決し、絶対URLに変換して返します。

もしプロダクション（本番）環境と同様の環境をステージング環境などとしてAWS上などに構築するのであれば、他の環境へもアクセスできるように設定を追加しておきます。

たとえば、引数pathが「/api/users」で、環境変数APP_ENVが「stage」であれば、返り値は「http://stage.localhost:8080/api/users」になります。

コード：c9_5_2 `networks.go`
```
package pkg

import (
    "net/url"
    "os"
)

func GetEndpoint(path string) string {
    var baseURL string
    baseURL = "http://0.0.0.0:8080/"
    env := os.Getenv("APP_ENV")         // 環境変数の取得
    if env == "stage" {                  // ステージング環境の設定
        baseURL = "http://stage.localhost:8080/"
    }
```

```go
    p, _ := url.Parse(path)
    b, _ := url.Parse(baseURL)
    return b.ResolveReference(p).String()
}
```

続いて、インテグレーションテストのコードを書いていきます。ここでは簡単に、ヘルスチェックの動作を確認するテストを作ります。

integration/healthフォルダにhealth_test.goを作成し、TestPing関数でテストコードを書きます。GetEndpoint関数で、ヘルスチェックのAPIのエンドポイントを取得し、http.Get関数でHTTPリクエストを送信して、assertパッケージで結果を確認します。

コード：c9_5_2 / health_test.go

```go
package integration

import (
    "net/http"
    "testing"

    "github.com/stretchr/testify/assert"

    "go-api-arch-mvc-template/pkg"
)

func TestPing(t *testing.T) {
    endpoint := pkg.GetEndpoint("/health")
    res, err := http.Get(endpoint)
    assert.Nil(t, err)
    assert.Equal(t, 200, res.StatusCode)
}
```

「docker-compose up -d」コマンドでMySQLを起動した状態で、次のように実行してテストが成功することを確認してください。

ターミナル テストの実行

```
go-api-arch-mvc-template jsakai$ go test -v ./integration/...
```

実行結果

```
=== RUN   TestPing
--- PASS: TestPing (0.00s)
PASS
ok      go-api-arch-mvc-template/integration/health     0.004s
```

Makefileを作成しよう

Lesson8でのアプリケーションの起動やテストの実行など、これまでに使ってきたコマンドを**Makefile**というファイルに保存しておくと、**make**コマンドを使ってこれまでの環

境を構築できるので便利です。

makefileの最初では、ファイル内で使用する変数を定義しています。定義した変数は「$(変数名)」で参照できます。ここでは「IMAGE_TAG」という変数に「web」という値を設定しています。

その後、makeで実行したい内容（**ターゲット**）を記述していきます。「ターゲット名：依存ファイル」の形で、ターゲットを作成するために必要なファイルを指定します。また、「##」のあとには、ターゲットの説明を書くことができ、「help」というターゲットで使われます。

ターゲット名の次の行以降に、タブでインデントして実行したいコマンドを書きます。たとえば、以下のコードで、「docker-build」というターゲットは、「docker build --tag $(IMAGE_TAG) .」というコマンドを実行することを意味します。「$(IMAGE_TAG)」の部分には、変数で宣言したIMAGE_TAGの内容が入ります（ここでは「web」）。

また、Makefileで「#」ではじまる行は、コメントとして無視されます。

ここでは、次のようなMakefileを作成します。

コード：c9_5_3 **Makefile**

```
IMAGE_TAG = web

generate-code-from-openapi: ## Generate code from openapi
    go install github.com/oapi-codegen/oapi-codegen/v2/cmd/oapi-codegen@latest
    oapi-codegen --config=./api/config.yaml ./api/openapi.yaml

external-up: ## Up external containers
    docker-compose up -d mysql swagger-ui

external-down: ## Down external containers
    docker-compose down

mysql-cli: ## Connect to mysql cli
    docker-compose run mysql-cli

run: ## Run app
    export APP_ENV=development
    go run main.go

docker-build: ## Build image
    docker build --tag $(IMAGE_TAG) .

docker-run: ## Run docker
    docker run -p 8080:8080 -i -t $(IMAGE_TAG)

docker-compose-up: docker-build ## Run docker compose up
    docker-compose up -d --wait mysql web swagger-ui

docker-compose-down: ## Run docker compose down
    docker-compose down
```

```
unittest: ## Run unittest
    go clean -testcache
    go test -v `go list ./... | grep -v /integration | grep -v /testutils | grep -v /app`
    go test -v -p 1 ./app/...

test-cover: ## Run test cover
    go test -coverprofile=coverage.out `go list ./... | grep -v /integration` && go tool cover -html=coverage.out

integration_test: generate-code-from-openapi docker-build ## Run integration test
    export APP_ENV=integration
    -docker-compose up -d --wait
    -go clean -testcache
    -go test -v `go list ./... | grep /integration`
    +docker-compose down

lint: ## Run lint
    # Install with `brew install golangci-lint` on Mac
    golangci-lint run

help:
    @grep -E '^[a-zA-Z_-]+:.*?## .*$' $(MAKEFILE_LIST) | sort | awk 'BEGIN {FS = ":.*?## "}; {printf "\033[36m%-30s\033[0m %s\n", $1, $2}'
```

「make help」コマンドを実行すると、makeで実行できるターゲットが確認できます。

ターミナル / make help

```
go-api-arch-mvc-template jsakai$ make help
```

実行結果

```
docker-build                   Build image
docker-compose-down            Run docker compose down
docker-compose-up              Run docker compose up
docker-run                     Run docker
external-down                  Down external containers
external-up                    Up external containers
generate-code-from-openapi     Generate code from openapi
integration_test               Run integration test
lint                           Run lint
mysql-cli                      Connect to mysql cli
run                            Run app
test-cover                     Run test cover
unittest                       Run unittest
```

たとえば、ターゲット「docker-build」の内容を実行するには、「make docker-build」というコマンドで実行します。

Lesson 10 応用編

クリーンアーキテクチャ

アプリケーションを作成するときのアーキテクチャとしてもう1つ、クリーンアーキテクチャを紹介します。ここではMVCモデルのコードを基にして、少しずつコードを変更しながら説明していきます。また、クリーンアーキテクチャに似たオニオンアーキテクチャやヘキサゴナルアーキテクチャについても簡単に説明します。

10-1	クリーンアーキテクチャとは	378
10-2	クリーンアーキテクチャを適用しよう	381
10-3	フレームワークを切り替えよう	412
10-4	テストを実行しよう	422
10-5	そのほかのアーキテクチャ	434

10-1 クリーンアーキテクチャとは

クリーンアーキテクチャは、ビジネスロジックと技術的な詳細を分離する目的で考えられたアーキテクチャで、データベースやフレームワークを気にすることなく新しいビジネスロジックの開発に集中することができます。MVCモデルよりも少し層が増えていますが、このLessonを通して少しずつ理解していきましょう。

クリーンアーキテクチャ

クリーンアーキテクチャとは、Robert C. Martin氏によって提唱されたアプローチで、ソフトウェアの設計においてビジネスロジックを中心に置き、外部のフレームワークやデータベースなどの技術的な詳細を最外層に配置するアプローチです。システムを複数の独立したレイヤーに分け、それぞれが特定の役割を果たすようにすることで、ソフトウェアの保守性を向上させ、新しい機能の追加や既存の機能の変更を容易にし、複雑性を管理することを目的としています。

クリーンアーキテクチャのレイヤーは、次のようになります。コードは円の内側（抽象）の方向に依存しており、制御の流れと依存関係を逆転させて、依存の方向を制御しています。

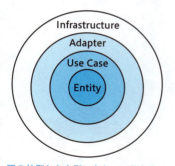

- Infrastructure：DBやWebフレームワークなどの外部
- Adapter：外部と内部をつなぐ
- Use Case：アプリケーション固有のビジネスロジック
- Entity：企業全体のビジネスロジック

円の外側から内側に向かって依存する

クリーンアーキテクチャでは、**依存性のルール**という原則に従います。この原則は、内側のビジネスロジックの層は、外側のデータベースなどの技術的な詳細に依存してはならないというものです。これは、**依存関係逆転の法則**ともいいます。

クリーンアーキテクチャのメリットとデメリット

クリーンアーキテクチャには、次のようなメリットがあります。

・ビジネスロジックが外部の技術やデバイスに依存しないため、変更やテストが容易
・ビジネスロジックやドメインが明確になり、可読性や保守性が向上する
・フレームワークやデータベースなどの技術的な詳細を切り替えることが容易

一方で、MVCモデルと同様に、次のようなデメリットがあります。

・設計や実装が複雑になり、コード量が増える場合がある
・小規模な開発には不向きな場合がある
・インターフェースや実装の数が多くなり、パフォーマンスが低下する場合がある

アーキテクチャを変更しよう

　Lesson8、9で作成したMVCモデルのコードを基にして、クリーンアーキテクチャのアプリケーションを作成していきます。4つの層でさらに役割を分けて、コードを実装します。
　Infrastructure層には、データベースに接続するDatabaseと、コードをWebアプリケーションとして実行するWebの2つの要素を持たせます。Databaseは、Adapter層のgatewayとやりとりを行い、Use Case層とEntity層で処理を行います。
　ユーザーはInfrastructure層のWebを通してアプリケーションにアクセスします。ユーザーからのリクエストの内容は、Adapter層のcontrollerを通じてUse Case層とEntity層に渡され、その結果をcontrollerからpresenterを通してWebに渡し、ユーザーに返しましょう。

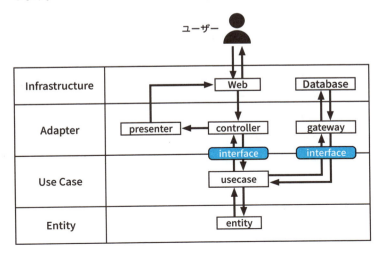

また、MVCモデルのコードではGinのWebフレームワークを使用しましたが、今回は **echo**(エコー) というフレームワークにも切り替えられるようにしましょう。

プロジェクトのフォルダ構成は、次のようになります。

```
go-api-arch-clean-template (プロジェクトフォルダ)
├── adapter：Adapter層のコード
│   ├── controller：controllerのコード
│   │   ├── cli：cliによるcontrollerのコード (P.426)
│   │   ├── echo：echoによるcontrollerのコード (P.412)
│   │   └── gin：ginによるcontrollerのコード (P.403)
│   ├── gateway：gatewayのコード
│   └── presenter：presenterのコード
│       └── html：presenterで使用するHTMLに関するコード
├── api：APIに関する設定
├── build：アプリケーションを立ち上げる際のコード
│   └── docker：Dockerに関するコード
├── cmd：アプリケーションを実行するコマンドで使用するコード
│   ├── cli：cliでアプリケーションを実行するときのコード (P.432)
│   └── server：echoまたはginでアプリケーションを実行するときのコード (P.417)
├── entity：Entity層のコード
├── infrastructure：Infrastructure層のコード
│   ├── database：Databaseのコード
│   └── web：Webのコード
├── integration：インテグレーションテストのコード
│   ├── album：アルバムに関するインテグレーションテスト
│   └── health：ヘルスチェックに関するインテグレーションテスト
├── pkg：アプリケーション内で汎用的に使うコード
│   ├── logger：ログに関するコード
│   └── tester：テストで使用するコード
└── usecase：Use Case層のコード
```

10-2 クリーンアーキテクチャを適用しよう

Lesson8、9で作成したMVCモデルのWebアプリケーションを、クリーンアーキテクチャのコードとして置き換えていきます。基本的な処理の内容は同じですが、パッケージの構造や層の間のやりとりの違いなどに着目しながら、クリーンアーキテクチャのコードを作っていきましょう。

pkgフォルダのコードを流用しよう

それでは、MVCモデルで実装したアプリケーションのコードを、クリーンアーキテクチャに変更していきましょう。まず、pkgフォルダのコードは同様にコピーして使用します。

また、utils.goには、configs/config.goに定義していたGetEnvDefault関数を移動します。

コード：c10_2_1 utils.go

```go
package pkg

import (
    "os"
    "time"
)

// Str2times Converts the string t passed in YYYY-MM-DD format to time.Time type and
returns it.
func Str2time(t string) time.Time {
    parsedTime, _ := time.Parse("2006-01-02", t)
    return parsedTime
}

func GetEnvDefault(key, defVal string) string {    // config.go から移動
    val, err := os.LookupEnv(key)
    if !err {
        return defVal
    }
    return val
}
```

APIの定義を整理しよう

openapi.yamlもMVCモデルのときと同様ですが、ここではYAMLファイルの中身を整理しています。componentsの中の定義を整理して、リクエストボディとレスポンスの設定をまとめ、それに合わせて参照先の指定も変更しています。

まず、各APIエンドポイントの参照先を次のように変更します。

コード:c10_2_2(抜粋) openapi.yaml

```yaml
paths:
  /albums:
    post:
      tags:
        - albums
      summary: Create a new album
      operationId: createAlbum
      requestBody:
        $ref: '#/components/requestBodies/AlbumCreateRequestBody'   ← 指定を変更
        required: true
      responses:
        '201':
          $ref: '#/components/responses/AlbumResponse'   ← 指定を変更
        '400':
          $ref: '#/components/responses/ErrorResponse'   ← 指定を変更
  /albums/{id}:
    get:
      tags:
        - albums
      summary: Find album by ID
      operationId: getAlbumById
      parameters:
        - name: id
          in: path
          required: true
          schema:
            type: integer
      responses:
        '200':
          $ref: '#/components/responses/AlbumResponse'   ← 指定を変更
        '400':
          $ref: '#/components/responses/ErrorResponse'   ← 指定を変更
        '404':
          $ref: '#/components/responses/ErrorResponse'   ← 指定を変更
    patch:
      tags:
        - albums
      summary: Update a album by ID
      operationId: updateAlbumById
```

```yaml
      parameters:
        - name: id
          in: path
          required: true
          schema:
            type: integer
      requestBody:
        $ref: '#/components/requestBodies/AlbumUpdateRequestBody'    ── 指定を変更
        required: true
      responses:
        '200':
          $ref: '#/components/responses/AlbumResponse'    ── 指定を変更
        '400':
          $ref: '#/components/responses/ErrorResponse'    ── 指定を変更
        '404':
          $ref: '#/components/responses/ErrorResponse'    ── 指定を変更
    delete:
      tags:
        - albums
      summary: Delete a album by ID
      operationId: deleteAlbumById
      parameters:
        - name: id
          in: path
          required: true
          schema:
            type: integer
      responses:
        '204':
          description: No Content
        '400':
          $ref: '#/components/responses/ErrorResponse'    ── 指定を変更
        '404':
          $ref: '#/components/responses/ErrorResponse'    ── 指定を変更
```

　componentsの中で、新たにrequestBodiesとresponsesの2つを作成し、リクエストやレスポンスの形式を定義しています。

コード：c10_2_2（抜粋） **openapi.yaml**

```yaml
components:
  schemas:
    ReleaseDate:    ── ReleaseDateを定義
      type: string
      format: date
    Category:
      type: object
      properties:
        id:
```

```yaml
          type: integer
        name:
          type: string
          enum:
            - food
            - music
            - sports
      required:
        - name
    AlbumUpdateRequest:
      type: object
      properties:
        title:
          type: string
        category:
          $ref: '#/components/schemas/Category'
    AlbumCreateRequest:
      type: object
      properties:
        title:
          type: string
        category:
          $ref: '#/components/schemas/Category'
        releaseDate:
          $ref: '#/components/schemas/ReleaseDate'
      required:
        - title
        - category
        - releaseDate
  requestBodies:         # requestBodies を定義
    AlbumCreateRequestBody:
      content:
        application/json:
          schema:
            $ref: '#/components/schemas/AlbumCreateRequest'
    AlbumUpdateRequestBody:
      content:
        application/json:
          schema:
            $ref: '#/components/schemas/AlbumUpdateRequest'
  responses:             # responses を定義
    AlbumResponse:
      description: 'album response'
      content:
        application/json:
          schema:
            type: object
```

```
          properties:
            id:
              type: integer
            title:
              type: string
            category:
              $ref: '#/components/schemas/Category'
            anniversary:
              type: integer
            releaseDate:
              $ref: '#/components/schemas/ReleaseDate'
          required:
            - id
            - title
            - category
            - anniversary
            - releaseDate
    ErrorResponse:
      description: 'error'
      content:
        application/json:
          schema:
            type: object
            properties:
              message:
                type: string
            required:
              - message
```

Infrastructure層のdatabaseの処理を作成しよう

アプリケーションの最も外側であるInfrastructure層のうち、データベースに関する処理を行うdatabaseの部分から実装していきます。

データベースに関する設定を作成しよう

まずはデータベースに関する設定を作成していきます。infrastructure/databaseフォルダの中にconfig.goを作り、データベースの設定を書いていきます。

Configという構造体を作り、データベースの接続情報を保持するフィールドを定義します。

次に、MySQLデータベースの設定を作成するNewConfigMySQL関数を定義します。この関数は、pkg.GetEnvDefault関数（P.381で作成）で、Config構造体の各フィールドに環境変数から取得した値かデフォルト値を設定して返します。

SQLiteデータベースの設定を作成するNewConfigSQLite関数でも、同様にConfig構造体に値を設定して返します。

コード：c10_2_3 config.go

```go
package database

import (
    "go-api-arch-clean-template/pkg"
)

type Config struct {
    Host     string
    Database string
    Port     string
    Driver   string
    User     string
    Password string
}

func NewConfigMySQL() *Config { // MySQL用の設定を作成
    return &Config{
        Host:     pkg.GetEnvDefault("DB_HOST", "localhost"),
        Database: pkg.GetEnvDefault("DB_NAME", "api_database"),
        Port:     pkg.GetEnvDefault("DB_PORT", "3306"),
        Driver:   pkg.GetEnvDefault("DB_DRIVER", "mysql"),
        User:     pkg.GetEnvDefault("DB_USER", "app"),
        Password: pkg.GetEnvDefault("DB_PASSWORD", "password"),
    }
}

func NewConfigSQLite() *Config { // SQLite用の設定を作成
    return &Config{
        Database: pkg.GetEnvDefault("DB_NAME", "api_database.sqlite"),
    }
}
```

データベースを生成しよう

続いて、データベースを生成するためのコードを同じフォルダのfactory.goに書いていきます。これは、P.314のmodels/db.goと同様の処理で、MySQLかSQLiteが選択できるようにしています。

NewDatabaseSQLFactory関数で、データベースの種類に応じてGORMのデータベースインスタンスを作成しています。switch文を使い、case文の中で先ほど作成したNewConfigMySQL関数およびNewConfigSQLite関数を呼び出しています。

コード：c10_2_3 factory.go

```go
package database

import (
    "errors"
    "fmt"
```

```go
    "gorm.io/driver/mysql"
    "gorm.io/driver/sqlite"
    "gorm.io/gorm"
)

const (
    InstanceSQLite int = iota
    InstanceMySQL
)

var (
    errInvalidSQLDatabaseInstance = errors.New("invalid sql db instance")
)

func NewDatabaseSQLFactory(instance int) (db *gorm.DB, err error) {
    switch instance {
    case InstanceMySQL:
        configs := NewConfigMySQL()         ── NewConfigMySQL 関数を実行
        dsn := fmt.Sprintf(
            "%s:%s@tcp(%s:%s)/%s?charset=utf8mb4&parseTime=True",
            configs.User,
            configs.Password,
            configs.Host,
            configs.Port,
            configs.Database)
        db, err = gorm.Open(mysql.Open(dsn), &gorm.Config{})
    case InstanceSQLite:
        configs := NewConfigSQLite()        ── NewConfigSQLite 関数を実行
        db, err = gorm.Open(sqlite.Open(configs.Database), &gorm.Config{})
    default:
        return nil, errInvalidSQLDatabaseInstance
    }
    return db, err
}
```

Entity層の処理を作成しよう

次に、企業固有のビジネスロジックであるEntity層を作成していきます。Entity層は、モデルとして各層に受け渡されて使用されることが多いです。

アルバムに関するビジネスロジックを作成しよう

アルバムに関する処理を、entityフォルダのalbum.goに作成します。MVCモデルにおけるmodels/album.goにあたります。なお、メソッドや関数はAnniversaryメソッドのみで、アルバムの作成などの処理はUse Case層に定義します。

コード：c10_2_4 **album.go**

```go
package entity

import (
    "time"

    "go-api-arch-clean-template/pkg"
)

type Album struct {
    ID          int
    Title       string
    ReleaseDate time.Time
    CategoryID  int
    Category    Category
}

func (a *Album) Anniversary(clock pkg.Clock) int {
    now := clock.Now()
    years := now.Year() - a.ReleaseDate.Year()
    releaseDay := pkg.GetAdjustedReleaseDay(a.ReleaseDate, now)
    if now.YearDay() < releaseDay {
        years -= 1
    }
    return years
}
```

Entity層のアルバムについてのテストを作成しよう

テストコードも書いておきます。TestAlbum関数では、entity.Album構造体に値を代入して問題なく値が取得できることを確認します。TestAlbumAnniversary関数では、P.351のmodels/album_test.goと同様にAnniversaryメソッドのテストを行います。

コード：c10_2_4 **album_test.go**

```go
package entity_test
```

```go
import (
    "testing"

    "github.com/stretchr/testify/assert"

    "go-api-arch-clean-template/entity"
    "go-api-arch-clean-template/pkg"
    "go-api-arch-clean-template/pkg/tester"
)

func TestAlbum(t *testing.T) {  // ── Album 構造体のテスト
    category := entity.Category{
        ID:   1,
        Name: "sports",
    }

    now := pkg.Str2time("2023-01-01")
    mockClock := tester.NewMockClock(now)
    album := entity.Album{
        ID:          1,
        Title:       "album",
        ReleaseDate: now,
        CategoryID:  1,
        Category:    category,
    }
    assert.Equal(t, 1, album.ID)
    assert.Equal(t, 0, album.Anniversary(mockClock))
    assert.Equal(t, "album", album.Title)
    assert.Equal(t, now, album.ReleaseDate)
    assert.Equal(t, 1, album.CategoryID)
    assert.Equal(t, 1, album.Category.ID)
    assert.Equal(t, "sports", string(album.Category.Name))
}

func TestAlbumAnniversary(t *testing.T) {  // ── Anniversary メソッドのテスト
    mockedClock := tester.NewMockClock(pkg.Str2time("2022-04-01"))

    // non-leap
    album := entity.Album{ReleaseDate: pkg.Str2time("2022-04-01")}
    assert.Equal(t, 0, album.Anniversary(mockedClock))
    album = entity.Album{ReleaseDate: pkg.Str2time("2021-04-02")}
    assert.Equal(t, 0, album.Anniversary(mockedClock))
    album = entity.Album{ReleaseDate: pkg.Str2time("2021-04-01")}
    assert.Equal(t, 1, album.Anniversary(mockedClock))
    // leap
    album = entity.Album{ReleaseDate: pkg.Str2time("2020-04-02")}
    assert.Equal(t, 1, album.Anniversary(mockedClock))
```

```
        album = entity.Album{ReleaseDate: pkg.Str2time("2020-04-01")}
        assert.Equal(t, 2, album.Anniversary(mockedClock))
}
```

カテゴリーに関するビジネスロジックを作成しよう

カテゴリーのビジネスロジックも同様に、entityフォルダのcategory.goに記述します。

まず、string型のCategoryNameという型を作成し、定数としてFood、Music、Sportsを定義します。

コード:c10_2_4(抜粋) **category.go**

```
package entity

import (
    "errors"
)

const (
    Food   CategoryName = "food"
    Music  CategoryName = "music"
    Sports CategoryName = "sports"
)

type CategoryName string
```

NewCategoryName関数は、受け取ったstring型の引数を、CategoryName型のSetメソッドで値を設定して返します。

CategoryName型のIsValidメソッドは、CategoryName型の値が「Food」「Music」「Sports」のいずれかであればTrue、そうでなければFalseを返します。

CategoryName型のSetメソッドは、まずstring型の引数をCategoryName型に型変換して、変数newCategoryNameに代入します。続いてIsValidメソッドで値をチェックし、Trueであれば値をセットし、Falseであればエラーを返します。

コード:c10_2_4(抜粋) **category.go**

```
func NewCategoryName(value string) (*CategoryName, error) {
    var categoryName CategoryName
    if err := categoryName.Set(value); err != nil {
        return nil, err
    }
    return &categoryName, nil
}

func (c *CategoryName) IsValid() bool {
    return *c == Food || *c == Music || *c == Sports
}
```

```go
func (c *CategoryName) Set(value string) error {
    newCategoryName := CategoryName(value)
    if !newCategoryName.IsValid() {
        return errors.New("Invalid value for CategoryName")
    }
    *c = newCategoryName
    return nil
}
```

　Category構造体は、MVCモデルにおけるmodel/category.goと同様に、IDとNameのフィールドを定義します。なお、Nameフィールドはstring型ではなくCategoryName型とします。

　NewCategory関数は、string型の引数nameをNewCategoryName関数でCategoryName型に変換して変数categoryNameに代入し、それをさらにCategory構造体に入れて返します。

コード：c10_2_4（抜粋） **category.go**

```go
type Category struct {
    ID   int
    Name CategoryName
}

func NewCategory(name string) (*Category, error) {
    categoryName, err := NewCategoryName(name)
    if err != nil {
        return nil, err
    }
    return &Category{
        Name: *categoryName,
    }, nil
}
```

Entity層のカテゴリーについてのテストを作成しよう

　テストコードも必要に応じて作成します。ここでは、TestCategory関数としてCategory構造体を作成するシンプルなテストを定義しています。

コード：c10_2_4 **category_test.go**

```go
package entity_test

import (
    "testing"

    "github.com/stretchr/testify/assert"

    "go-api-arch-clean-template/entity"
)
```

```go
func TestCategory(t *testing.T) {
    category := entity.Category{
        ID:   1,
        Name: "sports",
    }

    assert.Equal(t, 1, category.ID)
    assert.Equal(t, "sports", string(category.Name))
}
```

Entity層の構造を伝えるための関数を作成しよう

データベースを作成するときの処理では、どのようなデータ構造をテーブルとしてデータベースで作成するかを伝える必要があります。そのため、Entity層で使用する構造体の情報を伝えるための関数を、entity/factory.goで定義します。

NewDomains関数は、Category型とAlbum型の2つの空の構造体のポインタを返しています。

コード：c10_2_4 **factory.go**
```go
package entity

func NewDomains() []interface{} {
    return []interface{}{&Category{}, &Album{}}
}
```

テストを実行しよう

テストを実行する前に、pkg/testerのコードを書き換えます。まず、mysql_suite.goでは、DBMySQLSuite構造体に*gorm.DB型のDBフィールドを追加します。

コード：c10_2_4（抜粋） **mysql_suite.go**
```go
type DBMySQLSuite struct {
    suite.Suite
    mySQLContainer testcontainers.Container
    ctx            context.Context
    DB             *gorm.DB          ← 追加する
}
```

SetupTestContainersメソッドでは、NewConfigMySQL関数で設定を読み込むようにします。

コード：c10_2_4（抜粋） **mysql_suite.go**
```go
func (suite *DBMySQLSuite) SetupTestContainers() (err error) {
    configs := database.NewConfigMySQL()      ← NewConfigMySQL関数を呼び出す
    pkg.WaitForPort(configs.Database, configs.Port, 10*time.Second)
    suite.ctx = context.Background()
    req := testcontainers.ContainerRequest{
```

```
        Image: "mysql:8.2",
        Env: map[string]string{
            "MYSQL_DATABASE":              configs.Database,
            "MYSQL_USER":                  configs.User,
            "MYSQL_PASSWORD":              configs.Password,
            "MYSQL_ALLOW_EMPTY_PASSWORD": "yes",
        },
        ExposedPorts: []string{fmt.Sprintf("%s:3306/tcp", configs.Port)},
        WaitingFor:   wait.ForLog("port: 3306  MySQL Community Server"),
    }

    suite.mySQLContainer, err = testcontainers.GenericContainer(suite.ctx,
testcontainers.GenericContainerRequest{
        ContainerRequest: req,
        Started:          true,
    })

    suite.Assert().Nil(err)
    return nil
}
```

また、SetupSuiteメソッドは、NewDatabaseSQLFactory関数やNewDomains関数を呼び出すように変更します。なお、CheckPort関数とWaitForPort関数はpkg/networks.goに移動しています。

コード:c10_2_4(抜粋) **mysql_suite.go**
```
func (suite *DBMySQLSuite) SetupSuite() {
    err := suite.SetupTestContainers()
    suite.Assert().Nil(err)

    db, err := database.NewDatabaseSQLFactory(database.InstanceMySQL)   ── NewDatabaseSQLFactory 関数を呼び出す
    suite.Assert().Nil(err)
    suite.DB = db   ── 変数 db を suite.DB に代入
    for _, model := range entity.NewDomains() {   ── NewDomains 関数を呼び出す
        err = suite.DB.AutoMigrate(model)
        suite.Assert().Nil(err)
    }
}
```

sqlite_suite.goでは、まずDBSQLiteSuite構造体に*gorm.DB型のDBとstring型のDBNameというフィールドを追加します。

コード:c10_2_4(抜粋) **sqlite_suite.go**
```
type DBSQLiteSuite struct {
    suite.Suite
    DB     *gorm.DB   ── 追加する
    DBName string     ── 追加する
}
```

続いて、SetupSuiteメソッドでは、DBNameフィールドにSprintfで値を代入し、os.Setenv関数で環境変数を設定します。データベースへの接続や構造体の取得にはNewDatabaseSQLFactory関数やNewDomains関数を呼び出すようにします。

コード：c10_2_4(抜粋) sqlite_suite.go
```go
func (suite *DBSQLiteSuite) SetupSuite() {
    suite.DBName = fmt.Sprintf("%s.unittest.sqlite", suite.T().Name())    // DBNameを設定
    os.Setenv("DB_NAME", suite.DBName)    // DBNameを設定
    db, err := database.NewDatabaseSQLFactory(database.InstanceSQLite)    // NewDatabaseSQLFactory関数を呼び出す
    suite.Assert().Nil(err)
    suite.DB = db

    for _, model := range entity.NewDomains() {
        err := suite.DB.AutoMigrate(model)
        suite.Assert().Nil(err)
    }
}

func (suite *DBSQLiteSuite) TearDownSuite() {
    err := os.Remove(suite.DBName)
    suite.Assert().Nil(err)
    os.Unsetenv(suite.DBName)
}
```

　pkg/testerのファイルを修正したら、「go mod init」コマンドで必要に応じてプロジェクトを初期化し、「go mod tidy」コマンドで必要なパッケージをダウンロードしたあと、「go test」コマンドでテストを実行して問題がないか確認しましょう。

ターミナル　テストの実行
```
go-api-arch-clean-template jsakai$ go mod init go-api-arch-clean-template
go-api-arch-clean-template jsakai$ go mod tidy
go-api-arch-clean-template jsakai$ go test ./entity/...
```

実行結果
```
ok      go-api-arch-clean-template/entity       0.261s
```

Adapter層のgatewayの処理を作成しよう

　entityを使用してデータベースにアクセスする、Adapter層のgatewayを作成します。

アルバムのデータベースを操作しよう

　adapter/gatewayフォルダの中にalbum.goを作成します。
　ここでは、AlbumRepositoryというインターフェースを作成し、アルバムの作成や削除といったメソッドを作成していきます。内側の層から外側の層のメソッドを呼び出そうとする場合、依存性のルールに従うと直接呼び出すことはできないため、**インターフェースを通**

すことで内側の層からアクセス可能にしています。また、インターフェースにすることでテストの中でモックできるようにしています。

コード：c10_2_5（抜粋） album.go
```go
package gateway

import (
    "github.com/jinzhu/copier"
    "gorm.io/gorm"

    "go-api-arch-clean-template/entity"
)

type AlbumRepository interface {
    Create(album *entity.Album) (*entity.Album, error)
    Get(ID int) (*entity.Album, error)
    Save(*entity.Album) (*entity.Album, error)
    Delete(ID int) error
}
```

続いて、データベースを操作するための*gorm.DB型のフィールドを持ったalbumRepository構造体を定義します。

NewAlbumRepository関数は、*gorm.DB型の引数を受け取り、AlbumRepositoryインターフェースを返します。この関数の目的は、*gorm.DB型の引数を持つalbumRepository型の構造体を作成して、AlbumRepositoryインターフェースとして返すことです。

コード：c10_2_5（抜粋） album.go
```go
type albumRepository struct {
    db *gorm.DB
}

func NewAlbumRepository(db *gorm.DB) AlbumRepository {
    return &albumRepository{db: db}
}
```

albumRepository構造体に、アルバムを操作するメソッドを定義していきます。GetOrCreateCategoryメソッドでは、MVCモデルのapp/models/category.go（P.317）に定義していたGetOrCreateCategory関数と同様に、カテゴリー作成の処理を行います。

コード：c10_2_5（抜粋） album.go
```go
func (a *albumRepository) GetOrCreateCategory(album *entity.Album) error {
    var category entity.Category
    tx := a.db.FirstOrCreate(&category, entity.Category{Name: album.Category.Name})
    if tx.Error != nil {
        return tx.Error
    }
    album.CategoryID = category.ID
```

```
    album.Category = category
    return nil
}
```

AlbumRepositoryインターフェースを実装するためのメソッドを定義していきます。CreateメソッドとGetメソッドは、app/models/album.goのCreateAlbum関数やGetAlbum関数と同様の処理を行います。

コード：c10_2_5（抜粋） album.go
```
func (a *albumRepository) Create(album *entity.Album) (*entity.Album, error) {
    if err := a.GetOrCreateCategory(album); err != nil {
        return nil, err
    }
    if err := a.db.Create(album).Error; err != nil {
        return nil, err
    }
    return album, nil
}

func (a *albumRepository) Get(ID int) (*entity.Album, error) {
    var album = entity.Album{}
    if err := a.db.Preload("Category").First(&album, ID).Error; err != nil {
        return nil, err
    }
    return &album, nil
}
```

Saveメソッドでは、GetメソッドでIDを指定してアルバムを取得、GetOrCreateCategoryメソッドでカテゴリーを取得（なければ作成）したあと、**copier.CopyWithOption**（コピーウィズオプション）関数により、値がゼロ値のフィールドは無視して、引数で受け取った変数albumから変数selectedAlbumへと値をコピーしています。その後、変数selectedAlbumでデータベースを更新します。

コード：c10_2_5（抜粋） album.go
```
func (a *albumRepository) Save(album *entity.Album) (*entity.Album, error) {
    selectedAlbum, err := a.Get(album.ID)
    if err != nil {
        return nil, err
    }

    if err := a.GetOrCreateCategory(album); err != nil {
        return nil, err
    }

    // Copy files other than files with different time.Time and types.Date
```

```
    if err := copier.CopyWithOption(selectedAlbum, album, copier.Option{IgnoreEmpty:
true, DeepCopy: true}); err != nil {
        return nil, err
    }
    if err := a.db.Save(&selectedAlbum).Error; err != nil {
        return nil, err
    }

    return selectedAlbum, nil
}
```

Deleteメソッドでは、引数として受け取ったIDでAlbum構造体の変数を作成し、レコードの削除を行います。

コード：c10_2_5（抜粋） **album.go**
```
func (a *albumRepository) Delete(ID int) error {
    album := entity.Album{ID: ID}
    if err := a.db.Where("id = ?", &album.ID).Delete(&album).Error; err != nil {
        return err
    }
    return nil
}
```

また、テストコードも作成します。adapter/gatewayフォルダにalbum_test.goを作成していきましょう。gateway.AlbumRepositoryインターフェースを使用しますが、テストする内容はMVCのコードにおけるapp/models/album_test.goと同様なため、ここではコードの解説は省略します。

カテゴリーのデータベースを操作しよう

同様に、adapter/gateway/category.goを作成し、categoryのデータベースにアクセスするコードを記述していきます。

CategoryRepositoryインターフェースを定義します。このインターフェースはGetOrCreateメソッドを実装します。続いて、adapter/gateway/album.goと同様に、データベースを操作するための*gorm.DB型のフィールドを持ったcategoryRepository構造体と、CategoryRepositoryインターフェースを返すNewCategoryRepository関数も定義します。

コード：c10_2_5（抜粋） **category.go**
```
package gateway

import (
    "gorm.io/gorm"

    "go-api-arch-clean-template/entity"
)

type CategoryRepository interface {
```

```
        GetOrCreate(category *entity.Category) (*entity.Category, error)
}

type categoryRepository struct {
    db *gorm.DB
}

func NewCategoryRepository(db *gorm.DB) *categoryRepository {
    return &categoryRepository{db: db}
}
```

GetOrCreateメソッドを定義します。このメソッドは、カテゴリーのデータをデータベースから取得するか、存在しなければ作成するためのメソッドです。MVCのコードにおけるapp/models/category.goのGetOrCreateCategory関数（P.317）と同様の処理です。

コード：c10_2_5（抜粋） category.go
```
func (c *categoryRepository) GetOrCreate(category *entity.Category) (*entity.Category, error) {
    var getOrCreatedCategory entity.Category
    tx := c.db.FirstOrCreate(&getOrCreatedCategory, category)
    if tx.Error != nil {
        return nil, tx.Error
    }
    return &getOrCreatedCategory, nil
}
```

カテゴリーに関するテストコードも、gateway.CategoryRepositoryインターフェースを使用するほかは、テストする内容はMVCのコードにおけるapp/models/category_test.goと同様なため、コードの解説は省略します。

テストを作成したら、実行して確認しましょう。

ターミナル テストの実行
```
go-api-arch-clean-template jsakai$ go mod tidy
go-api-arch-clean-template jsakai$ go test ./adapter/gateway/...
```

実行結果
```
ok      go-api-arch-clean-template/adapter/gateway      0.422s
```

Use Case層の処理を作成しよう

gatewayのデータベース処理を使用して、アプリケーション固有のビジネスロジック（処理）となるusecaseを作成していきます。

アルバムのusecaseの処理を作成しよう

usecase/album.goに、アルバムに関するアプリケーション固有のビジネスロジックを書いていきます。ここでは、アプリケーション自体の処理がシンプルなため、単純に

gatewayのインターフェースを呼び出すだけのコードです。**gatewayにはデータベースにアクセスするコードのみを書き、アプリケーション固有のビジネスロジックはusecase、企業固有のビジネスロジックはentityの中に書くことで、データベースなどの技術的部分とビジネスロジックを分離します。**

まず、アルバム操作のためのメソッドを持つAlbumUseCaseインターフェースと、gateway.AlbumRepositoryを持つalbumUseCase構造体、そしてalbumUseCase構造体を作成するNewAlbumUseCase関数を定義します。

コード：c10_2_6（抜粋） album.go

```go
package usecase

import (
    "go-api-arch-clean-template/adapter/gateway"
    "go-api-arch-clean-template/entity"
)

type (
    AlbumUseCase interface {
        Create(album *entity.Album) (*entity.Album, error)
        Get(ID int) (*entity.Album, error)
        Save(*entity.Album) (*entity.Album, error)
        Delete(ID int) error
    }
)

type albumUseCase struct {
    albumRepository gateway.AlbumRepository
}

func NewAlbumUseCase(albumRepository gateway.AlbumRepository) *albumUseCase {
    return &albumUseCase{
        albumRepository: albumRepository,
    }
}
```

その後、AlbumUseCaseインターフェースを実装するための4メソッドを作成します。それぞれのメソッドでは、gateway.AlbumRepositoryインターフェースを呼び出しています。

コード：c10_2_6（抜粋） album.go

```go
func (a *albumUseCase) Create(album *entity.Album) (*entity.Album, error) {
    return a.albumRepository.Create(album)
}

func (a *albumUseCase) Get(ID int) (*entity.Album, error) {
    return a.albumRepository.Get(ID)
}
```

```go
func (a *albumUseCase) Save(album *entity.Album) (*entity.Album, error) {
    return a.albumRepository.Save(album)
}

func (a *albumUseCase) Delete(ID int) error {
    return a.albumRepository.Delete(ID)
}
```

アルバムのusecaseのテストを作成しよう

テストコードも作成します。**github.com/stretchr/testify/mock**パッケージを使用して、gateway.AlbumRepositoryインターフェースの処理をモック化し、このコードで記載した処理を返すようにしています。

ここでは、mockAlbumRepository構造体を定義し、Create、Get、Save、Deleteの4メソッドをモックで実装することで、テストを可能にしています。たとえば、Createメソッドのモックのコードは次の通りです。

コード：c10_2_6（抜粋） **album_test.go**

```go
package usecase

import (
    "testing"

    "github.com/stretchr/testify/mock"
    "github.com/stretchr/testify/suite"

    "go-api-arch-clean-template/entity"
    "go-api-arch-clean-template/pkg"
)

type mockAlbumRepository struct {        // モック構造体を定義
    mock.Mock
}

func NewMockAlbumRepository() *mockAlbumRepository {
    return &mockAlbumRepository{}
}

func (m *mockAlbumRepository) Create(album *entity.Album) (*entity.Album, error) {
    args := m.Called(album)
    if args.Get(0) == nil {
        return nil, args.Error(1)
    }
    return args.Get(0).(*entity.Album), args.Error(1)    // 決まった値を返す
}
```

gateway.AlbumRepositoryインターフェースをモック化することで、Adapter層のgatewayの処理と分離して、usecase/album.goの処理のみをテストするようにしています。

その後は、他のテストコードと同様に、**github.com/stretchr/testify/suite**パッケージを使用してテストを行います。AlbumUseCase.Createメソッドのテストは次のように行っています。モックの**On**メソッド_{オン}でモックが返す値を設定しています。

コード：c10_2_6（抜粋）　album_test.go

```go
type AlbumUseCaseSuite struct {
    suite.Suite
    albumUseCase *albumUseCase
}

func TestAlbumUseCaseTestSuite(t *testing.T) {
    suite.Run(t, new(AlbumUseCaseSuite))
}

func (suite *AlbumUseCaseSuite) SetupSuite() {
}

func (suite *AlbumUseCaseSuite) TestCreate() {
    now := pkg.Str2time("2023-01-01")
    title := "album"
    categoryName := "sports"
    mockAlbumRepository := NewMockAlbumRepository()
    suite.albumUseCase = NewAlbumUseCase(mockAlbumRepository)

    category := entity.Category{Name: entity.CategoryName(categoryName)}
    album := &entity.Album{
        Title:       title,
        ReleaseDate: now,
        Category:    category,
    }

    mockAlbumRepository.On("Create", album).Return(&entity.Album{   ── 返す値を設定
        ID:          1,
        Title:       title,
        ReleaseDate: now,
        CategoryID:  1,
        Category:    category,
    }, nil)

    album, err := suite.albumUseCase.Create(album)
    suite.Assert().Nil(err)
    suite.Assert().Equal(title, album.Title)
    suite.Assert().Equal(now, album.ReleaseDate)
    suite.Assert().Equal(category.ID, album.Category.ID)
```

```go
        suite.Assert().Equal(string(categoryName), string(album.Category.Name))
}
```

カテゴリーのusecaseの処理を作成しよう

usecase/album.goと同様、usecase/category.goにカテゴリーに関するアプリケーション固有のビジネスロジックのコードを書いていきます。

コード：c10_2_6 / category.go

```go
package usecase

import (
    "go-api-arch-clean-template/adapter/gateway"
    "go-api-arch-clean-template/entity"
)

type (
    CategoryUseCase interface {
        GetOrCreate(category *entity.Category) (*entity.Category, error)
    }
)

type categoryUseCase struct {
    categoryRepository gateway.CategoryRepository
}

func NewCategoryUseCase(categoryRepository gateway.CategoryRepository) *categoryUseCase {
    return &categoryUseCase{
        categoryRepository: categoryRepository,
    }
}

func (a *categoryUseCase) GetOrCreate(category *entity.Category) (*entity.Category, error) {
    return a.categoryRepository.GetOrCreate(category)
}
```

コードを作成したら、テストを実行して確認しましょう。

ターミナル / テストの実行

```
go-api-arch-clean-template jsakai$ go mod tidy
go-api-arch-clean-template jsakai$ go test ./usecase/...
```

実行結果

```
ok      go-api-arch-clean-template/usecase      0.005s
```

Adapter層のcontrollerの処理を作成しよう

usecaseとWebサーバーをつなぐAdapter層のcontrollerを作成していきます。

APIのコードを自動生成しよう

P.382で作成したapi/openapi.yamlを基に、コードを自動生成していきます。ここではまず、ginで使用するcontrollerの処理を作成していきます。adapter/controller/ginに、次のようなconfig.yamlを作成しましょう。

コード：c10_2_7 **config.yaml**
```
package: presenter
generate:
  models: true
  client: true
  embedded-spec: true
  gin-server: true
output: ./adapter/controller/gin/presenter/api.go
```

その後、adapter/controller/gin/presenterフォルダを作成して、P.302と同様にoapi-codegenを用いてコードを生成します。これにより、ユーザーからどのようなリクエストを受け、どのようなレスポンスを返すかというAPIのコードがapi.goとして生成されます。

ターミナル **コードの自動生成**
```
go-api-arch-clean-template jsakai$ oapi-codegen --config=./adapter/controller/gin/config.yaml ./api/openapi.yaml
```

アルバムのcontrollerを作成しよう

自動生成されたadapter/controller/gin/presenter/api.goを使用して、albumのcontrollerを作成していきます。

クリーンアーキテクチャのコード構成に沿って変わっている部分はありますが、基本的に処理はMVCモデルのコードにおけるcontrollers/album.goと同じで、受け取ったHTTPリクエストからHTTPレスポンスを返す処理を行います。ここでは、adapter/controller/gin/handler/album.goを作成し、oapi-codegenで自動生成したpresenter.CreateAlbumJSONRequestBody型のリクエストを受け取って処理を行い、presenter.AlbumResponse型のレスポンスを作成します。

ここでは、AlbumHandler構造体のusecase.AlbumUseCaseフィールドを通してUseCaseに定義された処理を呼び出します。また、entity.Album型の値をpresenter.AlbumResponse型に変換するalbumToResponse関数を定義しています。

コード：c10_2_7（抜粋） **album.go**
```
type AlbumHandler struct {
    albumUseCase usecase.AlbumUseCase
}
```

```go
func NewAlbumHandler(albumUseCase usecase.AlbumUseCase) *AlbumHandler {
    return &AlbumHandler{
        albumUseCase: albumUseCase,
    }
}

func albumToResponse(album *entity.Album) *presenter.AlbumResponse {
    return &presenter.AlbumResponse{
        Id:          album.ID,
        Title:       album.Title,
        ReleaseDate: presenter.ReleaseDate{Time: album.ReleaseDate},
        Category: presenter.Category{
            Id:   &album.Category.ID,
            Name: presenter.CategoryName(album.Category.Name),
        },
    }
}
```

たとえば、CreateAlbum メソッドは次のように定義しています。

コード:c10_2_7(抜粋) album.go

```go
func (a *AlbumHandler) CreateAlbum(c *gin.Context) {
    var requestBody presenter.CreateAlbumJSONRequestBody
    if err := c.ShouldBindJSON(&requestBody); err != nil {
        logger.Warn(err.Error())
        c.JSON(http.StatusBadRequest, &presenter.ErrorResponse{Message: err.Error()})
        return
    }

    category, err := entity.NewCategory(string(requestBody.Category.Name))
    if err != nil {
        logger.Warn(err.Error())
        c.JSON(http.StatusBadRequest, &presenter.ErrorResponse{Message: err.Error()})
        return
    }

    album := &entity.Album{
        Title:       requestBody.Title,
        ReleaseDate: requestBody.ReleaseDate.Time,
        Category:    *category,
    }

    createdAlbum, err := a.albumUseCase.Create(album)  // usecase を呼び出す
    if err != nil {
        logger.Error(err.Error())
```

```
        c.JSON(http.StatusInternalServerError, &presenter.ErrorResponse{Message:
err.Error()})
        return
    }
                                          albumToResponse 関数で entity をレスポンスに変換する
    c.JSON(http.StatusCreated, albumToResponse(createdAlbum))
}
```

アルバムのcontrollerのテストを作成しよう

アルバムのcontrollerのテストは、usecase/album_test.go（P.400）と同様にモックを使用し、usecase.AlbumUseCaseをモック化してテストを行います。controllerのテストは、P.359のように httptest.NewRecorder 関数と gin.CreateTestContext 関数を使用します。たとえば、アルバム作成をテストする TestCreate メソッドは次のようになります。

コード：c10_2_7（抜粋） **album_test.go**

```
func (suite *AlbumHandlersSuite) TestCreate() {
    now := pkg.Str2time("2023-01-01")
    mockUseCase := NewMockAlbumUseCase()
    album := &entity.Album{
        Title:       "album",
        ReleaseDate: now,
        Category:    entity.Category{Name: "sports"},
    }

    mockUseCase.On("Create", album).Return(&entity.Album{       返す値を設定
        ID:          1,
        Title:       "album",
        ReleaseDate: now,
        CategoryID:  1,
        Category: entity.Category{
            ID:   1,
            Name: "sports",
        },
    }, nil)
    suite.albumHandler = NewAlbumHandler(mockUseCase)

    request, _ := presenter.NewCreateAlbumRequest("/api/v1", presenter.CreateAlbumJS
ONRequestBody{          リクエストを作成
        Title:       "album",
        Category:    presenter.Category{Name: "sports"},
        ReleaseDate: presenter.ReleaseDate{Time: now},
    })
    w := httptest.NewRecorder()                レスポンスを記録するオブジェクトを作成
    ginContext, _ := gin.CreateTestContext(w)           gin.Context を作成
    ginContext.Request = request              リクエストを gin.Context に設定
```

```go
    suite.albumHandler.CreateAlbum(ginContext) // controllerの処理を呼び出す

    suite.Assert().Equal(http.StatusCreated, w.Code)
    bodyBytes, _ := io.ReadAll(w.Body)
    var albumGetResponse presenter.AlbumResponse
    err := json.Unmarshal(bodyBytes, &albumGetResponse)
    suite.Assert().Nil(err)
    suite.Assert().Equal(http.StatusCreated, w.Code)
    suite.Assert().Equal("album", albumGetResponse.Title)
    suite.Assert().Equal("sports", string(albumGetResponse.Category.Name))
    suite.Assert().NotNil(albumGetResponse.ReleaseDate)
}
```

ヘルスチェックのcontrollerを作成しよう

ヘルスチェック用のAPIのcontrollerも作成します。

コード：c10_2_7 / health.go

```go
package handler

import (
    "net/http"

    "github.com/gin-gonic/gin"
)

func Health(c *gin.Context) {
    c.JSON(http.StatusOK, gin.H{
        "status": "ok",
    })
}
```

ヘルスチェックのcontrollerのテストを作成しよう

ヘルスチェックのテストコードは次のように書きます。

コード：c10_2_7 / health_test.go

```go
package handler

import (
    "net/http"
    "net/http/httptest"
    "testing"

    "github.com/gin-gonic/gin"
    "github.com/stretchr/testify/assert"
)
```

```go
func TestHealthHandler(t *testing.T) {
    w := httptest.NewRecorder()
    request, _ := http.NewRequest("GET", "/health", nil)
    ginContext, _ := gin.CreateTestContext(w)
    ginContext.Request = request

    Health(ginContext)

    assert.Equal(t, 200, w.Code)
    assert.JSONEq(t, `{"status":"ok"}`, w.Body.String())
}
```

テストを作成したら、実行して確認しましょう。

ターミナル テストの実行
```
go-api-arch-clean-template jsakai$ go mod tidy
go-api-arch-clean-template jsakai$ go test ./adapter/controller/gin/handler/...
```

実行結果
```
ok      go-api-arch-clean-template/adapter/controller/gin/handler    0.014s
```

Adapter層のpresenterの処理を作成しよう

続いて、ユーザーに表示するビューにあたるHTMLをadapter層のpresenterフォルダに配置したいと思います。

テンプレートファイルを作成しよう

index.tmplというファイル名で、HTMLのテンプレートを作成します。gin以外のサーバーも使用する可能性があるので、adapterフォルダの中で共通にアクセスできるadapter/presenter/htmlフォルダの中に配置します。

コード：c10_2_8 **index.tmpl**
```
<html>
<h1>
    {{ .title }}
</h1>
</html>
```

テンプレートを表示する処理を作成しよう

テンプレートを使用してHTMLを表示するadapter/controller/gin/handler/index.goを記述します。ここでは、h1要素で表示するtitleの値に「gin index page」を設定しています。後ほどアプリケーションを起動したときにWebページにアクセスしてみましょう。

コード：c10_2_8 **index.go**
```go
package handler
```

```go
import (
    "net/http"

    "github.com/gin-gonic/gin"
)

func Index(c *gin.Context) {
    c.HTML(http.StatusOK, "index.tmpl", gin.H{
        "title": "gin index page",
    })
}
```

Adapter層のmiddlewareとrouterの処理を作成しよう

middlewareの処理を作成しよう

adapter/controller/gin/middlewareフォルダに、controllerに適用するミドルウェアのコードを実装していきます。これらは、MVCモデルのコードではmain.goで書いていた処理です（P.338）。

cors.goで、CORSの設定をするミドルウェアを記述します。

コード：c10_2_9 / cors.go

```go
package middleware

import (
    "github.com/gin-contrib/cors"
    "github.com/gin-gonic/gin"
)

func CorsMiddleware(allowOrigins []string) gin.HandlerFunc {
    config := cors.DefaultConfig()
    config.AllowOrigins = allowOrigins
    return cors.New(config)
}
```

timeout.goで、タイムアウトの設定をするミドルウェアを追加します。

コード：c10_2_9 / timeout.go

```go
package middleware

import (
    "net/http"
    "time"

    "github.com/gin-contrib/timeout"
```

```
    "github.com/gin-gonic/gin"

    "go-api-arch-clean-template/adapter/controller/gin/presenter"
)

func TimeoutMiddleware(duration time.Duration) gin.HandlerFunc {
    return timeout.New(
        timeout.WithTimeout(duration),
        timeout.WithHandler(func(c *gin.Context) {
            c.Next()
        }),
        timeout.WithResponse(func(c *gin.Context) {
            c.JSON(http.StatusRequestTimeout, &presenter.ErrorResponse{Message: "timeout"})
            c.Abort()
        }),
    )
}
```

logger.goで、loggerの設定をするミドルウェアを追加します。

コード：c10_2_9 **logger.go**

```
package middleware

import (
    "time"

    ginzap "github.com/gin-contrib/zap"
    "github.com/gin-gonic/gin"

    "go-api-arch-clean-template/pkg/logger"
)

func GinZap() gin.HandlerFunc {
    return ginzap.Ginzap(logger.ZapLogger, time.RFC3339, true)
}

func RecoveryWithZap() gin.HandlerFunc {
    return ginzap.RecoveryWithZap(logger.ZapLogger, true)
}
```

routerの設定をしよう

WebサーバーとしてアクセスされるURLのrouterとしてadapter/controller/gin/router/router.goを作成します。Swagger、各API、またHTMLのViewにアクセスするために、次のようにコードを記述します。

コード：c10_2_9 **router.go**

```
package router
```

```go
import (
    "encoding/json"
    "time"

    "github.com/getkin/kin-openapi/openapi3"
    "github.com/gin-gonic/gin"
    ginMiddleware "github.com/oapi-codegen/gin-middleware"
    swaggerfiles "github.com/swaggo/files"
    ginSwagger "github.com/swaggo/gin-swagger"
    "github.com/swaggo/swag"
    "gorm.io/gorm"

    "go-api-arch-clean-template/adapter/controller/gin/handler"
    "go-api-arch-clean-template/adapter/controller/gin/middleware"
    "go-api-arch-clean-template/adapter/controller/gin/presenter"
    "go-api-arch-clean-template/adapter/gateway"
    "go-api-arch-clean-template/pkg"
    "go-api-arch-clean-template/pkg/logger"
    "go-api-arch-clean-template/usecase"
)

// Swagger の設定をする
func setupSwagger(router *gin.Engine) (*openapi3.T, error) {
    swagger, err := presenter.GetSwagger()
    if err != nil {
        return nil, err
    }

    env := pkg.GetEnvDefault("APP_ENV", "development")
    if env == "development" {
        swaggerJson, _ := json.Marshal(swagger)
        var SwaggerInfo = &swag.Spec{
            InfoInstanceName: "swagger",
            SwaggerTemplate:  string(swaggerJson),
        }
        swag.Register(SwaggerInfo.InstanceName(), SwaggerInfo)
        router.GET("/swagger/*any", ginSwagger.WrapHandler(swaggerfiles.Handler))
    }
    return swagger, nil
}

func NewGinRouter(db *gorm.DB, corsAllowOrigins []string) (*gin.Engine, error) {
    router := gin.Default()

    router.Use(middleware.CorsMiddleware(corsAllowOrigins))
    swagger, err := setupSwagger(router)
```

```go
    if err != nil {
        logger.Warn(err.Error())
        return nil, err
    }

    router.Use(middleware.GinZap())
    router.Use(middleware.RecoveryWithZap())

    // View の HTML の設定です。
    router.LoadHTMLGlob("./adapter/presenter/html/*")
    router.GET("/", handler.Index)

    // Health チェック用の API です。
    router.GET("/health", handler.Health)

    apiGroup := router.Group("/api")
    {
        apiGroup.Use(middleware.TimeoutMiddleware(2 * time.Second))
        v1 := apiGroup.Group("/v1")
        {
            v1.Use(ginMiddleware.OapiRequestValidator(swagger))
            // Album API を追加します。
            albumRepository := gateway.NewAlbumRepository(db)
            albumUseCase := usecase.NewAlbumUseCase(albumRepository)
            albumHandler := handler.NewAlbumHandler(albumUseCase)
            presenter.RegisterHandlers(v1, albumHandler)
        }
    }
    return router, err
}
```

10-3 フレームワークを切り替えよう

クリーンアーキテクチャは、ビジネスロジックが外部のフレームワークやデータベースといった技術的な詳細に依存しないようにコードを実装するため、フレームワークやデータベースの変更や追加が容易という特徴があります。ここでは、Webフレームワークとしてこれまで使用していたGinのほかに、echoというフレームワークを追加してアプリケーションを実行してみましょう。

Webフレームワークechoを使おう

GoのWebフレームワークとして、Ginのほかに**echo**（エコー）というフレームワークもあります。ここでは、echoでもWebサーバーを起動できるように、コードを書いていきます。

echo用のAPIのコードを自動生成しよう

echo用のAPIのコードをoapi-codegenで自動生成します。adapter/controller/echoに、echo用のconfig.yamlを作成します。

コード：c10_3_1 / **config.yaml**

```
package: presenter
generate:
  models: true
  client: true
  embedded-spec: true
  echo-server: true         echo-serverの設定を追加する
output: ./adapter/controller/echo/presenter/api.go
```

その後、adapter/controller/echo/presenterフォルダを作成し、oapi-codegenでapi.goを自動作成します。

ターミナル **コードの自動生成**

```
go-api-arch-clean-template jsakai$ oapi-codegen --config=./adapter/controller/echo/
config.yaml ./api/openapi.yaml
```

echo用のcontrollerのコードを作成しよう

adapter/controller/echo/handlerの中に、echo用のcontrollerのコードを作成します。ヘルスチェックAPIのcontrollerは、echoパッケージを使用する場合、次のようにhealth.goに書きます。

コード：c10_3_1 / **health.go**

```
package handler
```

```go
import (
    "net/http"

    "github.com/labstack/echo/v4"
)

func Health(c echo.Context) error {
    return c.JSON(http.StatusOK, &struct {
        Status string `json:"status"`
    }{Status: "ok"})
}
```

続いて、index.goにビューを表示するcontrollerを書きます。P.407で作成したindex.tmplのh1要素で表示するtitleの値に「echo index page」を設定し、ginでサーバーを起動したときとは異なる表示にしています。

コード:c10_3_1 / index.go

```go
package handler

import (
    "net/http"

    "github.com/labstack/echo/v4"
)

func Index(c echo.Context) error {
    return c.Render(http.StatusOK, "index.tmpl", map[string]interface{}{
        "title": "echo index page",
    })
}
```

router.goにrouterの処理を書きます。

コード:c10_3_1 / router.go

```go
package router

import (
    "html/template"
    "io"

    "github.com/labstack/echo/v4"
    "gorm.io/gorm"

    "go-api-arch-clean-template/adapter/controller/echo/handler"
)

type TemplateRenderer struct {
    templates *template.Template
```

```go
}

func (t *TemplateRenderer) Render(w io.Writer, name string, data interface{}, c
echo.Context) error {
    if viewContext, isMap := data.(map[string]interface{}); isMap {
        viewContext["reverse"] = c.Echo().Reverse
    }
    return t.templates.ExecuteTemplate(w, name, data)
}

func NewEchoRouter(db *gorm.DB) *echo.Echo {
    router := echo.New()
    renderer := &TemplateRenderer{
        templates: template.Must(template.ParseGlob("./adapter/presenter/html/*")),
    }
    router.Renderer = renderer
    router.GET("/", handler.Index)
    router.GET("/health", handler.Health)
    return router
}
```

Infrastructure層のWebの処理を作成しよう

Infrastructure層にWebサーバーを立ち上げるためのコードを記述していきます。まず、Webサーバーの設定を行うため、infrastructure/web/config.goを作成します。

コード：c10_3_2 config.go

```go
package web

import (
    "strings"

    "go-api-arch-clean-template/pkg"
)

type Config struct {
    Host             string
    Port             string
    CorsAllowOrigins []string
}

func NewConfigWeb() *Config {
    return &Config{
        Host: pkg.GetEnvDefault("WEB_HOST", "0.0.0.0"),
        Port: pkg.GetEnvDefault("WEB_PORT", "8080"),
        CorsAllowOrigins: strings.Split(pkg.GetEnvDefault(
            "WEB_CORS_ALLOW_ORIGINS",
```

```
                "http://0.0.0.0:8001"), ","),
    }
}
```

サーバーを起動する処理を作成しよう

次にrouterを読み込んでサーバーを起動する処理を作成します。まずは、infrastructure/web/gin.goに、ginのサーバーを起動させる処理を書きます。

コード：c10_3_2 / gin.go

```
package web

import (
    "context"
    "fmt"
    "net/http"

    "gorm.io/gorm"

    "go-api-arch-clean-template/adapter/controller/gin/router"
    "go-api-arch-clean-template/pkg/logger"
)

type GinWebServer struct {
    server *http.Server
}

func (g *GinWebServer) Start() error {
    return g.server.ListenAndServe()
}

func (g *GinWebServer) Shutdown(ctx context.Context) error {
    return g.server.Shutdown(ctx)
}

func NewGinServer(host, port string, corsAllowOrigins []string, db *gorm.DB) (Server, error) {
    router, err := router.NewGinRouter(db, corsAllowOrigins)   // ← Ginのrouterを作成する
    if err != nil {
        logger.Error(err.Error(), "host", host, "port", port)
        return nil, err
    }
    return &GinWebServer{
        server: &http.Server{
            Addr:    fmt.Sprintf("%s:%s", host, port),
            Handler: router,
        },
```

```go
    }, err
}
```

続いて、infrastructure/web/echo.goに、echoのサーバーを起動させる処理を書きます。

コード：c10_3_2 echo.go
```go
package web

import (
    "context"
    "fmt"

    "github.com/labstack/echo/v4"
    "gorm.io/gorm"

    "go-api-arch-clean-template/adapter/controller/echo/router"
)

type EchoServer struct {
    router     *echo.Echo
    host, port string
}

func NewEchoServer(host, port string, db *gorm.DB) (Server, error) {
    return &EchoServer{
        router: router.NewEchoRouter(db),   // echo の router を作成する
        host:   host,
        port:   port,
    }, nil
}

func (e *EchoServer) Start() error {
    return e.router.Start(fmt.Sprintf("%s:%s", e.host, e.port))
}

func (e *EchoServer) Shutdown(ctx context.Context) error {
    return e.router.Shutdown(ctx)
}
```

その後、infrastructure/web/factory.goに、ginとechoからサーバーを選択して起動できるコードを作成します。

コード：c10_3_2 factory.go
```go
package web

import (
    "context"
    "errors"
```

```go
    "gorm.io/gorm"
)

var (
    errInvalidWebServerInstance = errors.New("invalid router server instance")
)

const (
    InstanceGin  int = iota
    InstanceEcho int
)

type Server interface {
    Start() error
    Shutdown(ctx context.Context) error
}

func NewServer(instance int, db *gorm.DB) (Server, error) {
    config := NewConfigWeb()
    switch instance {
    case InstanceGin:                    // gin を設定した場合
        return NewGinServer(config.Host, config.Port, config.CorsAllowOrigins, db)
    case InstanceEcho:                   // echo を設定した場合
        return NewEchoServer(config.Host, config.Port, db)
    default:
        panic(errInvalidWebServerInstance)
    }
}
```

　アプリケーションを立ち上げるため main.go を作成します。クリーンアーキテクチャなどのアーキテクチャでは、Web サーバー以外も実行できるようにするため、main.go をプロジェクトのルートディレクトリではなく、フォルダ分けをして配置します。ここでは cmd/server フォルダに配置します。

コード：c10_3_2 / **main.go**

```go
package main

import (
    "context"
    "errors"
    "fmt"
    "log"
    "net/http"
    "os"
    "os/signal"
    "syscall"
```

```go
    "time"

    "github.com/joho/godotenv"

    "go-api-arch-clean-template/infrastructure/database"
    "go-api-arch-clean-template/infrastructure/web"
    "go-api-arch-clean-template/pkg"
    "go-api-arch-clean-template/pkg/logger"
)

func main() {
    appEnv := pkg.GetEnvDefault("APP_ENV", "development")
    if appEnv == "development" {
        err := godotenv.Load(".env.development")
        if err != nil {
            logger.Warn("Error loading .env.local file")
        }
    }

    db, err := database.NewDatabaseSQLFactory(database.InstanceMySQL)
    if err != nil {
        logger.Fatal(err.Error())
    }

    server, err := web.NewServer(web.InstanceGin, db)  // ← 起動するサーバーを選択
    if err != nil {
        logger.Fatal(err.Error())
    }
    go func() {
        if err := server.Start(); err != nil && !errors.Is(err, http.ErrServerClosed) {
            logger.Fatal(err.Error())
        }
    }()

    quit := make(chan os.Signal, 1)
    signal.Notify(quit, syscall.SIGINT, syscall.SIGTERM)
    <-quit
    log.Println("Shutdown Server ...")
    defer logger.Sync()

    ctx, cancel := context.WithTimeout(context.Background(), 2*time.Second)
    defer cancel()
    if err := server.Shutdown(ctx); err != nil {
        logger.Error(fmt.Sprintf("Server Shutdown: %s", err.Error()))
    }
    <-ctx.Done()
```

}

Dockerの準備をしよう

MVCモデルのときと同様、MySQLをdocker-composeで立ち上げます。

まず、build/docker/external-apps/dbフォルダに、P.309と同様のinit.sqlを作成して、初期のデータベーススキーマを設定します。

続いて、build/dockerにアプリケーションのイメージを作成するDockerfileを作成しておきます。このDockerfileはインテグレーションテストの際に使用します。

コード:c10_3_2 **Dockerfile**
```
FROM golang:1.21.5-alpine3.19

RUN apk --no-cache add curl

WORKDIR /go/src/web

COPY ./ .

RUN go mod download

ENV GO111MODULE=on

RUN go build -C ./cmd/server/

ENTRYPOINT ./cmd/server/server
```

build/docker/docker-compose.yamlを作成し、docker-composeの設定を行います。MVCモデルのときの設定を基に、swagger-uiの設定を追加します。

コード:c10_3_2(抜粋) **docker-compose.yaml**
```
  swagger-ui:           ← swagger-ui の設定を追加
    image: swaggerapi/swagger-ui
    container_name: "swagger-ui"
    ports:
      - "8001:8080"
    volumes:
      - ../../api/openapi.yaml:/openapi.yaml
    environment:
      SWAGGER_JSON: /openapi.yaml
```

アプリケーションを起動しよう

まずは、次のコマンドでMySQLのコンテナのみ実行します。

ターミナル MySQLの起動
```
go-api-arch-clean-template jsakai$ pushd ./build/docker && docker-compose up -d mysql && popd
```

続いて、Webサーバーを起動します。

ターミナル Webサーバーの起動
```
go-api-arch-clean-template jsakai$ go mod tidy
go-api-arch-clean-template jsakai$ go run ./cmd/server/main.go
```

起動後、Webブラウザからhttp://0.0.0.0:8080/にアクセスすると、ginのサーバーが立ち上がり「gin index page」と表示されることが確認できます。

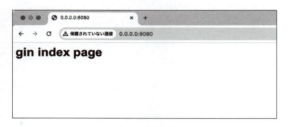

また、http://0.0.0.0:8080/swagger/index.htmlにアクセスすると、P.335のようにSwaggerの画面が表示されます。

echoサーバーに切り替えよう

一旦Webサーバーを終了し、今度はechoのサーバーを起動するようにしましょう。main.goの中で、server変数にweb.NewServer関数で起動するサーバーを選択する部分で、web.InstanceEchoを選択します。

コード：c10_3_3（抜粋） main.go
```
    server, err := web.NewServer(web.InstanceEcho, db)
```
echoを選択

再度main.goを実行し、ブラウザからhttp://0.0.0.0:8080/にアクセスしてみましょう。「echo index page」と表示され、echoのサーバーが立ち上がっていることが確認できます。

　echoのサーバーが実行できたことが確認できたあとは、cmd/server/main.goのweb.NewServer関数の引数をweb.InstanceGinに戻しておきましょう。

10-4 テストを実行しよう

クリーンアーキテクチャのコードを一通り実装し終えたら、最後の確認として、インテグレーションテストを作成して実行していきましょう。Makefileも整理して、アプリケーションやテストが実行しやすいようにします。また、追加のAdapterとして、コマンドラインからも操作できるようなコードの追加方法についても解説します。

インテグレーションテストを実行しよう

MVCのときにも使用したインテグレーションテストを作成して実行してみます。

integration/album/album_test.goに、アルバム操作のインテグレーションテストを作成します。TestAlbumCreateGetDelete関数では、presenterパッケージに自動作成されたAPIを呼び出し、アルバムの作成、取得、更新、削除の操作を一通り実行して返り値を確認しています。

コード：c10_4_1 **album_test.go**

```go
package integration

import (
    "context"
    "net/http"
    "testing"
    "time"

    openapi_types "github.com/oapi-codegen/runtime/types"
    "github.com/stretchr/testify/suite"

    "go-api-arch-clean-template/adapter/controller/gin/presenter"
    "go-api-arch-clean-template/pkg"
)

type AlbumTestSuite struct {
    suite.Suite
}

func TestAlbumSuite(t *testing.T) {
    suite.Run(t, new(AlbumTestSuite))
}

func (suite *AlbumTestSuite) TestAlbumCreateGetDelete() {
```

```go
    // Create ─────── アルバム作成時のテスト
    baseEndpoint := pkg.GetEndpoint("/api/v1")
    apiClient, _ := presenter.NewClientWithResponses(baseEndpoint)
    createResponse, err := apiClient.CreateAlbumWithResponse(context.Background(),
presenter.CreateAlbumJSONRequestBody{
        Title:       "test",
        Category:    presenter.Category{Name: presenter.Sports},
        ReleaseDate: openapi_types.Date{Time: time.Now()},
    })
    suite.Assert().Nil(err)
    suite.Assert().Equal(http.StatusCreated, createResponse.StatusCode())
    suite.Assert().Nil(err)
    suite.Assert().NotNil(createResponse.JSON201.Id)
    suite.Assert().Equal("test", createResponse.JSON201.Title)
    suite.Assert().Equal("sports", string(createResponse.JSON201.Category.Name))
    suite.Assert().NotNil(createResponse.JSON201.ReleaseDate)

    // Get ─────── アルバム取得時のテスト
    getResponse, err := apiClient.GetAlbumByIdWithResponse(context.Background(),
createResponse.JSON201.Id)
    suite.Assert().Nil(err)
    suite.Assert().Equal(http.StatusOK, getResponse.StatusCode())
    suite.Assert().Nil(err)
    suite.Assert().Equal(createResponse.JSON201.Id, getResponse.JSON200.Id)
    suite.Assert().Equal("test", getResponse.JSON200.Title)
    suite.Assert().Equal("sports", string(getResponse.JSON200.Category.Name))
    suite.Assert().NotNil(getResponse.JSON200.ReleaseDate)

    // Update ─────── アルバム更新時のテスト
    title := "updated"
    category := presenter.Category{
        Name: presenter.Food,
    }
    updateResponse, err := apiClient.UpdateAlbumByIdWithResponse(context.
Background(), getResponse.JSON200.Id, presenter.UpdateAlbumByIdJSONRequestBody{
        Title:    &title,
        Category: &category,
    })
    suite.Assert().Nil(err)
    suite.Assert().Equal(http.StatusOK, updateResponse.StatusCode())
    suite.Assert().Nil(err)
    suite.Assert().Equal("updated", updateResponse.JSON200.Title)
    suite.Assert().Equal("food", string(updateResponse.JSON200.Category.Name))
    suite.Assert().NotNil(updateResponse.JSON200.ReleaseDate)

    // Delete ─────── アルバム削除時のテスト
```

```
    deleteResponse, err := apiClient.DeleteAlbumByIdWithResponse(context.
Background(), updateResponse.JSON200.Id)
    suite.Assert().Nil(err)
    suite.Assert().Equal(http.StatusNoContent, deleteResponse.StatusCode())
}
```

また、ヘルスチェックの確認もします。integration/health/health_test.goに、P.374と同様のTestPing関数を作成してテストを作成しましょう。

インテグレーションテストの準備をしよう

.dockerignoreファイルには、次のフォルダやファイルを定義します。

コード：c10_4_1 / .dockerignore
```
build
docs
integration
.gitignore
README.md
```

また、MVCモデルのときと同様に、サーバーの起動やインテグレーションテストなどが実行しやすいよう、Makefileを作成します。MVCモデルのときのMakefileを、クリーンアーキテクチャのコードの構造にあわせて変えています。

また、Goの各種ツールを実行する「vet」「gofmt」「goimports」ターゲットを追加し、「lint」とともに順番に実行する「prettier」ターゲットも作成します。

コード：c10_4_1 / Makefile
```
IMAGE_TAG = web
ifeq ($(WEB_SERVER),echo)
    OSPI_CMD = oapi-codegen --config=./adapter/controller/echo/config.yaml ./api/openapi.yaml
else
    OSPI_CMD = oapi-codegen --config=./adapter/controller/gin/config.yaml ./api/openapi.yaml
endif

generate-code-from-openapi: ## Generate code from openapi
    go install github.com/oapi-codegen/oapi-codegen/v2/cmd/oapi-codegen@latest
    $(OSPI_CMD)

external-up: ## Up external containers
    pushd ./build/docker && docker-compose up -d mysql && popd

external-down: ## Down external containers
    pushd ./build/docker && docker-compose down && popd

mysql-cli: ## Connect to mysql cli
```

```makefile
	pushd ./build/docker && docker-compose run mysql-cli && popd

run: ## Run app
	export APP_ENV=development
	go run ./cmd/server/main.go

docker-build: ## Build image
	docker build --tag $(IMAGE_TAG) -f ./build/docker/Dockerfile .

docker-run: ## Run docker
	docker run -p 8080:8080 -i -t $(IMAGE_TAG)

docker-compose-up: docker-build ## Run docker compose up
	pushd ./build/docker && docker-compose up -d --wait mysql web swagger-ui && popd

docker-compose-down: ## Run docker compose down
	pushd ./build/docker && docker-compose down && popd

unittest: ## Run unittest
	go clean -testcache
	go test -v ./adapter/... ./usecase/... ./entity/...

test-cover: ## Run test cover
	go test -coverprofile=coverage.out `go list ./... | grep -v /integration` && go tool cover -html=coverage.out

integration-test: generate-code-from-openapi docker-build ## Run integration test
	export APP_ENV=integration
	-pushd ./build/docker && docker-compose up -d --wait mysql web && popd
	-go clean -testcache
	-go test -v ./integration/...
	+pushd ./build/docker && docker-compose down && popd

lint: ## Run lint to show the diff
	# Install with `brew install golangci-lint` on Mac
	golangci-lint run

vet: ## Run go vet to show the diff ──── go vet コマンドを実行
	go vet ./...

gofmt: ## Run gofmt to show the diff ──── gofmt コマンドを実行
	gofmt -d .

goimports: ## Run goimports to show the diff ──── goimports コマンドを実行
	goimports -d .

prettier: vet gofmt goimports lint ## Show the code that needs to be modified
```
3つのターゲットをまとめて実行

```
help:
    @grep -E '^[a-zA-Z_-]+:.*?## .*$' $(MAKEFILE_LIST) | sort | awk 'BEGIN {FS = ":.*?## "}; {printf "\033[36m%-30s\033[0m %s\n", $1, $2}'
```

インテグレーションテストを実行しよう

インテグレーションテストを実行していきましょう。もし、すでに実行しているDockerコンテナがあれば、次のコマンドで停止させます。

ターミナル Dockerコンテナの停止
```
go-api-arch-clean-template jsakai$ docker stop $(docker ps -a -q)
```

その後、makeコマンドでインテグレーションテストを実行し、テストがパスすることを確認しましょう。

ターミナル インテグレーションテストの実行
```
go-api-arch-clean-template jsakai$ make integration-test
```

Adapter層にCommandの処理を追加しよう

クリーンアーキテクチャでは、infrastructure層のデータベースやWebサーバーの切り替えも容易なのと同様に、adapter層に他のadapterを追加することも容易です。ビジネスロジックとなるUseCaseを他のAdapterから実行できれば、より便利なアプリケーションにすることができます。

ここでは、Adapter層にコマンドラインからアルバムを操作（作成のみ）できるcontrollerを追加してみましょう。

actionの処理を作成しよう

adapter/controller/cli/action/album.goを作成し、まずは構造体AlbumActionを定義して、usecaseを使ってアルバムを作成するメソッドを追加します。

コード：c10_4_2 album.go
```
package action

import (
    "time"

    "go-api-arch-clean-template/entity"
    "go-api-arch-clean-template/pkg/logger"
    "go-api-arch-clean-template/usecase"
)

var AlbumName string
```

```go
type AlbumAction struct {
    albumUseCase usecase.AlbumUseCase
}

func NewAlbumAction(albumUseCase usecase.AlbumUseCase) *AlbumAction {
    return &AlbumAction{
        albumUseCase: albumUseCase,
    }
}

func (a *AlbumAction) CreateAlbum(title, categoryName string) (*entity.Album, error) {
    category, err := entity.NewCategory(categoryName)
    if err != nil {
        return nil, err
    }
    album := &entity.Album{
        Title:       title,
        ReleaseDate: time.Now(),
        Category:    *category,
    }

    createdAlbum, err := a.albumUseCase.Create(album)  ── usecaseの処理を呼び出す
    if err != nil {
        logger.Error(err.Error())
        return nil, err
    }

    return createdAlbum, nil
}
```

　カテゴリーも同様に、構造体CategoryActionを定義し、メソッドからusecaseの処理を呼び出します。

コード：c10_4_2 **category.go**

```go
package action

import (
    "go-api-arch-clean-template/entity"
    "go-api-arch-clean-template/pkg/logger"
    "go-api-arch-clean-template/usecase"
)

var CategoryName string

type CategoryAction struct {
    categoryUseCase usecase.CategoryUseCase
}

func NewCategoryAction(categoryUseCase usecase.CategoryUseCase) *CategoryAction {
    return &CategoryAction{
        categoryUseCase: categoryUseCase,
    }
}

func (a *CategoryAction) CreateCategory(name string) (*entity.Category, error) {
    category, err := entity.NewCategory(name)
    if err != nil {
        return nil, err
    }
    createdCategory, err := a.categoryUseCase.GetOrCreate(category)  // usecase の処理を呼び出す
    if err != nil {
        logger.Error(err.Error())
        return nil, err
    }

    return createdCategory, nil
}
```

commandの処理を作成しよう

続いて、作成したactionをコマンドラインで呼び出せるようにします。コマンドラインで操作するアプリケーションを作成するには、**github.com/urfave/cli**パッケージを使用します。adapter/controller/cli/command/album.goを作成し、アルバム作成の処理をコマンドラインで呼び出すための処理を書いていきます。

まず、アルバムのタイトルを格納する変数AlbumTitleを宣言します。この変数は、あとでコマンドラインのフラグから値を受け取るために使われます。

続いて、SetAlbumCommand関数を定義します。この関数は、引数として*cli.App型（コマンドラインアプリケーションの設定や動作を管理する構造体）とaction.AlbumAction型を受け取ります。

cli.StringFlag構造体でコマンドラインから文字列の値を受け取るためのフラグを定義

します。ここで定義したフラグは、「--album_title」または「-a」という名前で、その値はAlbumTitleという変数に代入されます。また、Usageというフィールドには、このフラグの説明を書きます。定義したフラグはapp.Flagsに追加することで、アプリケーションに反映されます。

cli.Command構造体で、コマンドラインから実行できるコマンドを定義します。ここで定義したコマンドは、「album」または「a」という名前で、説明は「Select a album」です。

また、Subcommandsというフィールドでサブコマンドを指定します。ここでのサブコマンドは、「create」という名前で、説明は「Create for album」です。そして、Actionというフィールドで実行される処理を定義します。ここでは、albumAction.CreateAlbumメソッドを呼び出してアルバムを作成し、JSON形式で出力します。

定義したコマンドとサブコマンドはapp.Commandsに追加して反映します。その後、**sort.Sort関数**でコマンドとフラグを名前順にソートします。

コード：c10_4_2 **album.go**

```go
package command

import (
    "sort"

    "github.com/urfave/cli/v2"

    "go-api-arch-clean-template/adapter/controller/cli/action"
    "go-api-arch-clean-template/adapter/controller/cli/presenter"
    "go-api-arch-clean-template/pkg/logger"
)

var AlbumTitle string

func SetAlbumCommand(app *cli.App, albumAction *action.AlbumAction) {
    cliFlag := []cli.Flag{
        &cli.StringFlag{
            Name:        "album_title",          // フラグ名
            Aliases:     []string{"a"},          // フラグ名（省略）
            Usage:       "Title for the album", // フラグの説明
            Destination: &AlbumTitle,            // 値の格納先
        },
    }
    app.Flags = append(app.Flags, cliFlag...)

    cliCommand := []*cli.Command{
        {
            Name:    "album",                    // コマンド名
            Aliases: []string{"a"},              // コマンド名（省略）
            Usage:   "Select a album",           // コマンドの説明
            Subcommands: []*cli.Command{
```

```
                {
                    Name:  "create",                    ──── サブコマンド名
                    Usage: "Create for album",          ──── サブコマンドの説明
                    Action: func(c *cli.Context) error {   ──── サブコマンドの処理
                        album, err := albumAction.CreateAlbum(AlbumTitle,
CategoryName)
                        if err != nil {
                            logger.Error(err.Error())
                            return err
                        }
                        presenter.PrettyPrintStructToJson(album)
                        return nil
                    },
                },
            },
        },
    }
    app.Commands = append(app.Commands, cliCommand...)

    sort.Sort(cli.CommandsByName(app.Commands))   ──── コマンドをソート
    sort.Sort(cli.FlagsByName(app.Flags))         ──── フラグをソート
}
```

カテゴリーのcommandの処理も、adapter/controller/cli/command/category.goを作成して同様に書いていきます。

コード：c10_4_2 / category.go

```
package command

import (
    "github.com/urfave/cli/v2"

    "go-api-arch-clean-template/adapter/controller/cli/action"
    "go-api-arch-clean-template/adapter/controller/cli/presenter"
    "go-api-arch-clean-template/pkg/logger"
)

var CategoryName string

func SetCategoryCommand(app *cli.App, categoryAction *action.CategoryAction) {
    cliFlag := []cli.Flag{
        &cli.StringFlag{
            Name:        "category_name",         ──── フラグ名
            Aliases:     []string{"c"},           ──── フラグ名（省略）
            Usage:       "Name for the category", ──── フラグの説明
            Destination: &CategoryName,           ──── 値の格納先
        },
```

```
        }
        app.Flags = append(app.Flags, cliFlag...)

        cliCommand := []*cli.Command{
            {
                Name:  "category",                              ← コマンド名
                Usage: "Select a category",                     ← コマンドの説明
                Subcommands: []*cli.Command{
                    {
                        Name:  "create",                        ← サブコマンド名
                        Usage: "Name for create a category",    ← サブコマンドの説明
                        Action: func(c *cli.Context) error {    ← サブコマンドの処理
                            category, err := categoryAction.CreateCategory(CategoryName)
                            if err != nil {
                                logger.Error(err.Error())
                                return err
                            }
                            presenter.PrettyPrintStructToJson(category)
                            return nil
                        },
                    },
                },
            },
        }
        app.Commands = append(app.Commands, cliCommand...)

}
```

presenterの処理を作成しよう

adapter/controller/cli/presenter/album.goを作成し、ユーザーにどのように表示するかについての処理を記述します。ここでは、JSONにインデントを設定して見やすくなるようにしています。

コード：c10_4_2 **album.go**

```
package presenter

import (
    "bytes"
    "encoding/json"
    "fmt"
)

func PrettyPrintStructToJson(data interface{}) {
    var buffer bytes.Buffer
    enc := json.NewEncoder(&buffer)
    enc.SetIndent("", "    ")           ← インデントを設定
```

```
        if err := enc.Encode(data); err != nil {
            fmt.Println(err)
        }
        fmt.Println(buffer.String())  ── JSONの内容を表示
    }
```

アプリケーションを実行しよう

実行するためのcmd/cli/main.goを作成します。

コード：c10_4_2 / main.go

```go
package main

import (
    "os"
    "sort"

    "github.com/urfave/cli/v2"

    "go-api-arch-clean-template/adapter/controller/cli/action"
    "go-api-arch-clean-template/adapter/controller/cli/command"
    "go-api-arch-clean-template/adapter/gateway"
    "go-api-arch-clean-template/infrastructure/database"
    "go-api-arch-clean-template/pkg/logger"
    "go-api-arch-clean-template/usecase"
)

func main() {
    db, err := database.NewDatabaseSQLFactory(database.InstanceMySQL)  ── MySQLに接続
    if err != nil {
        logger.Fatal(err.Error())
    }

    albumRepository := gateway.NewAlbumRepository(db)
    albumUseCase := usecase.NewAlbumUseCase(albumRepository)
    albumAction := action.NewAlbumAction(albumUseCase)  ── albumActionを作成

    categoryRepository := gateway.NewCategoryRepository(db)
    categoryUseCase := usecase.NewCategoryUseCase(categoryRepository)
    categoryAction := action.NewCategoryAction(categoryUseCase)  ── categoryActionを作成

    app := &cli.App{}
    command.SetAlbumCommand(app, albumAction)  ── アルバムのコマンドを設定
    command.SetCategoryCommand(app, categoryAction)  ── カテゴリーのコマンドを設定
    sort.Sort(cli.CommandsByName(app.Commands))  ── コマンドをソート
    sort.Sort(cli.FlagsByName(app.Flags))  ── フラグをソート
    err = app.Run(os.Args)  ── アプリケーションを起動
    if err != nil {
        logger.Fatal(err.Error())
```

```
    }
}
```

まずはそのまま実行し、helpを確認します。

ターミナル helpの確認
```
go-api-arch-clean-template jsakai$ go mod tidy
go-api-arch-clean-template jsakai$ make external-up
go-api-arch-clean-template jsakai$ go run cmd/cli/main.go
```

実行結果
```
NAME:
   main - A new cli application

USAGE:
   main [global options] command [command options] [arguments...]

COMMANDS:
   album, a     Select a album
   category     Select a category
   help, h      Shows a list of commands or help for one command

GLOBAL OPTIONS:
   --album_title value, -a value    Title for the album
   --category_name value, -c value  Name for the category
   --help, -h                       show help (default: false)
```

次のようにコマンドやフラグを指定して実行し、アルバムが作成できたことを確認しましょう。

ターミナル コマンドの実行
```
go-api-arch-clean-template jsakai$ go run cmd/cli/main.go --album_title test --category_name sports album create
```

実行結果
```
{
    "ID": 1,
    "Title": "test",
    "ReleaseDate": "2024-01-14T23:02:16.833723-10:00",
    "CategoryID": 1,
    "Category": {
    "ID": 1,
    "Name": "sports"
    }
}
```

10-5 そのほかのアーキテクチャ

オニオンアーキテクチャとヘキサゴナルアーキテクチャは、クリーンアーキテクチャよりも古いアーキテクチャであり、非常に似ています。クリーンアーキテクチャは、オニオンアーキテクチャとヘキサゴナルアーキテクチャの発展形であるといえます。ここでは、オニオンアーキテクチャとヘキサゴナルアーキテクチャについて、概要を簡単に説明していきます。

オニオンアーキテクチャとは

オニオンアーキテクチャとは、2008年にJeffrey Palermo氏によって提唱された、ドメイン駆動設計（Domain-Driven Design：DDD）に基づいたソフトウェアアーキテクチャの一種です。オニオンアーキテクチャは、ソフトウェアの内部構造を円環状に分割し、**ビジネスドメインのコアロジックを中心に配置する**ことを特徴としています。

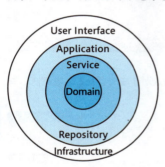

- User Interface：ユーザーとやりとりする部分
- Application：DomainとServiceを合わせた層
- Service：アプリケーション固有のビジネスロジック
- Domain：企業全体のビジネスロジック
- Repository：DBと接続する部分
- Infrastructure：DBやWebフレームワークなどの外部

オニオンアーキテクチャのメリットとデメリット

オニオンアーキテクチャのメリットやデメリットはクリーンアーキテクチャと似ています。メリットは次のような点が挙げられます。

- Domain層が他の層から独立しており、Infrastructure層の技術変更に影響されない
- Service層がUser Interface層から独立しており、クライアントの種類に依存しない
- 依存関係逆転の原則に従っており、高凝集・低結合の設計になる
- テストやリファクタリングが容易になる

一方、デメリットはMVCモデルなどと同様、次のような点が挙げられます。

・設計や実装が複雑になり、コード量が増える場合がある
・小規模な開発には不向きな場合がある
・インターフェースの定義や実装が多くなり、パフォーマンスが低下する場合がある

オニオンアーキテクチャのアプリケーションの構造

アプリケーションの構造は次の図のようになります。層の名前などは変わっていますが、クリーンアーキテクチャとよく似ています。Service層は、ビジネスロジックの中心で、クリーンアーキテクチャではUse Caseに相当します。また、Domain層はクリーンアーキテクチャのEntityに相当します。

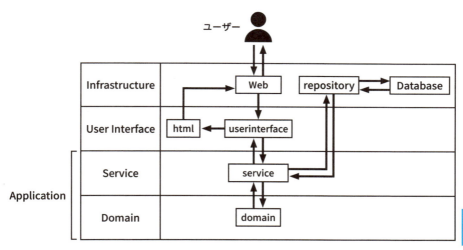

ヘキサゴナルアーキテクチャとは

ヘキサゴナルアーキテクチャとは、ソフトウェアの内部構造を分割し、ビジネスロジックを中心に配置することを特徴としたソフトウェア設計のパターンです。Alistair Cockburn氏によって2005年に提唱されました。ビジネスロジックを外部の技術やデバイスから独立させることにより、テストや変更を容易にしたり、ユースケースを実現するためのロジックを完全に独立した状態で実行できるようにしたりすることを目的としています。

ヘキサゴナルアーキテクチャでは、**port**（ポート）と**Adapter**（アダプター）を用いて、アプリケーションの内部と外部をつなぎます。ポートは、アプリケーションが外部とやりとりするためのインターフェースです。アダプターは、ポートに対応する具体的な実装で、たとえばユーザーインターフェースやデータベースなどです。

> **Point** プライマリーポートとセカンダリーポート
>
> ヘキサゴナルアーキテクチャでは、ポートはプライマリーとセカンダリーの2種類に分けられます。プライマリーポートは、アプリケーションが外部から呼び出されるときに使われるポートです。セカンダリーポートは、アプリケーションが外部に依存するときに使われるポートです。

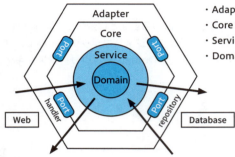

- Adapter：portを介して外部とCoreを接続する
- Core：DomainとServiceを合わせた層
- Service：アプリケーション固有のビジネスロジック
- Domain：企業全体のビジネスロジック

ヘキサゴナルアーキテクチャのメリットとデメリット

ヘキサゴナルアーキテクチャのメリットやデメリットもクリーンアーキテクチャと似ています。メリットは次のような点が挙げられます。

- ビジネスロジックが外部の技術やデバイスに依存しないため、変更やテストがしやすくなる
- ユースケースを実現するためのロジックが完全に独立した状態で実行できるため、再利用や移植がしやすくなる
- ポートとアダプターを使って、アプリケーションの内部と外部を分離するため、高凝集・低結合の設計になる

デメリットとしては次のような点が挙げられます。

- 設計や実装が複雑になり、コード量が増える場合がある
- 小規模な開発には不向きな場合がある
- インターフェースや実装の数が多くなり、パフォーマンスが低下する場合がある

ヘキサゴナルアーキテクチャのアプリケーションの構造

アプリケーションの構造は、層の名前が変わっていますが、クリーンアーキテクチャとほとんど同じです。Adapter層とService層の間にportがインターフェースとなってつながっています。Service層がビジネスロジックの中心で、クリーンアーキテクチャではUse Case層に相当、Domain層はクリーンアーキテクチャのEntity層に相当します。

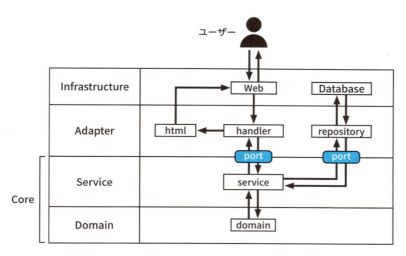

　ヘキサゴナルアーキテクチャでは、Adapter層からCore層の中のサービスを使うには、ポートを通して扱うことになります。たとえば、ヘキサゴナルアーキテクチャにおけるポートの例を示した次のコードは、Core層であるServiceのインターフェースが定義されており、このインターフェースのメソッドを通してCore層にアクセスします。

参考：ポートの例

```
package ports

import "go-api-arch-hexagonal-template/core/domain"

type AlbumRepository interface {
    Create(album *domain.Album) (*domain.Album, error)
    Get(ID int) (*domain.Album, error)
    Save(*domain.Album) (*domain.Album, error)
    Delete(ID int) error
}

type AlbumService interface {   ――― Serviceのインターフェース
    Create(album *domain.Album) (*domain.Album, error)
    Get(ID int) (*domain.Album, error)
    Save(*domain.Album) (*domain.Album, error)
    Delete(ID int) error
}
```

Column

エンジニアのキャリア戦略④
シリコンバレーで働くには
どのくらいのレベルが必要？

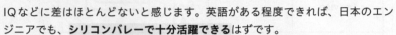

　日本では「シリコンバレー＝天才集団」というイメージが強いかもしれませんが、実際にはそうでもなく、IQなどに差はほとんどないと感じます。英語がある程度できれば、日本のエンジニアでも、**シリコンバレーで十分活躍できる**はずです。

　具体的には、日本の大学でプログラミングを学び、**社会人として2年以上の実務経験**があれば、シリコンバレーのジュニアポジションに挑戦できると思います。アメリカでは、学生時代に半年〜2年間ほどインターンとして経験を積むことが主流なので、日本で社会人として2年間働いた経験は、アメリカでのインターン経験に相当し、十分に戦力となります。

　シリコンバレーのジュニアポジションに就くためには、天才的なスキルが必要というわけではありません。名だたる有名企業でも、裏方で縁の下の力持ちのような役割を果たす人もたくさんいます。最初にQA（品質保証）ポジションを目指すのも良い戦略ですし、そこからキャリアを積んでステップアップすることもできます。

　業界選びも重要なポイントです。GAFAのような有名企業を狙うのはもちろんハードルが高く、それだけにこだわる必要はありません。たとえば、食品や医療分野のIT部門などもシリコンバレーには多く、そこからキャリアをスタートさせるのも良い選択です。あまり**人気のない企業や業界で経験を積んでからキャリアアップしていく**のもアリでしょう。

　ただ、日本のエンジニアはアメリカの技術動向に遅れを取ることがあるので、たとえば**海外で人気の言語「Go」**に目を向けて勉強しておくと、シリコンバレーでもより活躍できるはずです。また、エンジニアとしてシリコンバレーで働くためには、英語力は最低限のコミュニケーションが取れれば問題ありません。ぼく自身も、最後に受けたTOEICは500点ちょっとでしたが、それでもアメリカで働くことができています。プロジェクトマネージャーのような職種では高い英語力が求められますが、エンジニアの場合、何より大切なのは技術力。英語力はアメリカに1〜2年も住めば、自然と上達していきます。

　「アメリカで働くのは難しい」「天才しかいないんでしょ？」と思っている人は多いのですが、実はそんなに敷居が高いわけではありません。シリコンバレーは、**挑戦する価値がある、現実的な選択肢**なのです。

Lesson 11 APIスタイルガイド

応用編

Webアプリケーション上でデータのやりとりに用いられるAPIの形式には、使いやすくするなどの目的によるベストプラクティスがあります。ここでは、実際にAPIを作成するときに気をつけるべき点について、コードを修正しながら説明していきます。

| 11-1 | APIスタイルガイドを学ぼう | 440 |
| 11-2 | APIを修正しよう | 446 |

11-1 APIスタイルガイドを学ぼう

APIを設計するとき、どのようにすればよいのか迷うこともあります。そんなときに参考になるのが、これまでのアプリケーション開発の中で培われてきたAPI設計に際しての注意点をまとめた、スタイルガイドと呼ばれるベストプラクティスです。ここでは、APIのURLやOpenAPIのYAML、そしてレスポンスのJSONの形式についてのスタイルガイドについて紹介します。

APIエンドポイントURLのスタイルガイドを学ぼう

APIのエンドポイントとは、APIにアクセスするためのURLのことです。エンドポイントは、リソースの名前や階層、操作の種類などを表すべきであり、一貫性やわかりやすさ、拡張性などを考慮する必要があります。

一般に、APIのエンドポイントは次のような形式で表されます。

参考：APIのURLの例
```
http://localhost:8080/<SERVICE_NAME>/<VERSION>/<API>
```

たとえば、Googleなどは多くのサービスを提供しているため、<SERVICE_NAME>の部分が「map」「youtube」など複数になります。会社内で扱うサービスごとに異なるサービス名をつけることになります。

この形式に従うと、次のようなAPIのエンドポイントの形式になります。

参考：APIのURLの例
```
http://localhost:8080/api/v1/users
https://admin.googleapis.com/admin/datatransfer/v1/applications/1
```

APIエンドポイント設計の際の注意点

わかりやすさを考慮するために、APIエンドポイントを設計する際に気をつけるべき点についていくつか紹介していきます。

まず、単語には動詞ではなく名詞を使うようにします。

参考：動詞ではなく名詞
```
http://localhost:8080/api/v1/getUsers    NG：動詞になっている
http://localhost:8080/api/v1/users       OK：名詞になっている
```

単語は基本的に複数形にします。

参考：基本的に複数形
```
http://localhost:8080/api/v1/user        NG：単数形になっている
http://localhost:8080/api/v1/users       OK：複数形になっている
```

略語ではなく、わかりやすい名前を使うようにします。

```
http://locahost:8080/api/v1/mk        NG：略語になっている
http://locahost:8080/api/v1/market    OK：わかりやすい名前になっている
```
参考：略語ではなくわかりやすい名前

URL末尾のスラッシュ（トレーリングスラッシュ）はつけないようにします。

```
http://locahost:8080/api/v1/users/    NG：末尾にスラッシュがある
http://locahost:8080/api/v1/users     OK：末尾にスラッシュがない
```
参考：トレーリングスラッシュ

複数の単語をつなげる場合、スネークケースやキャメルケースではなく、ケバブケースで書くようにします。

```
http://locahost:8080/api/v1/car_dealer    NG：スネークケース
http://locahost:8080/api/v1/carDealer     NG：キャメルケース
http://locahost:8080/api/v1/car-dealer    OK：ケバブケース
```
参考：ケバブケースにする

大文字は使わず、小文字のみを使用するようにします。

```
http://locahost:8080/api/v1/Cars    NG：大文字を使っている
http://locahost:8080/api/v1/cars    OK：小文字のみになっている
```
参考：小文字

ファイル拡張子はつけないようにします。

```
http://locahost:8080/api/v1/document.txt   NG：ファイル拡張子がある
http://locahost:8080/api/v1/document       OK：ファイル拡張子がない
```
参考：ファイル拡張子はつけない

POSTメソッドのときはAPIにIDなどの情報は含めませんが、PATCH、GET、DELETEのときはIDを含めるようにします。

```
http://locahost:8080/api/v1/users      POSTの場合
http://locahost:8080/api/v1/users/1    PATCHやGET、DELETEの場合
```
参考：CRUDを意識する

クエリパラメータに複数の単語を使用する場合は、アンダースコアを使用します。ただし、複雑な場合はハイフンを混ぜてもかまいません。

```
http://locahost:8080/api/v1/car-dealer?search-text=test              NG：ハイフンを使う
http://locahost:8080/api/v1/car-dealer?search_text=test              OK：アンダースコアを使う
http://locahost:8080/api/v1/car-dealer?search_text=test-2023_01_01   OK：複雑な場合はハイフンを混ぜてもよい
```
参考：クエリパラメータ

> **Point** Caseに関して
>
> 複数の単語をつなげて書く場合、いくつかの方法があります。
> **Kebab Case**（ケバブケース）は、「first-name」「is-available」のように、複数の単語をハイフンでつなげる表記法です。URLやHTMLのクラス名でよく使用されます。
> **Camel Case**（キャメルケース）は、「firstName」「isAvailable」のように、複数の単語をつなげるときに、最初の単語は小文字ではじまり、その後の各単語は大文字ではじまる表記法です。JavaScriptやJavaなどのプログラミング言語でよく使用されます。
> **Snake Case**（スネークケース）は、「first_name」「is_available」のように、複数の単語をアンダースコアでつなげる表記法です。すべての文字は小文字で書かれます。PythonやRubyなどのプログラミング言語でよく使用されます。
> **Pascal Case**（パスカルケース）は、「FirstName」「IsAvailable」のように、各単語の最初を大文字にしてつなげる表記法です。キャメルケースとは異なり、最初の単語も大文字ではじまります。

OpenAPI YAMLのスタイルガイドを学ぼう

OpenAPIのYAMLは、基本的には**キャメルケース**で書きます。しかし、何度も呼び出すオブジェクトなどをcomponentsのschemasやrequestBodiesなどに定義する際は**パスカルケース**で書きます。

OpenAPIの形式とGoのコードスタイルには相違があります。たとえば、「ID」という単語を書くとき、Goのコードでは「ID」のようにすべて大文字で書きます。一方で、C#やJavaなどのプログラミング言語では「Id」のように表記されます。OpenAPIはGo以外のプログラミング言語でも使われるドキュメントであり、「Id」と書くこともよくあります。

細かい仕様は決まっておらず、次のように項目ごとに別々の基準で表記することがあります。たとえば、URLのクエリパラメータでは小文字で「id」とします。

参考：クエリパラメータ
```
/albums/{id}:
```

summary（要約）は、英語として読みやすいように「ID」とします。

参考：summary
```
summary: Find album by ID
```

operationIdは、Go以外の言語にも変換されるのを想定し、キャメルケースにします。

参考：operationId
```
operationId: getAlbumById
```

次のURLも参考にしてみてください。
URL https://swagger.io/docs/specification/paths-and-operations/

APIレスポンスのJSONスタイルガイドを学ぼう

　APIのレスポンスとは、APIにリクエストを送ったときに返ってくるデータのことです。レスポンスのデータは、JSON形式で表されることが多いです。このJSONには、キーの命名規則やインデントの幅などといった書き方についてのスタイルがいくつかあります。
　APIのレスポンスの形式については、GoogleのJSONスタイルガイドが有名です。次のURLを参考にしてみてください。
　URL https://google.github.io/styleguide/jsoncstyleguide.xml
　ここでは、重要なポイントについて、ほんの一部ですが説明します。

データ取得時のレスポンスボディ

　レスポンスにはまず、「apiVersion」でAPIのバージョンを記載します。クライアント（ユーザー）側で使用するデータは「data」の中に入れます。また、そのデータが何かという情報を「kind」に書きます。これにより、クライアント側でまとめてAPIにアクセスをしてデータを保存するようなアプリケーションでも、どのAPIバージョンで、どのデータであったかなどを記録しやすくなります。

参考：データ取得時のレスポンスボディ

```
{
    "apiVersion": "v1",          ← apiVersion を書く
    "data": {                    ← data の中に渡すデータを入れる
        "kind": "album",         ← kind を書く
        "id": 1,
        "anniversary": 0,
        "category": {
            "name": "food"
        },
        "releaseDate": "2024-01-07",
        "title": "string"
    }
}
```

複数データ取得時のレスポンスボディ

　複数のデータを返す場合は、最も上の階層の「kind」に、「#」を使って、「album#list」のように指定します。また、複数のデータは「items」の中に入れます。それぞれのアイテムにも「kind」が設定されていることに注目しましょう。

参考：複数データ取得時のレスポンスボディ

```
{
    "kind": "album#list",        ← 「album#list」と指定
    "apiVersion": "v1",
    "totalItems": 2,
    "startIndex": 1,
    "itemsPerPage": 1,
```

```
    "items": [              ← items の中に複数のデータを入れる
        {
            "kind": "album",    ← それぞれに kind を書く
            "id": 1,
            "anniversary": 0,
            "category": {
                "name": "food"
            },
            "releaseDate": "2024-01-07",
            "title": "string"
        },
        {
            "kind": "album",    ← それぞれに kind を書く
            "id": 1,
            "anniversary": 0,
            "category": {
            "name": "food"
            },
            "releaseDate": "2024-01-07",
            "title": "string"
        }
    ]
}
```

データ更新時のレスポンスボディ

データを更新した際は、「updated」にアップデートした時間をRFC 3339の形式で入れます。

参考：データ更新時のレスポンスボディ

```
{
    "apiVersion": "v1",
    "data": {
        "kind": "album",
        "updated": "2023-01-01-01T01:01:01.000Z"   ← アップデートした時間を入れる
        "id": 1,
        "anniversary": 0,
        "category": {
            "name": "food"
        },
        "releaseDate": "2024-01-07",
        "title": "string"
    }
}
```

データ削除時のレスポンスボディ

データが削除されたときは、「deleted」にtrueを入れて返します。なお、削除できなかった場合は、「deleted」にfalseを入れて返すのではなく、エラーで返すことが一般的です。

参考：データ削除時のレスポンスボディ

```
{
    "apiVersion": "v1",
    "data": {
        "kind": "album",
        "deleted": true,          ← deleted を入れる
        "id": 1,
        "anniversary": 0,
        "category": {
            "name": "food"
        },
        "releaseDate": "2024-01-07",
        "title": "string"
    }
}
```

エラー時のレスポンス

エラーレスポンスは、「error」の中に「message」と「code」を入れて返します。

参考：エラー時のレスポンス

```
{
    "error": {          ← error を入れる
        "message": "error message",
        "code" 404
    }
}
```

そのほか、GoogleやKubernetesなどで実際に使われているAPIのレスポンスの形式なども参考にしてみてください。

URL https://developers.google.com/youtube/v3/docs/channels/list
URL https://developers.google.com/youtube/v3/docs/channels/update
URL https://github.com/kubernetes/kubernetes/blob/master/api/discovery/apis__admissionregistration.k8s.io__v1beta1.json

11-2 APIを修正しよう

Lesson10で作成したアルバムを操作するAPIは、GoogleのJSONスタイルガイドに完全には従っていません。ここでは、実際にコードを修正していきながら、Goでスタイルガイドに準拠するにはどのようにすればよいかを学んでいきましょう。また、アプリケーションに別のAPIを増やしたいときの方法についてもあわせて説明します。

APIのJSONスタイルを変更しよう

Lesson10で作成したクリーンアーキテクチャのコードを、GoogleのJSONスタイルに従って変更していきましょう。

openapi.yamlの変更

api/openapi.yamlを変更します。まず、スキーマにApiVersionを追加します。

コード:c11_2_1（抜粋） openapi.yaml
```yaml
components:
  schemas:
    ApiVersion:          ← ApiVersionを追加
      type: string
      default: "v1"
```

また、新たにAlbumというスキーマを追加します。これは、Lesson9でそれぞれのリクエストに個別で定義していたものをまとめたものです。

コード:c11_2_1（抜粋） openapi.yaml
```yaml
    Album:
      type: object
      properties:
        kind:
          type: string
          default: "album"
        id:
          type: integer
        title:
          type: string
        category:
          $ref: '#/components/schemas/Category'
        anniversary:
          type: integer
```

```yaml
      releaseDate:
        $ref: '#/components/schemas/ReleaseDate'
    required:
      - kind
      - id
      - title
      - category
      - anniversary
      - releaseDate
```

同じように、Errorというスキーマも追加します。このスキーマはErrorResponseで使用します。

コード:c11_2_1(抜粋) / openapi.yaml

```yaml
Error:
  type: object
  properties:
    message:
      type: string
    code:
      type: integer
  required:
    - message
    - code
```

それぞれのAlbumUpdateRequestとAlbumCreateRequestのスキーマにkindを追加します。

コード:c11_2_1(抜粋) / openapi.yaml

```yaml
AlbumUpdateRequest:
  type: object
  properties:
    kind:                    # kind を追加
      type: string
      default: "album"
    title:
      type: string
    category:
      $ref: '#/components/schemas/Category'
AlbumCreateRequest:
  type: object
  properties:
    kind:                    # kind を追加
      type: string
      default: "album"
    title:
      type: string
    category:
```

```yaml
        $ref: '#/components/schemas/Category'
    releaseDate:
        $ref: '#/components/schemas/ReleaseDate'
  required:
    - title
    - category
    - releaseDate
```

responsesのスキーマに、先ほど作成したApiVersionとAlbum、Errorの参照を追加します。

コード:c11_2_1（抜粋） openapi.yaml

```yaml
responses:
  AlbumResponse:
    content:
      application/json:
        schema:
          type: object
          properties:
            apiVersion:
              $ref: '#/components/schemas/ApiVersion'   ── ApiVersionの参照を追加
            data:
              $ref: '#/components/schemas/Album'        ── Albumの参照を追加
          required:
            - apiVersion
            - data
  ErrorResponse:
    content:
      application/json:
        schema:
          type: object
          properties:
            error:
              $ref: '#/components/schemas/Error'        ── Errorの参照を追加
          required:
            - error
```

openapi.yamlを書き換えたら、oapi-codegenでコードを自動生成しましょう。

ターミナル コードの自動生成

```
go-api-arch-clean-template jsakai$ oapi-codegen --config=./adapter/controller/gin/config.yaml ./api/openapi.yaml
```

定数の作成

続いて、api/constants.goというファイルを作成し、APIのバージョンを定数として定義し、後ほどコードで使用できるようにしておきます。今回のApi Versionはv1とします。

コード：c11_2_1 constants.go
```
package api

const Version = "v1"
```

エラーのレスポンス

openapi.yamlでエラーのレスポンスを変更したので、変更した形式に沿ってエラーを返す関数をpresenterに追加します。adapter/controller/gin/presenterにresponse.goというファイルを作成し、次のように定義します。

コード：c11_2_1 response.go
```
package presenter

func NewErrorResponse(code int, message string) (int, *ErrorResponse) {
    return code, &ErrorResponse{
        Error: Error{
            Message: message,
            Code:    code,
        },
    }
}
```

NewErrorResponse関数で返すJSONは次のようになります。

参考：エラーのレスポンス
```
{
  "error": {
    "message": "error message",
    "code"404
  }
}
```

また、adapter/controller/gin/middleware/timeout.goでもエラーを返すので、TimeoutMiddleware関数の処理を変更し、NewErrorResponse関数でエラーのレスポンスを返すように変更します。

コード：c11_2_1（抜粋） timeout.go
```
func TimeoutMiddleware(duration time.Duration) gin.HandlerFunc {
    return timeout.New(
        timeout.WithTimeout(duration),
        timeout.WithHandler(func(c *gin.Context) {
            c.Next()
        }),
        timeout.WithResponse(func(c *gin.Context) {
            c.JSON(presenter.NewErrorResponse(http.StatusRequestTimeout, "timeout"))
            c.Abort()
```
変更

```
        }),
    )
}
```

アルバムのレスポンス

次に、エラー以外のときのレスポンスを変更します。

adapter/controller/gin/handler/album.goを変更していきます。最初に、自動生成されたコードでpresenter.AlbumResponse型が変更されているので、albumToResponseメソッドで作成するレスポンスを変更します。

コード：c11_2_1（抜粋） album.go
```go
func (a *AlbumHandler) albumToResponse(album *entity.Album) *presenter.AlbumResponse {
    return &presenter.AlbumResponse{
        ApiVersion: api.Version,
        Data: presenter.Album{
            Kind:       "album",
            Id:         album.ID,
            Title:      album.Title,
            ReleaseDate: presenter.ReleaseDate{Time: album.ReleaseDate},
            Category: presenter.Category{
                Id:   &album.Category.ID,
                Name: presenter.CategoryName(album.Category.Name),
            },
        },
    }
}
```

また、AlbumHandler型の各メソッドで、エラー時の処理について、NewErrorResponse関数を実行するように変更します。たとえば、CreateAlbumメソッドは次のようになります。

コード：c11_2_1（抜粋） album.go
```go
func (a *AlbumHandler) CreateAlbum(c *gin.Context) {
    var requestBody presenter.CreateAlbumJSONRequestBody
    if err := c.ShouldBindJSON(&requestBody); err != nil {
        logger.Warn(err.Error())
        c.JSON(presenter.NewErrorResponse(http.StatusBadRequest, err.Error())) ←変更
        return
    }

    category, err := entity.NewCategory(string(requestBody.Category.Name))
    if err != nil {
        logger.Warn(err.Error())
        c.JSON(presenter.NewErrorResponse(http.StatusBadRequest, err.Error())) ←変更
        return
    }
```

```go
    album := &entity.Album{
        Title:       requestBody.Title,
        ReleaseDate: requestBody.ReleaseDate.Time,
        Category:    *category,
    }

    createdAlbum, err := a.albumUseCase.Create(album)
    if err != nil {
        logger.Error(err.Error())
        c.JSON(presenter.NewErrorResponse(http.StatusInternalServerError, err.Error())))  ← 変更
        return
    }

    c.JSON(http.StatusCreated, a.albumToResponse(createdAlbum))
}
```

GETのレスポンスは次のようになります。

参考：GETのレスポンス

```
{
  "apiVersion": "v1",
  "data": {
    "kind": "album",
    "id": 1,
    "anniversary": 0,
    "category": {
      "name": "food"
    },
    "releaseDate": "2024-01-07",
    "title": "string"
  }
}
```

テストの変更

自動生成されたレスポンスに合わせて、adapter/controller/gin/handler/album_test.goのテストも変更していきます。たとえば、TestCreateメソッドは次のようになります。

コード：c11_2_1（抜粋） **album_test.go**

```go
    suite.Assert().Equal(http.StatusCreated, w.Code)
    bodyBytes, _ := io.ReadAll(w.Body)
    var albumResponse presenter.AlbumResponse
    err := json.Unmarshal(bodyBytes, &albumResponse)
    suite.Assert().Nil(err)
    suite.Assert().Equal(http.StatusCreated, w.Code)
    suite.Assert().Equal(1, albumResponse.Data.Id)
```

```
suite.Assert().Equal("album", albumResponse.Data.Kind)
suite.Assert().Equal("album", albumResponse.Data.Title)
suite.Assert().Equal("sports", string(albumResponse.Data.Category.Name))
suite.Assert().NotNil(albumResponse.Data.ReleaseDate)
```

また、エラー時のレスポンスも変更します。たとえば、TestCreateRequestBodyFailureメソッドでは次のようになります。

コード:c11_2_1(抜粋) **album_test.go**
```
suite.Assert().JSONEq(`{"error":{"code":400, "message":"invalid request"}}`,
w.Body.String())
```

インテグレーションテストを定義したintegration/album/album_test.goも、新しいJSONのレスポンスに対応するように、AssertでのJudge定を、Dataの中のフィールドになるように変更します。また、APIのバージョンとkindをリクエストに含めるように変更しましょう。

コード:c11_2_1(抜粋) **album_test.go**
```
func (suite *AlbumTestSuite) TestAlbumCreateGetDelete() {
    // Create
    baseEndpoint := pkg.GetEndpoint(fmt.Sprintf("/api/%s", api.Version))   ← api.Version を指定
    apiClient, _ := presenter.NewClientWithResponses(baseEndpoint)
    kindAlbum := "album"   ← kind を指定
    createResponse, err := apiClient.CreateAlbumWithResponse(context.Background(),
presenter.CreateAlbumJSONRequestBody{
        Kind:        &kindAlbum,
        Title:       "test",
        Category:    presenter.Category{Name: presenter.Sports},
        ReleaseDate: openapi_types.Date{Time: time.Now()},
    })
    suite.Assert().Nil(err)
    suite.Assert().Equal(http.StatusCreated, createResponse.StatusCode())
    suite.Assert().Nil(err)
    suite.Assert().NotNil(createResponse.JSON201.Data.Id)
    suite.Assert().Equal("album", createResponse.JSON201.Data.Kind)
    suite.Assert().Equal("test", createResponse.JSON201.Data.Title)
    suite.Assert().Equal("sports", string(createResponse.JSON201.Data.Category.Name))
    suite.Assert().NotNil(createResponse.JSON201.Data.ReleaseDate)

    // Get
    getResponse, err := apiClient.GetAlbumByIdWithResponse(context.Background(),
createResponse.JSON201.Data.Id)
    suite.Assert().Nil(err)
    suite.Assert().Equal(http.StatusOK, getResponse.StatusCode())
    suite.Assert().Nil(err)
```

```go
    suite.Assert().Equal(createResponse.JSON201.Data.Id, getResponse.JSON200.Data.Id)
    suite.Assert().Equal("album", getResponse.JSON200.Data.Kind)
    suite.Assert().Equal("test", getResponse.JSON200.Data.Title)
    suite.Assert().Equal("sports", string(getResponse.JSON200.Data.Category.Name))
    suite.Assert().NotNil(getResponse.JSON200.Data.ReleaseDate)

    // Update
    title := "updated"
    category := presenter.Category{
        Name: presenter.Food,
    }
    updateResponse, err := apiClient.UpdateAlbumByIdWithResponse(context.Background(), getResponse.JSON200.Data.Id, presenter.UpdateAlbumByIdJSONRequestBody{
        Title:    &title,
        Category: &category,
    })
    suite.Assert().Nil(err)
    suite.Assert().Equal(http.StatusOK, updateResponse.StatusCode())
    suite.Assert().Nil(err)
    suite.Assert().Equal("album", updateResponse.JSON200.Data.Kind)
    suite.Assert().Equal("updated", updateResponse.JSON200.Data.Title)
    suite.Assert().Equal("food", string(updateResponse.JSON200.Data.Category.Name))
    suite.Assert().NotNil(updateResponse.JSON200.Data.ReleaseDate)

    // Delete
    deleteResponse, err := apiClient.DeleteAlbumByIdWithResponse(context.Background(), updateResponse.JSON200.Data.Id)
    suite.Assert().Nil(err)
    suite.Assert().Equal(http.StatusNoContent, deleteResponse.StatusCode())
}
```

　テストを変更したら、ユニットテストとインテグレーションテストをそれぞれ実行し、問題ないことを確認しましょう。

ターミナル / テストの実行

```
go-api-arch-clean-template jsakai$ make unittest
go-api-arch-clean-template jsakai$ make integration-test
```

APIを増やそう

　Lessson10にて、oapi-codegenで自動生成したAPIでは、アルバムに関する1組のシンプルなAPIのみとなっています。ただし、実際のWebアプリケーションでは、マイクロサービス的に1つのAPIを配置するという形ではないかぎり、複数のAPIを立ち上げることが一般的です。

　oapi-codegenで1組以上のAPIを追加するには、コードの変更が必要なため、その参考例を解説していきます。

APIの追加

　まず、api/openapi.yamlに新たなAPIを追加します。pathsに「/users/{id}」というエンドポイントでユーザーの情報を取得するAPIを追加します。ここでは、APIのグループをtagsで区切っています。あとでSwaggerで確認します。

コード:c11_2_2(抜粋)　openapi.yaml

```yaml
/users/{id}:
  get:
    tags:
      - user
    summary: Find user by ID
    operationId: getUserById
    parameters:
      - name: id
        in: path
        required: true
        schema:
          type: integer
    responses:
      '200':
        $ref: '#/components/responses/UserResponse'
```

　また、アルバムのAPIにもタグをつけていきます。たとえば、POSTのAPIであれば次のように追加します。

コード:c11_2_2(抜粋)　openapi.yaml

```yaml
/albums:
  post:
    tags:          ← タグを追加
      - album
    summary: Create a new album
    operationId: createAlbum
    requestBody:
      $ref: '#/components/requestBodies/AlbumCreateRequestBody'
      required: true
    responses:
```

```
            '201':
              $ref: '#/components/responses/AlbumResponse'
            '400':
              $ref: '#/components/responses/ErrorResponse'
```

続いて、schemas に User を追加します。

コード:c11_2_2(抜粋) openapi.yaml
```
    User:
      type: object
      properties:
        kind:
          type: string
          default: "user"
        id:
          type: integer
        name:
          type: string
      required:
        - kind
        - id
        - name
```

作成した User のスキーマを使用して、responses に UserResponse を追加します。

コード:c11_2_2(抜粋) openapi.yaml
```
    UserResponse:
      content:
        application/json:
          schema:
            type: object
            properties:
              apiVersion:
                $ref: '#/components/schemas/ApiVersion'
              data:
                $ref: '#/components/schemas/User'
            required:
              - apiVersion
              - data
```

openapi.yaml を作成したら、再び oapi-codegen でコードを生成しましょう。

ユーザー情報取得処理の追加

adapter/controller/gin/handler/user.goを作成し、単純なUser情報をGETするAPIを追加します。

コード：c11_2_2 **user.go**

```go
package handler

import (
    "go-api-arch-clean-template/api"
    "net/http"

    "github.com/gin-gonic/gin"

    "go-api-arch-clean-template/adapter/controller/gin/presenter"
)

type UserHandler struct {
}

func NewUserHandler() *UserHandler {
    return &UserHandler{}
}

func (a *UserHandler) GetUserById(c *gin.Context, ID int) {
    c.JSON(http.StatusOK, &presenter.UserResponse{
        ApiVersion: api.Version,
        Data: presenter.User{
            Kind: "user",
            Id:   1,
            Name: "jun",
        },
    })
}
```

複数のAPIをまとめたハンドラーの作成

oapi-codegenでは、登録するハンドラーを1つにする必要があります。そのため、アルバムAPIとユーザーAPIの2つのハンドラーを1つにまとめる処理が必要です。

oapi-codegenでは、ハンドラーが持つメソッドの名前が被らないように自動で生成します。そのため、1つのハンドラーにまとめても、APIのメソッド名が重複することはありません。しかし、AlbumHandlerやUserHandlerで独自にフィールドを追加する場合は、まとめたときに名前の重複が起こりえるので気をつけましょう。

adapter/controller/gin/handler/factory.goを作成し、その中でAlbumHandlerとUserHandlerを1つにまとめていきます。

まず、*ServerHandler型の変数serverHandlerと、**sync.Once型**（ワンス）のonce変数を定義します。sync.Once型は、関数を一度だけ実行することを保証するための型です。

NewHandler関数は、ServerHandler型のポインタを返す関数です。この関数は、sync.Once型の**Doメソッド**を使って、serverHandler変数の初期化を一度だけ実行します。

Registerメソッドは、switch文を使って引数の値の型に応じてserverHandlerのフィールドに代入する処理を行います。

コード：c11_2_2 / factory.go

```go
package handler

import "sync"

var (
    serverHandler *ServerHandler
    once          sync.Once
)

type ServerHandler struct {
    *AlbumHandler
    *UserHandler
}

func NewHandler() *ServerHandler {
    once.Do(func() {
        serverHandler = &ServerHandler{}
    })
    return serverHandler
}

func (h *ServerHandler) Register(i interface{}) *ServerHandler {
    switch interfaceType := i.(type) {
    case *AlbumHandler:
        serverHandler.AlbumHandler = interfaceType
    case *UserHandler:
        serverHandler.UserHandler = interfaceType
    }
    return serverHandler
}
```

adapter/controller/gin/router/router.goのNewGinRouter関数で、1つにまとめたハンドラーを登録しています。

コード：c11_2_2（抜粋）/ router.go

```go
func NewGinRouter(db *gorm.DB, corsAllowOrigins []string) (*gin.Engine, error) {
    router := gin.Default()

    router.Use(middleware.CorsMiddleware(corsAllowOrigins))
    swagger, err := setupSwagger(router)
    if err != nil {
```

```go
        logger.Warn(err.Error())
        return nil, err
    }

    router.Use(middleware.GinZap())
    router.Use(middleware.RecoveryWithZap())

    router.LoadHTMLGlob("./adapter/presenter/html/*")
    router.GET("/", handler.Index)

    router.GET("/health", handler.Health)

    apiGroup := router.Group("/api")
    {
        apiGroup.Use(middleware.TimeoutMiddleware(2 * time.Second))
        v1 := apiGroup.Group("/v1")
        {
            v1.Use(ginMiddleware.OapiRequestValidator(swagger))
            albumRepository := gateway.NewAlbumRepository(db)
            albumUseCase := usecase.NewAlbumUseCase(albumRepository)
            albumHandler := handler.NewAlbumHandler(albumUseCase)
            userHandler := handler.NewUserHandler()
            presenter.RegisterHandlers(v1,
                handler.NewHandler().            // アルバムのハンドラーの登録
                    Register(albumHandler).
                    Register(userHandler))
        }                                        // ユーザーのハンドラーの登録
    }
    return router, err
}
```

コードを修正後、データベースとWebサーバーを起動します。

ターミナル データベースと Web サーバーの起動
```
go-api-arch-clean-template jsakai$ make external-up
go-api-arch-clean-template jsakai$ make run
```

http://0.0.0.0:8080/swagger/index.htmlにアクセスしてSwaggerを開き、複数APIが実行可能になっていることを確認しましょう。

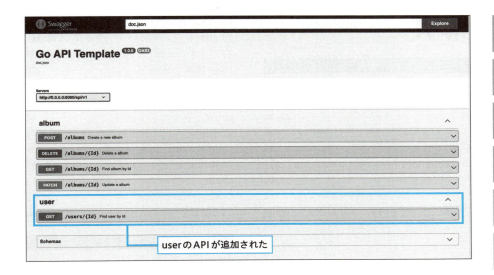

userのAPIが追加された

索引

記号

_	58, 90, 91, 101
-	50
;	82, 84
:=	45
!	56
.dockerignore	371
"	52, 55
*	112
/	51
\	55
\n	46, 54
&	112
&&	56, 81
%	50
`	52, 55
+	50
<-	164
<<	52
=	43
==	81
>>	52
|	102
||	56, 82

A, B

Add メソッド	158
API	293, 295, 440
append 関数	61
ASCII	57, 65
assert パッケージ	307
bool 型	44, 55
break 文	86, 191

C

cap 関数	62
case	92
cast	57
cd コマンド	215
Channel	72, 118, 163
cli パッケージ	428
close 関数	170
Close メソッド	98
complex 型	49
const	47
Consumer	173
context.WithTimeout 関数	334
continue 文	85
copier パッケージ	395
CORS	338
CREATE 文	264

D

database/sql パッケージ	264
default	92, 188
defer 文	96
DELETE 文	271
dir コマンド	215
Docker	309
docker build コマンド	372
Docker Compose	309
Dockerfile	370
Docker イメージ	309
Done メソッド	158

E, F

echo パッケージ	380, 412
else if 節	81
else 節	80
encoding/json パッケージ	242
error インターフェース	145
Error メソッド	145
FindStringSubmatch メソッド	231
FindString メソッド	231
float 型	44, 49
fmt.Fprintf 関数	278
fmt.Printf 関数	45
fmt.Println 関数	38
fmt.Sprintf 関数	144

fmtパッケージ	38
for文	77, 84
func	39, 68

G

gin-contribパッケージ	338
Ginkgoパッケージ	214
ginパッケージ	327, 332
Git	20
Go	18
go	156
go docコマンド	42, 221
go getコマンド	217
go mod initコマンド	34, 36
go mod tidyコマンド	348
go runコマンド	35
go-sqlite3パッケージ	255
go-sqlmockパッケージ	349
godoc	223
gofmt	215
goimports	206
GORM	313
goroutine	154
GΩmegaパッケージ	214

H, I

Homebrew	20
http.Client型	239
http.Error関数	284
http.Get関数	234
http.HandleFunc関数	277
http.HandlerFunc型	288
http.ListenAndServe関数	277
http.NewRequest関数	237
http.NotFound関数	288
http.Redirect関数	284
if文	80
import	38, 41
init関数	39
INSERT文	265
int型	43, 49

io.MultiWriter関数	102
iota	313
ioパッケージ	102

J-L

json.Marshal関数	243
json.Unmarshal関数	242
len関数	62
log.Fatalf関数	100
log.Fatalln関数	99
log.Printf関数	99
log.Println関数	99
log.SetFlags関数	102
log.SetOutput関数	103
logパッケージ	99
lsコマンド	215

M, N

main関数	36, 38
Makefile	374
make関数	62, 117, 123, 164
makeコマンド	374
MarshalJSONメソッド	251
mockパッケージ	400
MVCモデル	292
MySQL	308
naked return	70
Named return values	70
net.Dial関数	355
net/http/httptestパッケージ	359
net/httpパッケージ	234
net/urlパッケージ	235
new関数	116
New関数	129
nil	58, 64, 101, 104

O

oapi-codegen	295
omitempty	247
OpenAPI	295, 442
os.Chdir関数	106, 147

os.Getenv 関数	303
os.LookupEnv 関数	305
os.OpenFile 関数	102
os.Open 関数	98, 101
os.ReadFile 関数	277
os.WriteFile 関数	276
os/signal パッケージ	334
os/user パッケージ	42
os パッケージ	98, 275

P-R

panic	108
pipeline	179
Producer	173
range	90, 171
Read メソッド	149
recover	109
regexp.MatchString 関数	229
regexp.MustCompile 関数	230
regexp パッケージ	229
REST API	294
return	69

S

select	184
SELECT 文	266
sort パッケージ	429
SQL	263
sql.Open 関数	264
SQLite	255
SQL インジェクション	274
Stacking defers	97
strconv.Atoi 関数	57
strconv パッケージ	57
Stringer インターフェース	143
strings.Contain 関数	54
strings.Replace 関数	53
strings パッケージ	53
string 型	44, 53
String メソッド	144
struct	95, 119

suite パッケージ	342, 401
Swagger	332
switch type	141
switch 文	92
sync.Mutex 型	198
sync.WaitGroup 型	158, 165
sync パッケージ	158, 456

T

talib パッケージ	217
template.ParseFiles 関数	281
testcontainers パッケージ	355
testing パッケージ	211
text/template パッケージ	280
time.After 関数	189
time.Now 関数	41, 95, 228
time.Sleep 関数	154
time.Tick 関数	189
time パッケージ	41, 95, 227

U-Z

uint 型	49
UnmarshalJSON メソッド	253
UPDATE 文	267
url.Parse 関数	235
URL エンコード	239
user.Current 関数	42
var	43
Visual Studio Code	25
Wait メソッド	158
WHERE 句	270
Xcode	256
YAML	295
YearDay メソッド	317
Year メソッド	320
zap パッケージ	302

あ行

アーキテクチャ	292
値レシーバー	128
依存関係逆転の法則	378

依存性のルール	378	データ型	43, 49
インクリメント	51	デクリメント	51
インターフェース	135, 367	デバッグ	73, 85
インテグレーションテスト	370, 422		
インデックス	52, 60	**は行**	
埋め込み	132	バイト配列	64, 104
エクスポート	207, 244	配列	59, 60
エラーハンドリング	58, 98, 104	パッケージ	38, 129, 202
オーバーフロー	47	バッファありチャネル	167, 171
オニオンアーキテクチャ	292, 434	バッファなしチャネル	167, 169
		バリデーション	333
か行		バリュー (Value)	65
返り値	57, 69	引数	68
拡張機能	29	標準パッケージ	41
型アサーション	139	フィールド	119
可変長引数	77	フォーマット	46, 99
関数	38, 39, 68	フォーマット指定子	46
関数リテラル	71	ブレークポイント	73, 85
キー	65	プロジェクトフォルダ	31
クエリパラメータ	236	ヘキサゴナルアーキテクチャ	292, 435
クリーンアーキテクチャ	292, 378	ヘルスチェック	337
クロージャー	72	変数	43
コメントアウト	40	ポインタ	112, 122
		ポインタレシーバー	128, 147
さ行			
算術演算子	50	**ま・ら行**	
シフト演算	52	マップ	65
主キー	309	ミドルウェア	338
初期値	45, 120	メインゴルーチン	164
数値型	49	メソッド	95, 126
スライス	59, 123	文字列型	52
		文字列リテラル	54
た行		モック	349
ターミナル	20, 34	戻り値	69
タイプコンバージョン	142	ラベル	195
タイムアウト	338	リクエストヘッダー	237
多次元スライス	62	レシーバー	126
ダックタイピング	138	論理演算子	56, 81
短縮変数宣言	45	論理値型	55
定数	47		
データソース名	314		

酒井　潤（さかい　じゅん）
ビッグデータを扱う米シリコンバレーのCribl, Inc.でソフトウェアエンジニアとして勤務するかたわら、オンライン講座Udemy講師としても活躍。本格的かつ実践的な講座で人気を集め、総受講者数は延べ19万9,500人に上る（2024年11月現在）。1998年、同志社大学神学部卒業。サッカー推薦で大学入学後、2001年に日本代表に選出され、同年、東アジア競技大会で金メダルを獲得。2004年、北陸先端科学技術大学院大学情報科学専攻修士修了後、NTTドコモに入社。2005年、ハワイで起業し、米シリコンバレーのIT企業Splunk, Inc.などでの勤務を経て、現在に至る。著書に『シリコンバレー一流プログラマーが教える Pythonプロフェッショナル大全』（KADOKAWA）など。

シリコンバレー一流プログラマーが教える Goプロフェッショナル大全

2024年12月19日　初版発行

著　　　　酒井　潤
発行者　　山下　直久
発行　　　株式会社KADOKAWA
　　　　　〒102-8177　東京都千代田区富士見2-13-3
　　　　　電話 0570-002-301（ナビダイヤル）

印刷所　　TOPPANクロレ株式会社
製本所　　TOPPANクロレ株式会社

本書の無断複製（コピー、スキャン、デジタル化等）並びに
無断複製物の譲渡および配信は、著作権法上での例外を除き禁じられています。
また、本書を代行業者等の第三者に依頼して複製する行為は、
たとえ個人や家庭内での利用であっても一切認められておりません。

●お問い合わせ
https://www.kadokawa.co.jp/（「お問い合わせ」へお進みください）
※内容によっては、お答えできない場合があります。
※サポートは日本国内のみとさせていただきます。
※Japanese text only

定価はカバーに表示してあります。

©Jun Sakai 2024　　Printed in Japan
ISBN 978-4-04-607089-0　C0004